人間的自然と社会環境

―― 人間発達の学をめざして ――

浅野 慎一 著

大学教育出版

人間的自然と社会環境
――人間発達の学をめざして――

目　次

序 …………………………………………………………………………2
    基本的問題意識　*2*
    本書の成り立ち　*3*

第Ⅰ部　人間環境と自然・社会 …………………………………7

第1章　環境・主体・人間 ……………………………………8
    1．環境と主体　*8*
    2．人間中心主義批判の諸潮流　*8*
    3．主体としての人間　*9*
    4．人間とは何か　*11*

第2章　自然としての人間／人間としての自然 …………14
    1．「限りある自然」説の陥穽　*14*
    2．人間と生態系・生物多様性　*15*
    3．人間と宇宙・物質環境　*18*
    4．人間の自然改造　*19*
    5．無限の自然　*21*
    6．意図せざる結果　*23*
    7．人間の主体性　*26*

第3章　【環境外在論】と【主体－環境系論】 ……………29
    1．【環境外在論】　*29*
    2．【環境外在論】の限界　*30*
    3．【主体－環境系論】　*33*

第4章　近代の光と影 …………………………………………35
    1．近代科学批判とその陥穽　*35*
    2．目的論・意味論の看過　*36*
    3．科学万能主義　*41*

4．利潤増殖・資本主義　*42*

第5章　環境保全と人間の発達 …………………………… *44*
　　1．環境保全の4つの観点　*44*
　　2．利潤増殖を目的とした環境破壊　*45*
　　3．環境を保全する欲求と知　*45*
　　4．「先進」諸国の生活の「豊かさ」　*46*
　　5．市場原理の限界　*46*
　　6．南北格差・階級格差　*47*
　　7．生産・開発様式の変革　*49*

第6章　ポスト・フォーディズム、脱産業社会・情報社会
　　　　　の環境破壊 ……………………………………… *52*
　　1．ポスト・フォーディズム、脱産業社会、情報社会論　*52*
　　2．格差拡大　*53*
　　3．情報社会を支える物質的基盤　*54*
　　4．新国際分業と超産業社会　*54*
　　5．文化帝国主義　*55*
　　6．モノと知・情報の二元論の克服　*56*

第7章　環境としての社会 …………………………………… *57*
　　1．「環境＝自然」という"常識"　*57*
　　2．社会問題としての自然環境破壊　*58*
　　3．転換期の現代社会環境　*59*
　　4．解決の方法と主体　*60*
　　5．現代資本主義・グローバリゼーションと地球的問題群　*61*

第8章　自然と社会 …………………………………………… *63*
　　1．人間の矛盾とその止揚　*63*
　　2．環境としての社会――差別を素材として――　*65*
　　3．性差にみる自然と社会　*67*

4．自然と社会の二分法の克服　　72

第Ⅱ部　「ヒトの境界」・人間的自然の揺らぎ
　　　　　―ポスト・ヒトゲノム時代の人間環境― ……………75

第1章　ポスト・ヒトゲノム時代とは何か ……………76
　　1．ポスト・ゲノムとは何か　　76
　　2．ポスト・ゲノムの曖昧さ　　76
　　3．ポスト・ゲノム・シーケンスの曖昧さ　　77

第2章　2つのポストヒトゲノム：
　　　　【DNA本質主義】と【DNA構築主義】 ……………80
　　1．【DNA本質主義】(1)　遺伝子操作をめぐって　　80
　　2．【DNA本質主義】(2)　差別・隔離　　81
　　3．【DNA構築主義】　　83

第3章　ポスト・ゲノムの課題と意義 ……………85
　　1．【DNA本質主義の活性化】　　85
　　2．DNA・遺伝子への還元論　　86
　　3．【DNA構築主義】と知の革命　　87

第4章　【人間の確定論】と【人間の揺らぎ論】 ……………90
　　1．人間の【確定論】と【揺らぎ論】　　90
　　2．2つの認知枠の関係　　90
　　3．【人間の確定論】に基づく個人の人権論　　91
　　4．【人間の揺らぎ論】に基づく種の相対化　　91
　　5．媒介領域としての家族・血縁　　93

第5章　法的・倫理的規範とその限界 ……………94
　　1．法的・倫理的規範　　94

2．限定的な対症療法としての法・倫理　*94*
　　3．学問の細分化がもたらす無力さ　*95*
　　4．種としてのヒトの進化の是非　*98*

第6章　個と類／近代的人権と種としてのヒト …………*99*
　　1．個と類の対立　*99*
　　2．国家・市場・個人　*101*
　　3．ヒトの揺らぎと人権　*103*

第7章　血縁・生殖・世代・家族 ……………*106*
　　1．個人主義の限界　*106*
　　2．家族・血縁の相対化と複雑化　*107*
　　3．個人の死と性　*109*
　　4．有性生殖・性の限界　*111*

第8章　差別と平等 …………………*114*
　　1．男と女　*114*
　　2．生得的属性と獲得的業績　*118*
　　3．正常と異常　*122*

第9章　【人間の揺らぎ論】・多様性の中での差別 …………*126*
　　1．【人間の揺らぎ論】と差別　*126*
　　2．時間スケールと差別　*126*
　　3．「DNA－多元主義」　*127*
　　4．「DNA－ヒューマニズム」　*131*
　　5．「DNA－同化主義」と「DNA人種主義」　*131*

第10章　主体と環境／遺伝と環境 ……………*133*
　　1．遺伝決定論の破綻　*133*
　　2．環境決定論の破綻　*134*

3．「決定論」の破綻／実践論の必要　　*140*
　　　4．主体と環境／「宿命論」の克服　　*141*

第Ⅲ部　人間発達の学をめざして …………………*149*

第1章　科学の細分化と人間発達の課題 ……………*150*
　　　1．学問の細分化と無力さ　　*150*
　　　2．諸科学の細分化の歴史と現状　　*152*
　　　3．さらなる専門分化としての環境・生命研究とその限界　　*156*
　　　4．人間発達の学の成熟基盤　　*161*

第2章　人間発達のディシプリン ………………*169*
　　　1．人間発達の学の核　　*169*
　　　2．認識論と暗黙の世界観　　*169*
　　　3．人間発達の学の構築に向けて　　*172*
　　　4．暫定的な方法論的模索　　*173*

第3章　人間発達の時空 ……………………………*179*
　　　1．人間発達の学とその時空　　*179*
　　　2．時空の一体性と相対性　　*179*
　　　3．宇宙的時空と生命的時空　　*181*
　　　4．生命的時空と人間的時空　　*183*
　　　5．人間的時空における疎外　　*187*
　　　6．私的所有・資本制と人間発達　　*190*
　　　7．ポストモダニズム／ポストヒトゲノムの「人間」発達　　*194*

補注 ……………………………………………………………*197*
引用・参照指示文献 …………………………………………*223*
事項索引 ………………………………………………………*245*
人名索引 ………………………………………………………*249*

人間的自然と社会環境
―― 人間発達の学をめざして ――

序
基本的問題意識/本書の成り立ち

【基本的問題意識】

　人類は、自ら創造した「生産力=破壊力」によって、自らの「生命-生活 (life)」の存続を危機に陥れつつある。
　この危機はまず20世紀中葉、物理学を基礎にした核兵器の開発・使用という形で可視化した。20世紀後半には、地球大での自然環境破壊——特に化学汚染——として、その相貌を一層鮮明にした。そして20世紀末〜21世紀初頭、分子生物学の進歩により、人類は自らの生物的進化に直接介入しうる「生産力=破壊力」を獲得し、生物種としての同一性を維持すべきか否かを含め、重大な選択の岐路に立っている。もとより核汚染や自然環境破壊は、人類にとって明白な危機だ。一方、生物種としてのヒトの人為的な分裂・進化が危機か否かは、議論の余地がある。しかしいずれにせよ、人類が生み出した「生産力=破壊力」が、人類の存立・存続を脅かしている事実に変わりはない。
　こうした危機を克服する道筋・展望は、必ずしも明らかではない。その理由の一端は、危機に立ち向かう人間の諸科学・知の細分化にある。諸科学は、遅くとも19世紀後半以降、自然と社会、自然と人間、個人と社会、時間と空間、主観と客観等、多様な位相で細分化されてきた。自然を客観的に観察・分析する自然諸科学は、その内部に人間の主体論・目的論を含み込むことは難しい。社会を客観的に捉えようとする社会諸科学もまた、しばしば諸個人の主観性・主体性を視野の外においてきた。そして人間・諸個人の内在的・主観的価値を解明する人文諸科学も、自然・社会の客観的構造やその変動・変革との接合面を十全に確保してこなかった。そして何より、自然諸科学的なヒトと、社会・

人文諸科学的な人間は交わらず、統一的認識には至らない。

もとより冒頭に述べた人類的危機は、特に20世紀後半以降、既存の諸科学の枠組を揺るがし、多様な学際領域、及び、批判的研究法を生み出した。日本の大学・大学院でも、人間・環境・総合・発達等の名を冠した研究科・学部が次々に誕生した。しかしそこでの様々な知的挑戦においても、①生物種としてのヒト、②歴史・社会的主体としての人間、③諸個人の日常生活や人生という、人間の「生命－生活」の3つの時空を統一的に、しかも主観と客観の二分法を克服した形で把握する知の技法は、未だ確立されていない。

以上をふまえ、本書は、現代の人類的危機の克服をめざす人間のあり方を——したがって、人間における自然と社会、個人と社会、時間と空間、主観と客観の統一を——、できるだけ根底的に明らかにする。「ラディカルであるとは、ものごとを根本からつかむことである。ところで、人間にとっての根本は、人間そのものである」(マルクス「ヘーゲル法哲学批判」)。

人間の「生命－生活」の3つの時空を統一的に把握しようとする際、各時空を静態的には捉えられない。3つの時空、及び、その統一としての人間は、不断の生成・変化、そして最終的には消滅の途上にある。3つの時空は動的プロセスの中で初めて境界を揺るがされ、相互の連環を顕わにする。したがって3つの時空を生きるトータルな人間のあり方も、動態として初めて把握しうる。本書が、単なる「人間（科）学」ではなく、「人間発達の学」を目指すゆえんである。

本書は3部構成をとる。「第Ⅰ部　人間環境と自然・社会」では地球大の環境破壊を、「第Ⅱ部　『ヒトの境界』・人間的自然の揺らぎ」ではポスト・ゲノムといわれる状況をそれぞれ主な素材として、自然と社会、自然と人間、個人と社会、主体と環境の関連を考察する。「第Ⅲ部　人間発達の学をめざして」では、人類的危機を克服しうる人間の知とその発達について検討する。

【本書の成り立ち】

さて、本書は——意外に思われるかも知れないが——、中国残留日本人や在日外国人に関する実証研究の基礎作業でもある。筆者はこれまで、多様な在日外国人の生活と文化変容に関する実証研究を行ってきた。現在は、日本と中国

の双方で暮らす中国残留日本人（残留孤児・残留婦人等）の実態調査を手掛けている。そこで筆者が重視してきたのは、諸個人が単に歴史・社会に規定されるだけでなく、自らの「生命－生活(iife)」の発展的再生産を通して、いかに歴史的社会変動・変革の主体たりうるかを、実証的に解明することである。それは、諸個人のミクロな生活や文化変容が、マクロな世界社会変動・変革といかに連鎖しているかを洞察することでもある。こうした視点から中国残留日本人や在日外国人と向き合い、彼・彼女らの「生命－生活」の論理を捉えるには、まず何よりも筆者自身の自然と社会、社会と個人、時間と空間、主観と客観等に関する認識を、根底的に鍛え直す必要があった。生物的属性と社会的構築性はいかに絡み合うのか。歴史・社会に翻弄される諸個人は、いかに歴史・社会的主体たりうるのか。生得的な「血」と獲得的な「業績」に培われた彼・彼女らの人生は、近代的能力主義といかに切り結ぶのか。客観的な歴史的社会変動と、諸個人の主観的な生活世界は、いかに連鎖するのか。実態調査の中で彼・彼女らが語る、また語り尽くせぬ多様で複雑な言葉や態度を受けとめるには、筆者の認知枠はあまりに陳腐だった。

　阪神・淡路大震災（1995年）の体験もまた、諸個人の「生命－生活」を自然環境との関連で考えざるをえなくさせた大きな契機だ。震災は、露骨な階級・階層差、諸個人の生活と社会機構・構造の関係等、筆者がこれまで考えてきた社会的諸課題を改めて浮き彫りにした。しかしそれだけでなく、自然や人間の生命といかに向き合うのかという新たな課題も突きつけた。自然の猛威はあまりに厳しく、都市環境はあまりに脆弱で、諸個人の生死は階級的に規定されつつも偶然に支配された。筆者は、これまでも社会調査研究において、社会関係（差別や平等）だけでなく、「生命－生活」の社会的再生産過程を重視してきた。しかし、自然と人間の関係、自然の一環としての「生命－生活」についてそれ以上、掘り下げて考えてはこなかった。また震災では、あらゆる個人主義の限界、及び、自立・自律・連帯等を基準とした能力でも計りきれない人間のたくましさが問われた。震災直後、特に深刻な打撃を受けた被災者が完全に絶望してしまわずに生きていけたのは、「身の周りに同様の運命を受けとめようとしている人々がいる」、「自分の生命が一人のものでなく、多くの人々に支えられている」、そして「生命が有限であることがつくづくわかったからこそ、大切にし

たい」といった感覚だったように思われる。こうした"たくましさ"は、個人主義や能力主義とは無縁で、まさに「『生命-生活』の発展的再生産の論理」と呼ぶしかなかった。それはまた、「人間の限界（＝自然の無限性）」や「個人の限界／生命の有限性」をふまえたヒューマニズムだった。地震をもたらした数百万年単位の自然的時空と、数千年単位（または近代という数百年単位）の歴史社会的時空、そして個人の一生という数十年単位の時空は、どのように切り結んでいるのだろう。

　最後に、筆者が神戸大学発達科学部に勤務していることも、本書執筆の大きな動機となった。学部での議論、特に「持続可能な経済・環境と人間発達」（1999年）、「ひとはどこに行くのか」（2001年）、「人間発達の可能性：ヒト・人間・社会」（2003年）の3度の国際シンポジウム——M. マッキンタイア氏（ケンブリッジ大学）、下條信輔氏（カリフォルニア工科大学）、井口泰泉氏（横浜市立大学）、L. シルヴァー氏（プリンストン大学）、西田利貞氏（京都大学）、J. チャナール氏（キーン州立大学）等、多くのゲストとの邂逅——は、ともすれば狭い専門に閉じこもりがちな筆者の視野を開け放ってくれた。もとより本書に含まれるであろう多くの誤謬・限界はすべて筆者の責任に属すが、これらの人々との出会いがなければ、本書は成立しなかった。

　なお本書は書き下ろしだが、素材となった論文として、浅野（1998-a）、同（1998-b）、同（2000）、同（2001-a）、同（2001-b）、同（2001-c）がある。本書の基礎研究に際しては、ノルド・社会環境研究室「社会環境と人間発達に関する研究寄付金」（平成10年度・同13年度）の助成を受けた。改めて感謝したい。

2005年1月　　　　　　　　　　　　　　　　　大震災十年目の神戸にて
　　　　　　　　　　　　　　　　　　　　　　　　　　　浅野　慎一

第Ⅰ部　人間環境と自然・社会

第1章

環境・主体・人間

1. 環境と主体

　環境は、何らかの主体があって初めて成り立つ。主体のない環境、環境のない主体はどちらもありえない。主体は環境によって規定される。しかし同時に環境を能動的に改変していくところに、主体の特徴（主体性）がある。主体と環境は、こうした相互作用の中で双方を成り立たせる。環境とは、主体にとって肯定的ないし否定的な意味をもつ事象の総和といえよう。

2. 人間中心主義批判の諸潮流

　では、主体とは何か。人間は、人間以外にも様々な主体——動植物はもちろん、大は宇宙・全生命系、小は遺伝子・素粒子に至る——を想定しうる。絶滅の危機に瀕した生物種を主体と想定すれば、人間はしばしば脅威的な環境の一部になる。肉牛やロブスターを主体と想定しても、人間はまさに恐るべき環境だ。
　特に近年、自然環境の人為的破壊が深刻化する中で、人間だけを主体とみなす認知枠（「人間中心主義」）に対して、様々な批判が提起されている[1]。人間以外の自然物を原告・法的権利主体として環境保護を求める訴訟も起こされている。人間の生命と他の動物のそれを平等視し、動物を食べることを拒否する菜食主義もある。ロブスターを熱湯で茹でる"残酷"な料理法を批判する動物愛護運動もある。人間のための動物実験・畜産を批判し、「動物の解放」を主張する思想・運動もある。地球への負荷を軽減するため、人口抑制を主張する環境保護運動も少なくない。地球全体を一個の主体——自己調節的システムと捉

えるガイア論、遺伝子を主体とみて人間はその「乗り物」にすぎないとする「利己的な遺伝子」論も注目を集めた。

＊環境倫理学・環境社会学等の成立を、人間中心主義への批判と捉える見方もある。
　加藤（1991）[2]は、環境倫理学の基本的主張として「自然の生存権」をあげる。すなわち「人間だけでなく、生物の種、生態系、景観などにも生存の権利」があり、「人間には他の生物よりも生存の優先権があるという人間優先主義を否定しなければならない」。また「人間だけが増える権利をもつから、人間が増えすぎる。環境問題の本質は人口問題である。地球の上の人間の数が多すぎる」。そこで加藤は、「地球全体の生態系の生命を守るために、人間という個別種の生存数は制限されなければならない」と主張する。
　アメリカの環境社会学も、人間特例主義を批判し、「パラダイム転換の学」として立ち上げられた[3]。人間特例主義とは、人間のみを自然世界の中心的・特例的存在とみなす立場だ。飯島（1995）[4]によれば、こうした人間特例主義批判は、「日本の環境社会学者の間に共感を広げ」、「世界的に環境社会学が広まっていく出発点を用意した」。
　現在、人間中心主義を最も徹底的に批判する思想としては、1970年代にネスが提唱したディープ・エコロジーがある[5]。ネスは、人間中心主義の立場に立つ自然保護思想をシャロー・エコロジーと呼んで批判し、生命圏平等主義を唱えた。すなわち、すべての生命体に、生態系の中で自己開花・自己実現していく本質的価値と平等な権利を認めた。ディープ・エコロジストの多くは、人口を大幅に減少させるべきだと主張する。

3．主体としての人間

しかし、人間中心主義批判の流行にも関わらず、人間にとって主体は、人間以外ではありえない。人間が捉える環境とは、究極的には人間にとって何らかの意味ある事象の総和である。

　人間以外の様々な主体を想定・認識している主体は、実は人間だけだ。自然物を原告にして訴訟を起こすのもあくまで人間だ。そうした人間の多くは、自然物を原告にはしても、被告席に立たせようとはしない[6]。菜食主義者も、人間自身がそれに属する動物を食べることは拒否しても、植物や菌類を食べなければ、生きて菜食主義を貫けない。天然痘ウィルスが人為的に絶滅の淵に追い込まれても、人間はそれを環境破壊とみなさない。土壌を汚染せず、「自然に近い」とされる無農薬有機栽培は、人間の健康と食糧生産を目的とした一農法であり、自然の雑草との熾烈な闘争だ。ガイアや遺伝子を主体と想定して、自然

の複雑な連関を説明・理解しているのは人間であって、ガイアや遺伝子ではない。人間中心主義を批判し、生命圏平等主義を直観し、ディープ・エコロジーという体系的理論を主張しているのは、人間だけだ[7]。

*ディープ・エコロジー自体、人間中心主義を完全には否定しきれていない。ネス（1997）[8]は、「生命圏平等主義の原理は、これまで時々誤解され、人間の必要は人間以外のものたちの必要にたいしてけっして優先されるべきものではないことを意味していると受け取られた。しかしこのような意図はまったくない。実際において私たちは、たとえば私たちにより近いものに対しより大きな責務を負う。これは、義務には時として人間以外のものの殺生や傷害が含まれることを意味している」と述べる。また、「私たちのような頭脳をもち、あらゆる種類の生物との緊密な相互作用のなかで何億年かけて発達してきた存在者は、狭い意味で人間というこの生物種に有益であるのみならず、全き多様性と複合性のうちにある生態系全体に対しても有益な生き方を必然的に支持するものである、というのが私の期待である。この生態圏のなかの独特の才能に恵まれた一部分が、生態圏の永遠の敵にはならないだろう」と、人間の卓越性・特例性に訴えかけている。

しかも人間はこれまで、極めて主体的に環境に働きかけ、実際にそれを大きく改変してきた。今日の自然環境破壊も、それを推進し、またその危機を認識して克服しようとしている最大の主体は、人間だ。「人間は自然の一部だ」という認識は、それだけでは環境を破壊・保全する人間の主体性を捉えていない。「人間は自然の一部だが、自然を根底的に破壊・保全する可能性をもつ、特別な主体だ」という自覚をもってこそ、現代の深刻な自然環境破壊も、また自然環境の人為的保護・保全の必要性も認識しうる。環境倫理学や環境社会学の成立、及び、人間中心主義批判もまた、人間にとっての自然環境破壊を克服しようとする、他の生物種とは異質な人間による主体的な営みの一つにほかならない。

オゾンホールが拡大し、紫外線が地球上に降り注いでも、地球は困らない。その中で突然変異や適応・進化を遂げる新たな生物種にとって、それはむしろ「やさしい」環境だ。「地球にやさしい／自然にやさしい」等のスローガンの下で実際に求められているのは、「人間にやさしい地球・自然環境」を維持・形成する人間自身の主体的行為だ[9]。環境問題を考える際、まるで護符のように唱えられるキーワードの一つに、「持続可能性（sustainability）」がある。ここで「持続可能」たるべきは、自然一般でもなければ、地球や生態系でもない。あく

まで人間の「生命－生活（life）」だ。こうした"人間中心主義"に基づく経済・発展・開発のスタイルの主体的な模索・確立が、求められているのである。

　以上をふまえると、環境を問うことは、実は主体としての人間を問うことだ。今日の自然環境破壊の原因は、人間のあまりに人間中心主義的な発想や行為ではない。人間が人間中心主義を見失い、自らの「生命－生活」にとって不適切な環境を創造してしまっている現象だ。人間中心主義の復権、"人間の人間による人間のための主体－環境形成"。これがさしあたり本書の出発点となる[10]。

4．人間とは何か

　ただし人間中心主義の宣言だけでは、主体と環境の問題の探求は完結しない[11]。
　人間中心主義を鮮明にすればするほど、人間（ヒト）とは何かといった、より根源的な問いに直面せざるをえないからだ。
　現在、生物学だけでなく、人文・社会科学を含むほとんどの諸科学は、生物種としてのヒト（ホモ・サピエンス）を「人間」と同義に捉えている。もちろん人文・社会科学では、生物学的定義にとどまらず、人間の固有性を、道具・言語・記号、理性、自己意識等に見出し、「人間」を様々に定義してきた。しかし、何らかの事情・障害から道具・言語・記号・理性・自己意識等をもたない（もてない）ヒトを「人間」の範疇から排除してきたわけではない。また逆に、類人猿やイルカが道具・言語・記号を使っても、それらを「人間」とみなしてきたわけでもない。これらは、「人間」の定義の普遍性と特殊性の関係として理解しうるが、人間の普遍的定義は結局、生物種としてのヒトと一致する。
　もとより、すべてのヒトが、実際につねに社会的に「人間」とされてきたわけではない。むしろ人類のほとんどの歴史・社会において、実際に「人間」とみなされてきたのは、ごく一部のヒトだけだ。近代初期も、女性、植民地人民、白人以外のヒトは「人間（men）」とみなされず、人としての権利（人権）も認められなかった。現代でも、ヒトとみなすことと人権を保障することは、全く別問題だ。しかしそれでも第2次世界大戦以降、まがりなりにも人種・性別を問わず、すべてのヒトが「人間」として人権を認められるべきだという思想は、かなり一般化してきている。

また、人間を生物種としてのヒトと定義しても、そこから直ちに人間中心主義は出てこない。生物種としてのヒトは、単に一生物種であり、他の生物種と平等だ。ヒトは、全生物の「進化の頂点」にあるわけではない。すべての生物種は、それぞれの道筋での「進化の頂点（到達点）」に位置している。

人間中心主義は、人間と他のすべての生物種との間に断絶性を認めなければ成立しない。しかし実際の生物種は、一定の断絶性とともに、つねに連続性をもつ。同じヒト科に属するチンパンジーやゴリラとヒトの差異・断絶は相対的・量的な、しかも比較的小さなものでしかない[12]。ヒトとチンパンジーは、わずか500～700万年前に別れた近縁種で、両者のゲノムは98～99％が同じだ。

進化論的にも、ヒトは一枚岩ではない。ヒトは、アウストラロピテクスやホモ・エレクトゥス等、多様な種の絶滅と進化を経て、約30万年前にホモ・サピエンスとなった。ここ数万年に限っても、ネアンデルタール人の絶滅を経験しつつ、現存種のみが生き残った[13]。今後もまた、我々自身、さらなる進化を遂げることは避けられない。もし、新たな種への進化（分裂）に失敗すれば、そこに待つのは、種としての滅亡だ。こうした数万年・数十万年単位の時空の中で、人間中心主義は一体どこからどこまでにあてはまり、いかなる内容として定義しうるのだろうか。

個体発生的にも、人間の範囲は確定しえない。個人の起点と終点――誕生と死の瞬間――を客観的に確定するのは不可能だ。なぜなら誕生も死も、かなり長期にわたる連続的過程であり、どのイベントを重視してその「瞬間」を定義するかは、社会・文化的な価値観によってうつろうからである。

＊個体としての人間の誕生は、受精→着床（受精後約 1 週）→原始線条の形成（同約 2 週）→心臓鼓動の開始（同約 4 週）→脳の機能開始（同約 8 週）→胎児期（同約 9 週以降）→母胎外生存可能化（同約23週以降）→脳波の発生（同約25週以後）→出産という連続的過程だ[14]。死もまた、脳の機能停止、心拍停止、呼吸停止、瞳孔拡散、全臓器の機能停止、細胞死等、多様なイベントの連続的過程であり、特定の瞬間ではない[15]。それにも関わらず、何らかの基準で誕生や死の「瞬間」を確定し、生者と死者の間に明確な境界線を引くのは、主に生者側の必要――殺人罪の確定、遺産処理、哀悼と惜別の感情処理、臓器移植、自己の死に方を支配しようとする個人の自立と尊厳の信念等――による。

誕生の「瞬間」は、おそらく20世紀以前は、出産という他者（誕生する主体からみれば）による経験的・実感的イベントが重視されていたと思われる。しかし20世紀後半に

は、医学的実験の必要や中絶の是非をめぐり、受精を個体発生の起点と認めつつ、しかし「人間の生命」と認定すべき瞬間については様々な意見が分立し、使い分けられるようになった。さらに20世紀〜21世紀にかけて、クローン技術の進展により、受精を起点としない生命個体が誕生する可能性が現れ、個体発生の起点は一層揺らぎつつある。

死の「瞬間」[16]も古来、経験的・実感的な死が一般的だったが、近代以降、医師が宣告・認定する三兆候死（心拍停止・呼吸停止・瞳孔散大）が慣行化した。しかし20世紀後半には、心臓移植の必要や「無意味な延命治療」への疑問を背景として脳死が登場する。脳死がこうした社会的必要に迫られたものである以上、その判定基準も国・社会毎に多様だ。

エンゲルス（1968-a）[17]は述べている。「日常の場合には、われわれはたとえば、ある動物が生きているか生きていないかを知っているし、はっきり言うことができる。けれども、もっと詳しく研究してみると、これはしばしばきわめて複雑な問題であることがわかる。これは、ここからさきは胎児の致死が殺人になるという合理的な境い目を見つけようとして、さんざんむだ骨折りをしたことのある法律家たちが、よく知っていることである。また同様に、死の瞬間を確定することも不可能である。というのは、生理学が明らかにするところでは、死というものは一度でかたづく瞬間的な出来事ではなくて、非常に長びく過程だからである」。

以上をふまえると、今日、環境問題を考える上でまず重要なことは、人間中心主義の徹底、つまり"人間の人間による人間のための主体—環境形成"だ。しかし同時に、その前提となる「人間」の定義は自明ではない。我々は、「人間とは何か」、「人間の『生命−生活』とは何か」という、より根源的な問いにアプローチしなければならない。そこでは、自然諸科学と人文・社会諸科学の枠を超えた、根底的な人間−環境観の再構築が求められる。

  サン「もう終わりだ。何もかも。森は死んだ・・・」
  アシタカ「まだ終わらない。私たちが生きているのだから。
    力をかしておくれ」
          宮崎駿監督『もののけ姫』[18]

第2章

自然としての人間／人間としての自然

1.「限りある自然」説の陥穽

「地球や自然には限りがある」といわれる。確かに石油や鉄鉱石等の資源は有限だ。太陽から地球に注がれるエネルギーにも限りはある。

＊地球・自然の有限性を前提とする近代思想の萌芽は、1798年初版のマルサス『人口の原理』[1]に見られる。同書は、土地（アース）の有限性と人間の本能的性欲に基づく人口増加の無限性の相関から、やがて人類は深刻な食糧不足に直面し、悪徳と窮乏（飢饉、伝染病の蔓延、戦争等）による人口減少が不可避だと予測した。また後に同書の改訂版は、破局を回避すべく、理性的・道徳的な出生率低下・人口抑制を提唱した。

　この思想は、1970年代以降、地球規模での自然環境破壊の顕在化に伴い、新マルサス主義として復活・再評価されている。ローマ・クラブは、人口増加・工業化等がこのまま推移すれば、そう遠くない将来、地球の有限な資源は枯渇し、深刻な食料不足・環境破壊に直面することをコンピュータ・シュミレーションで示した。そして地球・資源の有限性を認識し、工業化・経済発展・人口増加を抑制すべきだと提唱した[2]。

　自然の有限性は、環境倫理学でもしばしば自明の前提とされる。加藤（1991）[3]は、「地球の生態系は開いた宇宙ではなくて閉じた世界」であり、「環境と資源の限界に人類の文化が直面するのは目に見えている。無限の増大はありえない」と述べる。そして「人口を増やすなら、生活水準を下げるべきだというのが、自然の掟である」と主張する。

　地球・自然の有限性に新たな社会形成の契機を見出す立場も、珍しくない。

　見田（1996-a）[4]によれば、「先進」諸国の「高度資本制社会＝消費社会」は、情報を通して需要を自己創出し、無限に開かれた需要空間を獲得して膨張する。しかしそこで資本主義は、「地球的な環境と資源の有限性という、新しく絶対的な臨界に遭遇」する。

　ウォーラーステイン（2001）[5]も、資本主義世界システムの限界を、世界の脱農村化（労働予備軍の枯渇）と「環境の限界」に見出す。彼によれば、資本主義はすでに地球全

体を包括しており、一層の人口的・地理的拡張は不可能だ。また資本主義世界システムは、その必然的産物である環境破壊に対する対策を重視すれば、利潤率を一層低下させざるをえず、そこで環境問題の解決は、資本主義システム内部では不可能だ。こうして、資本主義世界システムの存続それ自体が不可能になる。ウォーラーステインは、労働力を含む「資源・環境」の有限性・限界を想定し、そこに資本主義の限界を見出す。いいかえれば、労働力を含む「資源・環境」に限界がなければ、資本主義世界システムは終焉しないことになる。

しかし、自然・資源の有限性を前提とした立論には、いくつかの問題がある。
まず、何を自然・資源とみなすかは、人間の知・生産力によって変わる。人間の知・生産力が発展すれば、見向きもされなかった物質が資源となる。ボーキサイトは、アルミニウム精錬技術が普及する20世紀までは、資源ではなかった[6]。バイオ・テクノロジーの発展に伴い、全く無価値だった生物の遺伝子が、突如として重要な資源となる。人間の知・科学の発展に伴い、自然の「限界」もますます遠くにあることがわかってくる。要するに、自然の客観的限界は確定できない。そこで、成長の客観的限界も確定できない。人間が、自然や成長の限界をめぐってとめどない論争を続けている間に、環境破壊は着実に進む。

「自然は有限だ」との発想は、人間が自然の限界を認識し、その範囲内で自然を完璧に制御できると考える点で、誤っている。いわゆる「循環型」の経済・社会が、自然のメカニズムを完璧に認識し、それに基づいて自然を計画的に利用・制御するものだとすれば、それは永遠に実現できない。

2．人間と生態系・生物多様性

人間が自然を主体的に維持・再生産しなければならないのは、「自然が有限」だからではない。人間が自然の一部としてしか生きられないからだ。
人間は、他のすべての生物と同様、単体や単一種では生きられない。食物連鎖・分解・生殖・共生・呼吸と光合成の連環等、他の個体・他の生物種と様々な関係を結ぶ中で、初めて種の再生産を含む生存が可能になる。
従来、人間にとって有害と考えられてきた生物種にも、実は人間の生存を支えるものは少なくない[7]。害獣とされてきたオオカミは、ネズミを食べて田畑

を守り、病原菌の媒介を防いできた。また、シカやカモシカを食べて過剰繁殖を防ぎ、若芽や樹皮、ひいては森林の保水力を守り、洪水を防ぎ、人間に飲料水を提供してきた。人間の体内や皮膚に生息する細菌の大部分は人間と共生している。これらが抗生物質や抗菌グッズの多用により減少した結果、人間が抗体を失い、あるいはより有害で薬剤耐性をもつ突然変異菌が増殖し、人間の生命を奪う事態も増えている。花粉症やアトピー性皮膚炎などアレルギー症の増加の原因の一つに、人体内の寄生虫の駆除をあげる説もある。

　人間は、微生物を含む他の生物種との多様で複雑な共生関係、及び、他の生物種が人間の生存にとってもつ重大な意味の全貌を、ほとんど知らない。人間は、何よりも自らを種として生存させる主体として——他の生物種への同情や贖罪感からではなく、また他の生物種の絶滅の危機が人為によるか否かを問わず——、自らの生存の利害をかけて、生態系・生物種多様性を維持しなければならない[8]。

　＊ラヴロック (1984) は、生物種間の共生関係や進化を、物質的環境の形成との関連で捉えた[9]。それによれば、植物の光合成による酸素創出は、地球上に水素を、そして水・海洋を維持する上で大きな役割を果たした。また植物は川や海に埋没して炭素原子を固定化することで、空中の酸素分子の比率を一定水準に保持している。湿地帯で嫌気性の微生物が発酵して作られるメタンも、酸素と結びついて水と二酸化炭素となり、大気中の酸素濃度の調節に寄与している。微生物の代謝物質であるアンモニアは、地球環境の酸性度をコントロールしている。総じて生命にとって快適な環境の恒常性は、生物自身の自動的かつ無意識的なフィードバック過程によって、創造・維持されているのである。

　同時に、現実の生態系・生物多様性は、感染症や害獣の例をあげるまでもなく、人間の生存にとって、つねに好都合とは限らない。「天地は仁ならず、万物を以て芻狗と為す」（老子）[10]。人間は、自ら生存を維持するために、かつて天然痘ウィルスを絶滅の淵に追い込んだように、今後も様々な生物種の駆逐・絶滅を含め、自然を改造しなければならない。近年、胃潰瘍の原因が、ヘリコバクター・ピロリという細菌の慢性感染にあることが明らかになりつつある。ほかにも従来、食習慣や生活習慣・ストレス、あるいは単に運の悪さによるとされてきた多くの疾病が、実は何らかのウィルスや細菌の慢性感染によることも徐々に解明されつつある[11]。人間は、こうした否定的な意味でもまた、他の生

第 2 章　自然としての人間／人間としての自然　17

物種との多様で複雑な関係、及び、他の生物種が人間の生存にとってもつ重大な意味の全貌を、まだほとんど知らない。

したがって、人間と他の生物種との関係は、共生か闘争かの単純な二者択一では捉えきれない。人間は生態系の一環としてしか生きられず、他の生物種と共生関係にある[12]。しかし、その生態系はつねに個々の生物種や個体の生存にとって安定的・調和的ではなく、生物種間・個体間の生存闘争を孕む。闘争と共生はいずれも、生物種や個体の「生命－生活」を維持する表裏一体の関係だ。

＊ダーウィン（1963）[13]における生存闘争の概念は、共生と闘争の二者択一とは無縁だ。彼は、「生存闘争という言葉を、ある生物種が他の生物に依存するということや、個体が生きていくことだけでなく子孫をのこすのに成功すること（これはいっそう重要なことである）をふくませ、広義にまた比喩的な意味にもちい」ている。例えば、「ヤドリギは、リンゴやそのほか数種類の樹木に依存して生活しているが、しいていえば、これらの樹木と闘争しているともいえる。……しかしおなじ枝に密生したヤドリギの多くの芽生えが、相互に闘争しているということは、いっそうたしかにいいうるであろう。ヤドリギの種子は鳥によって散布されるから、ヤドリギの存続は鳥に依存しているわけである。それゆえ比喩的には、ヤドリギは果実をならせる他の植物と、他のものより多く鳥をひきつけ果実をくわせて種子を散布させるために闘争しているということができる。私は、たがいにつうじるところのあるこれらいろいろの意味で、便宜のために生存競争という共通の言葉をもちいるのである」。

エンゲルス（1968-c）[14]も、共生と闘争の二者択一の発想を批判した。「ダーウィンがでるまでは、今日の彼の信奉者たちがさかんに強調していたのは、たとえば植物界は動物に栄養と酸素とを供給し、動物は植物に糞とアンモニアと炭酸を供給するというような、生物界の調和的な協働ということだった。ダーウィンが認められるようになると、とたんにこういう人々はいたるところに闘争だけを見るようになる。二つの見解は狭い限界の内部では正しいが、しかし両者はともに等しく一面的であり偏狭である。生命なき自然物の交互作用ということは調和と衝突とを含意し、生命ある自然物のそれは意識的および無意識的な協働と意識的および無意識的な闘争とを含意している。だから自然においてさえ、一面的な『闘争』ということだけを旗印にかかげることは許されない。まして歴史の発展と錯綜のこのうえなく多彩な富の全体をひらからびて一面的な『生存闘争』の空言で包括してしまうというにいたっては、これはまさに児戯に類することである」。

3. 人間と宇宙・物質環境

　また人間は、他のすべての生物と同様、宇宙・地球環境の極めて微妙なバランスの中でしか発生しえなかったし、今も生存を許されていない[15]。太陽の光や熱、惑星や隕石の軌道や引力、地球の位置等、偶然の奇跡とも思える宇宙のあらゆる物質とエネルギーの微妙なバランスの中で、約40億年前に地球に生命が誕生し、幾度かの生物大量絶滅を経て、哺乳類が繁栄のチャンスをつかみ、人類が進化してきた[16]。人間は宇宙・自然の変化の一産物だ。

　地球は閉鎖的システムではない[17]。何より地球そのものが、宇宙を漂う鉄・ニッケル等を核として形成されたといわれる。恐竜が絶滅し、哺乳類が進化・増殖した理由の一つに巨大隕石の地球衝突をあげる説があるが、これは地球生態系や生物進化が宇宙に開放されたシステムの中で繰り広げられてきたことを物語る。生物体を構成する主要元素が赤色巨星内の核融合反応で作られ、地球に飛来したとの説も同様だ。地球に降り注ぐのは、太陽の熱や光だけではない。

　＊地球を閉鎖的システムと捉える論者として、ボールディング(1975)がいる[18]。彼は、「開いた経済」から「閉じた経済」への転換を主張する。「開いた経済」とは、広大無縁な平原のような無限の地球・自然を征服・開拓してゆく「カウボーイの経済」だ。一方、「閉じた経済」とは、いかなる無限の貯蔵庫ももたない宇宙船のような地球を前提とした「宇宙人の経済」だ。後者では、人間は「宇宙船地球号」の乗組員として、循環的な生態システムの中で生存を維持するしかない。
　しかし、ボールディングの認識は誤っている。まず、カウボーイが「開拓」した平原は広大無縁ではなく、有限で、しかもネイティヴ・アメリカンという人間の生活の場だった。これに対し、宇宙は人間にとって無限だ。宇宙船（地球）は、宇宙の中で孤立した閉鎖空間ではなく、宇宙全体に開かれた空間だ。もとより宇宙船の貯蔵庫は有限だ。しかしそれ以上に、カウボーイの貯蔵庫も、またいかなる人間の貯蔵庫も有限だ。なぜならそれは、人間自身が、無限の自然・宇宙の中で有限だからである。それは、人間自身の有限性であり、宇宙・自然のそれではない。
　エントロピー論もまた、地球を閉鎖システムと捉える。それによれば、地球が外部から受けるエネルギーは太陽光のみだ。しかも、分子運動の不規則性（エントロピー）の増大により、熱は高温部から低温部に一方的・不可逆的に伝わる。そこで、物質循環の維持には、エントロピーの増大の抑制が不可欠だ。人間が永遠に利用可能な地球上の低

エントロピーは、水と光合成による有機物質しかない。また、降水と太陽輻射の受け皿としての地球・土地面積が有限である以上、水や光合成による有機物質もまた有限だ。だからこそ人間は、いつか枯渇する鉱石・石油等に依存せず、永遠に利用可能な、ただし有限の水や生態系を維持するプロセスの中でしか、生存を維持しえない[19]。

しかし、実際にはエントロピー論の想定とは異なり、宇宙から地球に入射するのは、太陽の光や熱だけではない。また太陽の光や熱も、たとえ地球の土地面積が一定であっても、地球と太陽の距離や太陽自体が変化する中では、一定ではない。地球内部から地表に流出するエネルギーも宇宙空間に放出される。地球は決して閉鎖システムではない。

地球の温暖化や寒冷化、大気圏の変化、空気・土壌・水質の変化、地殻やプレートの変動、諸惑星や隕石の軌道、太陽の変化、宇宙のあらゆる物質とエネルギーの循環における諸変化は、それが人間の行為や"責任"によるか否かを問わず、人間に何らかの意味・影響をもつ以上、重大な人間環境問題だ。約6,500万年前、巨大隕石が地球と衝突しなければ、哺乳類が恐竜にとってかわることはなく、人間は地球上にいなかっただろう。その後、再び巨大隕石が地球に衝突していても、人間は今、ここにいなかった。農耕の開始・文明の形成も、約1万2,000年前の氷河期の終了・間氷期の到来と無関係にはありえない[20]。

4．人間の自然改造

しかも人間は、他の生物種とは全く異なる方法と規模で、自然を改変してきた。もちろん、どの生物種も物質代謝や適応・進化を通して、自然を改変する。しかし人間は、他の生物種とは異なり、因果関係の認識に基づく目的意識性の獲得という特異な進化の道をたどることにより、極めて大規模に、また多様な形で自然を改造・制御することを可能にした。自然を目的意識的に改造・制御して行われる農耕や放牧は、その重要な一歩だ。それはまた、狩猟や採集による無制限な自然環境破壊を抑制する意識的な自然改造の営為でもあった[21]。

　＊人間による自然の意識的改造・制御の営みが、「労働」だ。人間は、労働によって自らの生存を可能にし、それを通して他の動物とは異なる人間に「なってきた／進化してきた」。マルクス（1983）[22]は、「労働は、まず第一に、人間と自然とのあいだの一過程、すなわち人間が自然とのその物質代謝を彼自身の行為によって媒介し、規制し、管理する

一過程である」と述べ、人間労働の意識性について次のように指摘する。「われわれが想定するのは人間にのみ属している形態の労働である。クモは織布者の作業に似た作業を行うし、ミツバチはその蠟の小室の建築によって多くの人間建築師を赤面させる。しかし、もっとも拙劣な建築師でももっとも優れたミツバチより最初から卓越している点は、建築師は小室を建築する以前に自分の頭のなかでそれを建築しているということである。……彼は自然的なものの形態変改を生じさせるだけではない。同時に、彼は自然的なもののうちに、彼の目的——彼が知っており、彼の行動の仕方を法則として規定し、彼が自分の意志をそれを従属させなければならない彼の目的——を実現する。そして、この従属は決して一時的な行為ではない。労働の全期間にわたって、労働する諸器官の緊張のほかに、注意力として現れる合目的な意志が必要とされる」。

エンゲルス（1968-c）[23]も述べる。「動物もまた、人間ほどではないにしても、やはりその活動によって外部の自然を変化させ、またそれらの活動によって引きおこされた彼らの環境の変化は、……そうした変化の当の推進者の上に反作用してこれを変化させる。……しかし動物が自分たちの環境に持続的な影響を及ぼすとしても、それはそれと意図することなしに生じたことであって、これらの動物たち自身にとっては多少とも偶然的なことなのである。ところが人間が動物から遠ざかれば遠ざかるほど、自然にたいするその影響は、あらかじめわかっている特定の目標にむけられた、まえもって考えぬかれた、計画的な行動という性格をますますもっておびるようになる。……要するに、動物は外部の自然を利用するだけであって、たんに彼がそこにいあわせることで自然のなかに変化を生じさせているだけなのである。人間は自分がおこす変化によって自然を自分の目的に奉仕させ、自然を支配する。そしてこれが人間を人間以外の動物から分かつ最後の本質的な区別であって、この区別を生み出すものはまたもや労働なのである」。

しかし同時に、人間は宇宙・自然の因果関係のすべてを認識することは永久にできない。なぜなら人間は宇宙・自然の一部であり、その逆ではないからだ。宇宙・自然は、究極的にはその終焉に向かってつねに変化し続けている。人間の発生－進化も、そうした宇宙の変化の一コマでしかない。宇宙・自然の変化の速度・多様性は、つねに人間の知の進化のそれを遥かに上回る。現に人間は有史以来、自然の因果関係のほんの一部しか知り得ていない。億を超える生物種の中で、人間が識別認知しうるのは1％に満たない[24]。時々刻々と変異・進化・絶滅しつつあるすべての生物種について、その遺伝情報のすべてを読み取り、それらが織り成す複雑な相互関連を解明しつくすことは、永久に不可能だ。また人間は地震予知もできないほど、地球や地殻変動について無知だ。宇宙に

は一層広大な未知の時空が広がり、技術の進歩によって人間が宇宙のより遠くを知るようになるその同じ時間に、宇宙の限界はその何万倍もの早さで遠ざかっている。人間は、環境ホルモンに不安を感じているが、どの物質がそれに該当するのか、それらが本当に危険なのか、それらの危険性が単に生殖系の異常だけなのか、実はほとんど知らない[25]。また、地球温暖化に危機感を抱きつつ、その真因が人為による大気中の二酸化炭素濃度の上昇なのか、たとえそれが原因の一つとしてもどの程度の重みをもつ要因なのか、実は解明していない[26]。そして人間は、自ら日々作り出しつつある、半減期2万数千年といわれる放射性核種の処分法すら確立していない。つねに変化・進化・消滅しつつある宇宙・自然の膨大な情報量に比べれば、今日の人類と旧石器時代の人類の知識量の差など、微々たるものだ。

5．無限の自然

　宇宙・自然は、人間にとって無限だ。もちろん、ビックバン以来の宇宙史がいつか終焉し、別の物語にとって代わられるという意味で、宇宙も有限ではある。しかし少なくともそれ以前に、人間は確実に終焉を迎える。宇宙・自然史の総体からみたとき、有限なのは人間の方だ。人間は自らは滅せても、宇宙・自然は滅せない。すべての核兵器を一挙に爆発させても、せいぜい人類やその周辺の生物種が滅ぶだけで、宇宙・自然は滅びない。だからこそ、宇宙・自然が存在する限り、またその一部として人間が生存する限り、人間による因果関係の認識の営み・「なぜ」の追求は続く。科学・知を発展させたいという衝動は、人間が存在する限り、尽きることはない。人間の知への欲求は――人間が存在し続ける限り――、汲み尽くせない無限の泉だ。そして、それが無限であり続ける最大の根拠は、人間にとっての宇宙・自然の無限性にある[27]。

＊人知の無限性について、エンゲルス（1968-b）は述べる。「（人間の）思考の至上性は、きわめて非至上的に思考する人間たちの系列をつうじて実現され、また真理たることの無条件の主張権をもつ認識は、相対的誤謬の系列をつうじて実現されるのである。このどちらも、人類の生命の無限の持続をつうじてでなければ、完全に実現されることはできない。……この意味で、人間の思考は至上的であるとともに非至上的であり、またそ

の認識能力は無制限であるとともに制限されている。素質、使命、可能性、歴史的な終局目標から見れば、至上的で無制限であり、個々の実施とそのときどきの現実からみれば、非至上的で制限されている」[28]。

しかし同時に、人類の生命は――したがって人知は――自然の前で有限だ。エンゲルス(1968-c)は述べる。「『生まれくるものはすべて滅びゆく値うちがある』。さらに数百万年がすぎゆき、数十万の世代が生まれかつ死ぬであろう。しかしながら、しだいに尽きはてようとしている太陽熱がもはや極地からおしよせてくる氷をとかすには足りず、赤道の周辺にますます凝集してゆく人間たちがついにその地において生存するのに十分な熱を見いだすことなく、有機的生命の最後の痕跡さえつぎつぎと消滅してゆき、月のように死滅し凍結した一個の球体となった地球が深い闇のなかを、同じく死滅した太陽のまわりのますます小さくなりつつある軌道のうえに周回して、ついにはその太陽に落ちこんでしまうそのときは、容赦なく迫ってきているのである。……そしてわれわれの太陽系と同様に、われわれの島宇宙に属する他のあらゆる系もまた早晩同じ運命におちいり、数知れぬ他の島宇宙に属する系や、それどころかそこからの光がこれを受けとめるはずの人間の眼が地上にあるかぎりはけっして地球には到達しないような系でさえ、この同じ運命におちいる」[29]。

このような人間の科学・知の発展が、「人間による自然の征服」でありえないことは自明だ。科学・知は、人間による、つねに極めて不十分で暫定的な、したがって絶えざる革新の過程にある主体的認識にほかならない。「科学の目的は、無限の英知への扉を開くことではなく、無限の誤謬にひとつの終止符を打ってゆくこと」(ブレヒト)[30]だ。人間の自由の獲得とは、外的自然の征服ではなく、自然の法則の認識に基づく人間自身およびそれを含む自然の部分的制御・改変でしかない。

*人間の自然改変と自由について、エンゲルス(1968-b)は述べる。「自由とは必然性の洞察である。……自由は、夢想のうちで自然法則から独立する点にあるのではなく、これらの法則を認識すること、そしてそれによって、これらの法則を特定の目的のために計画的に作用させる可能性を得ることにある。……したがって、意志の自由とは、事柄についての知識をもって決定をおこなう能力をさすものにほかならない。だから、ある特定の問題点についてのある人の判断がより自由であればあるほど、この判断の内容は、それだけより大きな必然性をもって規定されているわけである。他方、無知にもとづく不確実さは、異なった、相矛盾する多くの可能な決定のうちから、外見上気ままに選択するように見えても、まさにそのことによって、みずからの不自由を、すなわち、それが支配するはずの当の対象にみずから支配されていることを、証明する……。だから、自由とは、自然的必

然性の認識にもとづいて、われわれ自身ならびに外的自然を支配することである」[31]。

6．意図せざる結果

しかしそれにも関わらず、人間はしばしば「自然の無限性＝人間・人知の有限性」という現実を忘れ去り、あたかも自然が完璧に征服・統御可能だという傲慢な錯覚に陥る。その傲慢さは時には、「もうこれほど生産力・科学が発展したのだから、これ以上の発展は不要だ」といった形をとることもある。

しかし、現実に「自然の無限性＝人間・人知の有限性」を免れない以上、自然は、因果関係を把握して知的・目的意識的に行為しているつもりの人間に対して、つねに予期せぬ結果・意図せざる結果をつきつけてくる。「自然を征服できる」と考えて生産力の発展に邁進する人間に対しても、逆に「もう科学・生産力の発展は十分だから、これ以上の発展は不要だ」と考えて生産力の抑制を主張する人間に対しても、自然は全く平等に、それぞれにとって予期せぬ結果・意図せざる結果をもたらし、人間の傲慢さを思い知らせる。

こうした意図せざる結果を含め、今日、地球の生態系には、人為の影響が及ばない手付かずの「自然」はほとんどない[32]。原始の生命感を漂わせる屋久杉の森林は、江戸時代に比較的まっすぐな杉を人間が伐採することで生み出された。ピーターラビットの絵に描かれるイギリス北部のなだらかな丘陵地は、産業革命時の森林伐採の跡地だ。美しい自然の代表のようなアルプスやヒマラヤのお花畑も、新石器時代以降の人間の放牧による森林破壊の産物といわれる。日本の伝統的なマツ林は、弥生時代以降の常緑広葉樹の伐採の結果、形成された植生－景観である。日本の赤トンボや蛍も、水田稲作という人工自然とともに繁殖してきた「農業生物」だ。ある種のシダ類やヒガンバナ等の無融合生殖型植物も、やはり新石器時代以降の人間が農耕や放牧によって作り出した地表状態に適応・進化した野生植物、すなわち人間文明が創造した自然生物とみられている。

今日の地球生態系がこれらを構成要素としている以上、人間の手つかずの原生自然は再生しえない。「人間的歴史に先行する自然などというものは、……今日ではもうどこにも存在しない自然」（マルクス＆エンゲルス）だ[33]。地球の生態系は人間の目的意識的行為によって――またそれを遥かに上回る規模での意

図せざる結果として——不可逆的進化を遂げている。人間やその文明を抹殺しても、原生自然は戻らない。そこで進むのは新たな進化であり、原生自然の復元ではない。何よりヒトという種が欠けた自然は原生自然ではありえない[34]。

　人間と自然を二者択一的に捉え、人間の手つかずの「原生自然（wilderness）」を称揚する立場は、実践的にもしばしば深刻な問題をもたらす。それはまず、里山のような人の手が入った自然環境の意義を軽視する。またそれは、しばしば一方で、人為・人工の極致としての近代文明との対比で、「自然に近い」先住民をエコロジー生活の実践者として賛美する。しかし同時にそれは、自然の制御を通して自らの「生命－生活（life）」を営む先住民の文化に対する、破壊的介入の論理でもある。先住民の多くは「原生自然」を守っているわけではない。むしろ自らの「生命－生活」の発展的再生産の必要に応じて自然を人為的にコントロールしている。そうした先住民にとっては、多くの環境破壊と同様、原生自然を賛美し、それを厳格に保存しようとする環境保護運動もまた、「外の世界」からやってきた人間的自然の破壊者だ[35]。原生自然保護のために狩猟や野焼きを禁止することが、先住民の伝統的生活を破壊した事例は少なくない。また伝統的な野焼きの禁止が、草原の潅木林化を促して当該地域の野生動物に適した環境を失わせたり、パッチワーク状の緩衝帯をなくして、自然発火による広大な土地の焼失につながることもある[36]。

　＊グーハ（1995）[37]は、アメリカ合衆国における原生自然への関心の高まりを批判する。「自然を楽しむことは、消費生活の不可欠の要素」であり、「ほとんどのアメリカ人にとって、何千マイルも車を走らせて、国立公園で休暇を過ごすことは、完全に首尾一貫した行為なのである」。「アメリカ人は、広大で美しく、人口がまばらな大陸をもっており、経済的にも政治的にも優位であることを利用して、地球の大部分の天然資源を利用することができる。『原生自然』と『文明』の両極は、内的に首尾一貫した統一体の中では相互に共存しており、両極の哲学者はこうした文化の中では卓越した地位を与えられている。逆説的に見えるかもしれないが、スターウォーズ（宇宙戦争）の技術とディープ・エコロジーがともに、西洋文明の先端地域であるカリフォルニアに最大の表現場所を見つけているのは偶然ではない」。またグーハは、原生自然の保護・管理が主に「豊かな観光客のため」になされ、「貧しい人々の生活にはるかに直接的な影響を及ぼす環境問題（例えば、燃料、飼料、水不足、土壌の侵食、大気・水汚染）」が無視ないし軽視されると指摘し、「原生自然の保存を第三世界に適用することは明らかに有害である」と述べる。

自然が人間につきつける意図せざる結果は、お花畑・ヒガンバナ・松林のように、人間にやさしいものばかりではない。人体に無害な「夢の物質」といわれたフロンによるオゾンホールの拡大は、人間にとって全く意図せざる厳しい結果だった。環境ホルモンが注目を集めるのも、それがこれまで人間が全く想定していなかったほど超微量で、意図せざる厳しい結果をもたらす可能性が高いからだ。また人間は抗生物質や抗菌グッズを使って細菌を排除しようとしたが、それは意図せざる厳しい結果として、細菌の薬剤耐性の獲得や他の悪性細菌の増殖、さらに人間自身の抵抗力の低下をもたらした。

　＊エンゲルス（1968-c）[38]は述べる。「人間は、……自然を自分の目的に奉仕させ、自然を支配する。……しかしわれわれは、われわれ人間が自然にたいしてかちえた勝利にあまり得意になりすぎることはやめよう。そうした勝利のたびごとに、自然はわれわれに復讐する。なるほど、どの勝利もはじめはわれわれの予期したとおりの結果をもたらしはする。しかし二次的、三次的には、それはまったく違った、予想もしなかった作用を生じ、それらは往々にして最初の結果そのものをも帳消しにしてしまうことさえある。メソポタミア、ギリシア、小アジアその他の国々で耕地を得るために森林を根こそぎ引き抜いてしまった人々は、そうすることで水分の集中し貯えられる場所をも森林といっしょにそこから奪いさることによって、それらの国々の今日の荒廃の土台を自分たちが築いていたのだとは夢想もしなかった。アルプス地方のイタリア人たちは、北側の山腹ではあれほどたいせつに保護されていたモミの森林を南側の山腹では伐りつくしてしまったとき、それによって自分たちの地域でのアルペン牧牛業を根だやしにしてしまったことには気づかなかった。またそれによって一年の大半をつうじて自分たちの山の泉が涸れ、雨期にはそれだけ猛威をました洪水が平地に氾濫するようになろうとは、なおさら気がつかなかった。……こうしてわれわれは、一歩すすむたびごとに次のことを思いしらされるのである。すなわち、われわれが自然を支配するのは、……なにか自然の外にあって自然を支配するといったぐあいに支配するのではなく、──そうではなくて、われわれは肉と血と脳髄ごとことごとく自然のものであり、自然のただなかにあるのだということ、そして自然にたいするわれわれの支配はすべて、……われわれが自然の法則を認識し、それらの法則を正しく適用しうるという点にあるのだ、ということである」。そして、「目的と結果との対応というこのような物指を人間の歴史にあててみるとき、現代の最も発達した諸民族の場合でさえ、そこではまだ予定されていなかった目標と達成された成果とのあいだにはいつでも巨大な不一致が存在していること、予期せぬ作用が支配的であり、統御されない力のほうが計画的に発動させた力よりもずっと強大であることをわれわれは見いだす。そしてそのことは、人間の最も本質的な歴史的活動……が、

統御されない力から生ずる偶発的影響のあいつぐ交替出現にかえって屈服させられ、意図していた目的は例外的にしか実現されずにその正反対のことのほうがずっと頻繁に実現されているというあいだは、そうなるほかはありえないのである」。

　自然の摂理の前には、人間の善意の有無は無関係だ。砂漠の緑地化のための人工的オアシスや人造湖が、深刻な感染症を媒介する貝や昆虫を増殖させることもあれば、砂漠に生きる希少な在来生物種を絶滅に追い込む可能性もある[39]。人工飼育された絶滅危惧動物が野生に戻された後、繁殖するか、ヒトウィルスの感染によって絶滅が早まるかは、わからない。絶滅が危惧されるメダカの安易な放流が、当該地域のメダカとの交雑によって遺伝子を撹乱し、絶滅を早める危険もある。海洋や土壌の汚染をバクテリアやミミズを用いて浄化する試みが、新たな未知のバイオ・ハザードや生態系への汚染拡散・生物的濃縮による二次被害を引き起こす可能性も皆無ではない[40]。山間部のダム・道路工事等での脱コンクリート・緑化事業が、樹皮を捕食するシカの大繁殖を介して、原生林の破壊を招く可能性もある。総じて、自然はつねに、人間の因果関係の把握が未熟で部分的でしかないことを思い知らせる。
　しかしそれでも人間は、因果関係の認識という自らの知・能力を駆使し、その意図せざる結果が自らの「生命－生活」にとって厳しい意味をもつことを認識し、その危機を回避するために、ますます目的意識的・知的に行為せざるを得ない。オゾンホールや環境ホルモン、海洋・土壌汚染が、人間のさらなる因果関係の認識や目的意識的行為を抜きに「自然」に解消することは、まずありえない。絶滅危惧生物種が、人間の目的意識的な保護なしで、「自然」に増殖する可能性も少ない。耐性菌の出現に直面した人間は、さらに新たな抗生物質の発見に向かうか、あるいは細菌と共生しうる別の方法を模索するか、いずれにせよ因果関係の認識に基づく目的意識的行為をやめるわけにいかない。

7．人間の主体性

　人間が自然の因果関係のすべてを認識し、完璧に制御することは、前述の如く、永久に不可能だ。しかしそれでも人間は目的意識的・知的に自然に働きかけ、自

然を制御する営みをやめるわけにいかない。なぜなら、それをやめれば人間という生物種が滅ぶからだ。それが、因果関係の認識に基づく目的意識的行為によって環境への適応を図ってきた人間という生物種の宿命である。まず人間という種が「生きる」こと、その滅亡の日まで「生命－生活」をまっとうすること。これが人間の主体性の、したがってまた環境問題の原点だ。ここに、人間が知・科学を発展させなければならない最大の客観的根拠があり、それらの発展を希求する最大の主観的動機がある。一度は科学の無力さに絶望した老ファウストは、「知恵の最後の結論はこうだ、生活でも自由でも、これに値いするのは、それを日々に獲得してやまぬものだけだ。だから、ここでは、危険に取りまかれて、子どもも、おとなも、老人も有為な年を過ごす」と叫んだ[41]。

＊人間の意識性と自然の関係について、マルクス（1975-a）[42]は述べる。「人間はただたんに自然物であるだけでなく、人間的な自然物である。ということは、己れ自身にたいして存在するものであり、それゆえに類存在であるということである。人間はそのような類存在として己れを己れの存在においても己れの知においても証し示さずにはいない。したがって人間的対象は直接にそこにあらわれてあるがままの自然対象でもなければ、また直接にあるがままの、対象的にあるがままの人間的感能もまた人間的感性、人間的対象性なのではない。自然は——客体的にも——、また自然は主体的にも直接に人間的本質に適合してそこにあるのではない。そして自然的なものはすべて生成しなければならないように、人間もまた彼の生成活動、つまり歴史をもっている。しかしこの歴史は彼にとっては意識的な生成活動であり、したがって意識をもってする生成活動として、自らを揚棄する生成活動なのである。歴史は人間の真の自然史である」。「類生活は人間の場合でも獣の場合でも、身体的に一つには、人間が（獣と同じように）非有機的自然によって生きるところにあるのであって、人間が獣として普遍的であればあるほど、それだけ彼の生きる素である非有機的自然の範囲は普遍的である。植物、動物、石、空気、光等々が、あるいは自然科学の対象、あるいは芸術の対象、——彼によってまず享受と消化のために調整されねばならないところの彼の精神的な非有機的自然、精神的糧として——観想的に人間的意識の一つの部分を成すように、それらはまた実践的にも人間的生活と人間的活動の一つの部分を成す。肉体的に人間が生きるのは、ただこれらの自然産物——これらがいま食物、燃焼、衣料、住い等々、どんなかたちであらわれるかは別として、——によってのみである。実践的には人間の普遍性は全自然を……彼の非有機的身体たらしめるところの普遍性においてこそあらわれる」。

以上をふまえると、「持続可能な発展・開発（sustainable development）」[43)]とは、客観的に永遠に持続可能なそれを意味しない[44)]。客観的には、人類はいつか必ず滅ぶ。人類滅亡の瞬間まで「持続可能な発展・開発」といった言説も全く意味がない。人類が滅亡する瞬間まで、何らかの経済・発展・開発があるのは自明だ。また、「持続可能な発展・開発」は、人間によって完璧に計画・制御された永久機械のような循環型・リサイクル型のそれではありえない[45)]。それは、つねに発生する予期せぬ厳しい結果を、人間が主体的な知・生産力の発展－発達によって認識し、乗り越えて行くたゆまぬ過程にほかならない。

> 「けっして誤ることのないのは何事もなさない者ばかりである。生きたる真理のほうへ邁進する誤謬は、死んだ真理よりもいっそう豊饒である」
> 　　　　　　　　　　　　　　　　　　　　　ロマン・ロラン『ジャン・クリストフ』[46)]

第3章

【環境外在論】と【主体―環境系論】

1．【環境外在論】

　環境はしばしば、主体をとりまく外界・外的諸条件とみなされてきた。こうした環境観を【環境外在論】と呼ぶ。

　【環境外在論】によれば、環境とは「主体（subject）」の外にある「客観的（objective）」実在だ。それは、人間を外側から規定する外界・外的諸条件であり、同時に人間にとって主体的な働きかけの外的「対象（object）」でもある。そこで科学の主な課題は、こうした外在的環境を対象化し、客観的に認識することになる。そこでは、科学（自然科学・社会科学・人文科学）による環境（自然・社会・文化）の客観的分析が重要になる。客観的分析の深化は、諸科学の専門分化・細分化と手を携えて進む。

　【環境外在論】的な環境－科学観は、因果関係の認識に基づく目的意識性・理性の獲得という人間の進化の過程で創出されてきた。すなわち、自然と人間が分離して自然を意識的に改造する文明が成立し、中世的神権的秩序が崩れて人間中心の文化が形成され、共同体社会の解体・自我の確立という形で社会と個人が分離する過程で成熟してきた。人間が、自然・文化・社会における因果関係を客観的に認識しえず、意識的に制御しえない間は、人間は、それらに埋没し、融合・一体化して生きるしかなかった。人間はそれらを客観的な環境と捉えず、したがって主体たりえなかった。しかし、生産力を初めとする人間の諸能力が発達する中で、自然・文化・社会が、人間にとって客観的な認識や意識的な制御・改造の対象・客体として立ち現れてきた。こうした環境－科学観は、特に産業革命・市民革命以降、全面開花した。その意味でこれは、すぐれて近代的な環境－科学観

である。近代は、「世界の客観化＝対象化」と「人間の主観化＝主体化」が表裏一体で進んだ時代だ。「世界は征服されたものとして、より包括的に、より徹底的に処理に任され、客観がより客観的になればなるほど、それだけますます主体的に、主体は立ち上が」（ハイデッガー）った[1]。

2．【環境外在論】の限界

しかし今日、【環境外在論】には、様々な限界が指摘されている。

第1に、環境は単なる客観的実在ではなく、「主観的（subjective）」・内在的な意味世界でもある。例えば、海は確かに一つの客観的実在だが、同時に人間の意味づけによって多様な環境になる。漁民と廃棄物埋立業者、津波の被害者とサーファー、旧石器時代人と現代人、新生児と成人等、主体によって、海は異なる意味をもつ環境へと変化する。

＊「主体と環境／主観と客観」の統一的把握の重要性について、マルクス（1975-a）は述べる。「私の対象は私の本質諸力のうちの一つの力の証でありうるにすぎず、したがってそれは私の本質諸力が主体的能力として自覚的に存在する限りにおいてのみ私にとって存在しうるにすぎず、或る対象の意味の範囲は私にとって、……ちょうど私のセンスの及ぶ範囲にほかならない。それゆえに音楽によって始めて人間の音楽的センスがよび起こされ、非音楽的な耳にとっては絶妙の音楽といえどもなんの意味をももたず、［どんな］対象でも［ない］。……一言にしていうならば人間的なセンス、諸センスの人間性もまたそれの対象の存在によってこそ、人間的にされた自然によってこそ、始めてでき上がるのだ……。主観主義と客観主義、唯心論と唯物論、能動と受動が社会的状態のなかで始めてそれらの対立、したがってまたそのような対立物としてそれらのあり方を失うことがわかる。ものの見方の上での諸対立そのものの解決はただ実践的な仕方でのみ、ただ人間の実践的エネルギーによってのみ可能であり、それゆえにそれらの解決はけっして単に認識の課題にすぎないのではなくて、かえって現実的な生活課題なのである」[2]。

事物・環境を意味として捉える方法については、多くの社会理論がある。

ミードの思考を基礎に、ブルーマーが定式化した象徴的相互作用論[3]は、対象のもつ意味を重視し、人間を、単に事物からの刺激に反応するだけでなく、シンボルを用いて対象の意味を自らに提示し、それに基づいて行為する主体として把握した。現代の象徴的相互作用論は、環境概念を特に重視する。ここでの環境とは、人々に外在・対立するものではない。人々によって状況定義された意味世界だ。意味世界は、人間の社会的相互作用を通

してたえず構成－再構成され、生成－変化する。

　シュッツ[4]の現象学も、外界を選択的に知覚し、意味として解釈する人間の主観性を重視する。ここでの「現実」とは、諸個人の自我・関心を座標軸の原点として広がる生活世界だ。生活者である諸個人は、意味を付与し、現実世界を構築する。ただしそうした諸個人の生活世界は、個々ばらばらなものではなく、身体的・社会的に形成され、したがって相互主観的で理解可能だ。またそれゆえに人間は、しばしば自らの日常的な生活世界に内在する意味をあたかも「自然」なものとみなし、自明視しがちでもある。現象学は、こうした日常的な生活世界に埋め込まれた自明性を対象化し、疑わせ、覆す。

　これらをスプリング・ボードとして、1970年代以降、解釈的パラダイムと総称される多様な社会学理論も活性化した[5]。ゴッフマンのドラマトゥルギー分析は、対面的な相互行為の中で、人間が暗黙のうちにどんな方法・戦略を駆使して社会秩序を維持し、社会的自己を演出し、また変更を可能にしているかを分析した。ガーフィンケルのエスノメソドロジーも、個別具体的な社会的文脈・状況下での相互行為や日常生活に焦点を当て、それらの構成・構築のために人々が無意識のうちに用いている方法を、自覚的・意識的につかみ出し、日常性の基底にある暗黙の社会的意味を浮き彫りにした。

　さらにポスト構造主義は、人間が社会的に構築されつつ、同時に多様な文脈で脱構築するあり様を、近代社会や国民国家という大きな構造を視野に入れて捉えた。そしてこうした人間が付与する意味や解釈を重視した立論は、記号論、カルチュラル・スタディーズ、コミュニケーション理論等、多様な展開を遂げている。

　ただし、主観性・主体性を重視する諸理論の精緻化は、一面性に陥りがちでもある。解釈的パラダイム・現象学等は、人間による主観的・主体的な意味付与が最もリアリティをもつ日常生活や相互行為に焦点を絞り、物質的な生命過程や自然の実在、巨視的な歴史的社会変動・変革を視野の外におきがちだ[6]。

　第2に、環境は主体の外界・外的諸条件であるだけでなく、内界・内的諸条件でもある。遺伝子・細胞レベルの生物的身体から、価値規範や言語・知識・感性等を内面化させた社会的身体まで、主体そのものが内的環境から成り立つ。ミトコンドリアは、かつては独立した原核生物だったが、20億以上前に真核細胞の中で共生するようになったといわれる[7]。人間自身が、自然や社会の悠久の営み・進化の産物にほかならない。同時にまた、人間は外界に働きかけることで、つねに内界・身体を変化させる。消化器の中で消化されつつある食物、呼吸器や血管に取り込まれた酸素、人間の生存に不可欠な共棲菌等の存在をふまえれば、外界と内界の単純な二分法はますます通用しなくなる。

　そして第3に、主体と環境は切り離せる固有の実在ではない。たえざる相互

作用・連環の中で、つねに互いを作り変えている。例えば、森や山は人間にとって酸素供給源であり、雨水を蓄える貯水槽であり、食糧や木材の採取・生産場であり、神・精霊の宿る空間であり、森林浴や登山を楽しむ場所であり、花粉症の原因を飛散させる元凶であり、交通を阻む障害物であり、土砂崩れや土石流を引き起こす塊であり、様々なイマジネーションを触発する舞台でもある。人間は、こうした多様な意味に基づいて森や山を改変・制御する。同時に森や山はその変化を通して人間の生活や文化・身体を変える。森や山と人間は"共進化（coevolution）"[8]する。

　＊【環境外在論】の限界を示す事象の一つに、環境ホルモン（外因性内分泌攪乱化学物質）がある[9]。まず第 1 に、環境ホルモンは生体内で内分泌系を攪乱する化学物質だ。つまり客観的実在であるだけでなく、主体にとっての意味に基づいて定義される。第 2 にそれは、主体の外部から与えられた外界・外的諸条件であるだけでなく、主体内部の内分泌系において機能する内界・内的諸条件でもある。第 3 に環境ホルモンの影響・作用は、主体の発達段階によって変わる。胎児期には、その影響・作用は恒久的かつ不可逆的だが、成人では一時的・可逆的になる。さらに環境ホルモンの多くは、人工的な物質であり、それが自然の一部としての人間に影響を与える。しかも環境ホルモンと類似した植物性エストロゲンを食べても人間に悪影響が現れないのは、人間が進化の過程でそれへの耐性を獲得してきたからだという。総じて環境ホルモンの問題は、人間を取り巻く客観的な外界・外的諸条件といった、【環境外在論】的な環境観だけでは捉えきれない。

　自己と非自己に最も明確な境界線を引くと思われがちな免疫系も、新たな非自己との出会いの中で、つねに自己を作り替えている。マーチン（1996）[10]によれば、従来、非自己の世界はしばしば見知らぬ外敵・不法侵入者とみなされ、免疫系の機能はそれに対する戦争・警察のメタファーで語られてきた。しかし今日、免疫系の研究者の中でも、こうした認知枠に不十分さが感じられてきている。ある研究者は、免疫系細胞の機能を、「きわめて特殊なねばつく手」によって、互いに「感じ合う」とのイメージで捉える。免疫系自体が経験から学習し、適応し、コミュニケーションしあう細胞のネットワークだと語る研究者もいる。そして実際、免疫反応を引き起こさないものが自己だとすると、口に含んだ水、化粧、体内に埋め込まれたシリコン等も、免疫反応を起こさない限り、自己になる[11]。逆に自己に対して免疫系の発効を抑えられず、自己免疫に陥る場合もある。免疫系は、単に主体と環境の境界線、自己と非自己を区別する機構ではないのである。

3．【主体−環境系論】

　以上をふまえると、環境とは、人間をとりまく客観的な外界・外的諸条件ではない。人間（主体）と環境はメビウスの環のようなもので、両者を分けることは不可能かつ無意味だ。あるいは、環境とは地平線のようなもので、それは人間の外部に客観的に実在する固定的客体ではない。
　そこで、主体と環境を切り離さない意味連関の過程として、しかも「主体形成（人間発達）−環境形成」の動的過程として把握する視座が重要になる。このような主体と環境の二元論を克服する視座を、【主体−環境系論】と呼ぶ。

　＊【主体−環境系論】の視座は、マルクス（1975-a）[12]に明瞭に見出せる。「自然は人間の非有機的な体である。つまり、それ自体が人間の身体なのではないかぎりでの自然はそうなのである。人間は自然によって生きるということは、自然は彼の体であって、死なないために人間はこの体といつもいっしょにやっていかなければならぬということである。人間の肉体的および精神的生活が自然と繋がっているということは、自然が自然自身と繋がっていることを意味するものにほかならない。けだし人間は自然の一部だからである」。
　また、これに近い視座として、人間を主体としたものではないが、今西（1974）の指摘は興味深い[13]。「生活するものにとっては主観とか客観とか、あるいは自己とか外界とかいった二元論的な区別はもともとわれわれの考えるほどに重要性をもたないのではなかろうか。生物にとって生活に必要な範囲の外界はつねに認識され同化されており、それ以外の外界は存在しないものにも等しいということは、その認識され同化された範囲内がすなわちその生物の世界であり、その世界の中ではその生物がその世界の支配者であるということではなかろうか。外界とか環境とかいう言葉を用いるとよそよそしく聞こえるが、環境とはつまりその生物の世界であり、そこにその生物が生活する生活の場であるといってもいいであろう。……生活の場という意味は単なる生活空間といったものを指すのではなくて、それはどこまでも生物そのものの継続であり、生物的な延長をその内容としていなければならないのである。われわれはいままで環境から切り離された生物を、……生物と考えるくせがついていたから、環境といい生活の場といってもそれはいつでも生物から切り離せるものであり、そこで生物の生活する一種の舞台のようにも考えやすいが、生物とその生活の場としての環境とを一つにしたようなものが、それがほんとうの具体的な生物なのであり、またそれが生物というものの成立しているような体系なのである」。「環境とはそこで生物が生活する世界であり、生活の場である。しかしそれは単に生活空間といったような物理的な意味のものではなくて、生物の立場

からいえばそれは生物自身が支配している生物自身の延長である。もちろんこういったからといって環境は生物が自由につくり自由に変えうるものではないのである。環境をどこまでも生物の自由にならない、その意味において生物自身に対立するものと見るならば、その環境はわれわれの身体の中にまではいり込んで来ているばかりではなくて、じつはわれわれの身体さえ自由につくり自由に変えることができないという点では、これを環境の延長とみなすこともできるであろう。生物の中に環境的性質が存在し、環境の中に生物的性質が存在するということは、生物と環境とが別々の存在ではなくて、もとは一つのものから分化発展した、一つの体系に属していることを意味する」。

　【環境外在論】が近代的な環境－科学観に基づくとすれば、【主体－環境系論】は現代的な環境－科学観に依拠しているといえよう。今日、自然環境破壊や核兵器開発に見られるように、人間の目的意識的な自然改造が極めて非人間的な形で進み、その結果、自然の一部である人間の「生命－生活（life）」が侵食されている。また第三世界での貧困や飢餓、「豊か」なはずの「先進」諸国での社会解体、戦争や人種差別等、本来、一人ひとりの人間の協働であるはずの社会が、逆に人間の「生命－生活」を疎外する事態も広がっている。そして、こうした矛盾・危機が臨界点に達し、まさに自然・社会・人間の新たな統一・共生が緊急の課題として現れている。今日、問われているのは、新たな環境の形成であり、それを担う新たな主体の形成だ。

　そこで今、求められる人間の新たな知とは、主体のあり方と切り離された「環境」の客観的分析やその寄せ集めではない。それは、細分化された個別諸科学の分析で得られた知見を、「主体形成（人間発達）－環境形成」を集約点として統合し、個別諸科学が直面する限界を突破する新たな知的挑戦といえよう。

　　　　「これまでのあらゆる唯物論の主要欠陥は対象、現実、感性がただ客体の、または観照の形式のもとでのみとらえられて、感性的人間的な活動、実践として、主体的にとらえられないことである」
　　　　　　　　　　　　　マルクス「フォイエルバッハにかんするテーゼ」[14]

第4章

近代の光と影

1. 近代科学批判とその陥穽

　近代文明・近代科学は、環境破壊の元凶として、しばしば批判にさらされる。すなわちそれは、物質主義、産業・経済優先で、自然を人間にとっての資源としてのみ捉える人間中心主義だという批判だ。近代文明・近代科学の根底に、ヨーロッパのキリスト教的伝統——多様性を認めない一神教、神人同型論に基づく人間中心主義——の影響を見出す議論も少なくない。また、こうした近代文明・近代科学に代わるオルタナティヴとして、合理性を否定した非合理性・オカルト、人間の普遍性を否定した様々な多元主義、人間中心主義を否定した生命中心主義、客観的分析を否定した全体論や直観、西欧文明・一神教と異なる東洋文明・多神教への礼讚[1]もみられる。

　しかし、近代科学としての進化論・地動説は、実は神人同型論や神が創った静態的秩序、つまり中世的・神権的コスモロジー下での「人間中心主義（地球中心主義）」を根底から否定した[2]。万有引力の発見も、太陽系天体の運行と地上の力学を統一し、天と地の二分法的コスモロジーを突き崩し、「地球（人間）中心主義」を終焉させた。いわばそれらの学説は、人間や地球が進化・発展・運動する宇宙・自然の一部であることを明らかにした。だからこれらは、中世キリスト教会やそれと結合した封建勢力によって弾圧されたのである。

　ルネサンスと宗教改革もまた、人間を神の似姿とする観念から解放し、現世に生きる、自然から贈与された生命と捉え直した。「人間性」は「ヒューマン・ネイチャー」とされた。近代的人権思想も、自然・人間を支配する普遍的正義としての「自然権・自然法」思想を一つの源流とした。近代自然主義・ロマン主義は自

然を賛美し、自然を征服してうぬぼれる人間の愚かさを批判した。総じて近代の「人間中心主義」は、人間と自然の対立を意味しなかったのである[3]。

＊近代の先駆的思想家・ルソーは「自然に還れ」と呼びかけ、同（1962）は次のように述べた[4]。「万物をつくる者の手をはなれるときすべてはよいものであるが、人間の手にうつるとすべてが悪くなる。人間はある土地にほかの土地の産物をつくらせたり、ある木にほかの木の実をならせたりする。風土、環境、季節をごちゃまぜにする。犬、馬、奴隷をかたわにする。すべてのものをひっくりかえし、すべてのものの形を変える。人間はみにくいもの、怪物を好む。なにひとつ自然がつくったままにしておかない。人間そのものさえそうだ。人間も乗馬のように調教しなければならない。庭木みたいに、好きなようにねじまげなければならない」。また1789年のフランス人権宣言は、「人の神聖不可譲な自然の権利を…提示することを決意」し、「すべての政治的結合の目的は、人の時効によって消滅することがない自然の権利の保全にある」[5]と述べた。

近代科学が、自然としての人間観をもたらすことについて、エンゲルス（1968-c）[6]は述べている。「今世紀にはいって自然科学が長足の進歩をとげてからというもの、われわれはしだいに、すくなくともわれわれの最も日常的な生産活動については、そこから当然生じてくるはずの遠い将来の自然的結果をも知ってこれを支配しうる立場になってきている。そうなればなるほど、人間はますますまたもや自分が自然と一体であるということを感じるばかりか知るようにもなるであろうし、また古典古代の没落以来ヨーロッパで抬頭して、キリスト教においてその最高度の完成を見た、あの精神と物質、人間と自然、魂と肉体との対立という不合理で反自然的な観念は、ますます不可能になってゆくであろう」。

以上のように、近代科学・近代文明は、人間と自然の二分法に対する批判的視点を内包してきた。

では、それにも関わらずなぜ今日、近代科学・近代文明が自然を支配・征服する「人間中心主義」と批判されるに至ったのか。そこには3つの原因がある。

2．目的論・意味論の看過

第1は、進化論や地動説の意義が、「自然の一部としての人間」という側面でのみ評価され、それが人間にとっていかなる意味をもつのかという側面があまり考慮されてこなかったことだ。むしろ、主体論・目的論を排した客観的認識こそ

が科学的だとみなされた[7]。それは端的には、人文科学と自然科学の分離、諸科学の細分化として現れた。ガリレオ、ダーウィン、ニュートンはいずれも自らを哲学者と考えていたが、天文学・生物学・物理学など細分化された自然諸科学の一分野の「科学者」へと位置づけ直された。地動説・進化論・万有引力の法則も、人間存在を含むコスモロジー・世界観の大転換ではなく、天文学・生物学・物理学など細分化された自然諸科学の客観的法則へと矮小化された。「自然の一部としての人間」というだけの認識からは、人間の主体性は見えてこない。逆に人間の行為はすべて自然調和の一環との発想すら生み出す。これが環境破壊をもたらすことはいうまでもない。総じて、逆説的だが、近代科学の知見や成果を人間中心主義の観点から十分に受けとめてこなかったことが、結果的に、近代科学は「人間中心主義」だと批判される原因となったのである。

諸科学と目的論の関係は、時代によって変わってきた。

まず初期の「科学者」達は、科学的知見が「神の目的」を否定しないと考えた[8]。ニュートンは世界が神の創造物であることを疑わず、自らの科学を神の目的を理解する方法と考えていた。自然が精密な機械であればあるほど、それを創造した神の偉大さは立証される。これは、一方で初期の「科学者」が「神の目的」という目的論を堅持し、他方で「科学」が独自の目的論をもたなかったことを示す。

18世紀には、宇宙・世界が「神の目的」に沿う創造物ではなく、自然過程として生成したものにすぎないとする唯物論的認識が現れた[9]。19世紀の進化論は、人間もまた自然の進化の一産物にすぎないことを明らかにした。これらは、一方で、宇宙・世界を目的をもたない自然の生成・進化過程とみなす点で、目的論の喪失だ。ただし同時にそこには、進歩（進化）の必然性という新たな暗黙の世界観——産業革命以後の資本主義形成に適合的な価値——が孕まれている。そしてまた、ここでの進歩（進化）はまさに必然的で、人間にとっての「目的」では決してないのである。

こうして時期毎に異なる形ではあるが、近代の全体を通して、人間を中心に据えた目的論は、科学から慎重に排除されてきた。

確かに自然一般に目的はない。主体的な目的は、生命の発生とともにようやく始まる。すなわち「生きること（生命－生活）」という目的の誕生だ。

「生物の進化は目的的ではない」といわれる場合、それはまず進化が——変

異が全くランダムであれ、環境適応的であれ——、一定の形質的な目標・ゴールを目指した一筋道の変化のプロセスではない（したがって、下等・高等といった見方は無意味だ）という意味だろう。ただしこれは、生物における「生存・生きること」という目的の存在と矛盾しない。変異の形質それ自体は目的的ではないが、その基底にあり、それを生み出す生命活動それ自体は目的的だ。

　また、生物にとっての目的が、意識されて初めて目的たりうるとすれば、目的の成立には、脳の発達が不可欠だ。「生物の進化は目的的ではない」といわれるもう一つの意味は、進化それ自体が目的として意識されないことにある。人間も、ホモ・サピエンスから別の生物種への進化を目的として、日々生きていない。しかしそれにもかかわらず、「生存・生きること」は、発達した生物の脳によって、かなり明確に目的として意識されている。

　脳の発達に伴い、目的は手段（目的達成のための方法）と対概念化され、多元的・重層的に発展させられる。つまり「生きること」という本質的目的だけでなく、それを実現するための様々な手段的目的が認知されてくる。

　以上をふまえると、人間の目的は、自然に与えられる（自然の中に客観的に発見できる）ものではない。それは、あくまで人間自身の「生存・生きること」を出発点とし、人間の脳によって自覚された主体的・主観的な意識だ。

　ではなぜ、人間の主体的・主観的な目的の一つとして、自然を客観的に認識する——科学を発展させる——という手段的目的が立ち現れるのだろう。

　それは前述の如く、自然そのものに目的がないからだ。自然（宇宙）の成立・進化・変化は、人間を生み出し、人間の生存を保障するためになされたわけではない。生物進化や生態系も、人間を生み出し、人間の生存を保障するためにあるわけではない。むしろ自然は、ときとして様々な形で人間の生存を危うくする。そこで人間は、「生存・生きること」という本質的目的に基づいて、自然を主体的に改変・制御しなければならない。そのために、自然の法則を客観的に認識することが、すなわち目的論を排した因果関係の客観的認識が不可欠になる。こうした認識方法の典型が、科学だ。科学は、人間の本質的目的に基づく主体的な意識・行為の一つであり、科学における目的論の排除は、人間による極めて目的意識的・主体的な選択である。

＊佐藤（2000）は、「宇宙論がいくら人間の位置を相対化しようと、それは人間の宇宙論なのである。われわれは、放り出された時間、空間の広さとなんのいわれもない出生に孤独を感じるよりは、開拓地を築きあげてきた人類というコミュニティの連帯を感じるべきであろう」と指摘する[10]。ブクチンも述べる。「自然は秩序があり、この秩序は人間が理性的に自然を解釈するとの仮説が、科学によって立てられ、それは大成功を収めた。しかし、その理性は観察者である人間のもっぱら主観的な属性であり、観察される現象の属性ではなかった。つまるところ科学は、アニミズムや形而上学の廃墟の上に立てられた寺院となった。が、それらなしでは科学は自らの矛盾に満ちた沼地に沈んでいくであろう」[11]。

ここに、科学の限界が立ち現れる。人間は目的を認識する主体である以上、つねに目的（"WHY？"への解答）を求める。しかし自然そのものに目的はない。また科学は目的論を目的意識的に排除するため、つねに方法（"HOW？"への解答）の域を出ない[12]。科学は、「いかに宇宙が生成したか」、「いかに私が誕生したか」という問いには暫定的解答を示せるが、「なぜ宇宙は存在するか」、「なぜ私が存在するのか」には答えられない。「神秘的なのは物事がいかに世界に存在するかではなく、それが存在するということ」[13]だが、科学はそれに答えられない。しかも科学は、因果関係の認識に限っても、無限の自然の前で、有限の人知によって日々更新される暫定的・限定的な解答でしかない。

したがってまた、人間による「"WHY？"の追求」は、人類が存続する限り、科学の内外を問わず永遠に続く。なぜなら、それこそが人類を他の生物種と区別し、人類たらしめた原動力であり、脳・意識の発達によって目的意識的に環境に適応して進化してきた人類の、生物種としての本能だからだ。

しかし他方で、人間はしばしば目的を見失い、「"WHY？"の追求」を放棄する。なぜならまず、前述の目的と手段の多元化・重層化が進む中で、目的それ自体が部分化・断片化されるからだ。つまり「生存・生きること」という本質的目的が見失われ、部分的・断片的な目的——利潤増殖、競争での勝利、地位獲得、断片的な知の習得等——があたかも本質的目的であるかのような錯覚に陥り、その結果、「HOW？」への解答で満足してしまいがちになる。また、科学の物神化が進み、目的論を排した客観という方法だけで世界の認識が可能で、しかもそれが唯一の正しい認識方法であるかのような錯覚に陥る。科学は世界を脱魔術化させると同時に、新たな魔術をかける[14]。

＊目的論を排した客観的認識という科学的方法は、物理学・化学・地球科学等、研究対象が目的をもたない場合、比較的、首尾一貫させやすい。しかし、人間を対象とした人文・社会科学、及び、生命現象を扱う生物学では、研究対象の目的を排除できないため、方法的純化は難しくなる。いいかえれば、科学的認識方法の限界を比較的、自覚しやすくなる。生物学者のモノー（1972）は述べる。「科学的方法は、〈自然〉は客観性をもっているという当然の仮定の上に置かれている。つまり、ある現象を最終原因すなわち《目的》の面から解釈することで《真実》の認識に到達できるという考えを、否定しようという体系なのである。……しかしながら、われわれはまさに客観性の示すところによって、生物のもつ合目的的性格を認めざるをえないのであり、生物がそれぞれの構造と性能とをつうじてなんらかの目的を実現し、かつ追求しているのを認めざるを得ない。したがってそこには、すくなくとも外見上、深刻な認識論上の矛盾がある。生物学の中心的問題はまさしくこの矛盾そのものなのであ（る）」[15]。

　しかしまた、科学の物神化と目的論の排除は、生物学、さらに人文・社会諸科学でも進む。それは、自然科学と人文・社会科学の分離、学問分野のさらなる細分化と表裏一体であり、各学問分野の中での「目的論の排除＝科学的方法の確立」への指向として現れる。19世紀以降、社会科学の内部でも経済学・政治学・社会学等への細分化が進んだ。近代社会学の祖とされるコントは、百科全書的知見をふまえ、社会学を立ち上げた。その後、デュルケームは「目的」概念を追放し、「機能」概念を導入して社会学の精緻化を図り、ウェーバーは目的論（「理解」）を重視しつつ、それを因果論（「説明」）に組み替え、社会の「合理化」過程を捉えた。そしてそれらをふまえ、パーソンズの主意主義的行為理論と結びついた構造－機能主義が成立した。こうして社会学においても、「近代社会は目的合理性が開花・貫徹した時代・社会だ」との見方が一般的となり、目的合理性への視野狭窄、あるいは人間の目的意識性の貫徹こそが環境破壊を含む近代的矛盾の元凶だとする認識も、半ば「常識」化していった。しかし、ここで取り扱われている「目的」とは、実は「生存・生きること」という本質的目的ではない。ほとんどの場合、部分化・断片化された目的だ。だからこそ、ここでいわれる目的合理性とは、——それを賛美するにせよ、批判するにせよ——部分的・断片的な「目的」に即した因果関係の客観的認識の枠に封じ込められる。

　こうした論理は、現代の社会学諸理論にも広範にみられる。ハーバーマスは、目的合理性とは異なる相互主観的な合理性の意義を重視する[16]。しかし、相互主観的合理性も目的合理性と同様、部分化・断片化された目的に基づいて構築されることは十分にありうる。また、自然への目的合理的な働きかけ（＝労働）とそこでの協働（＝コミュニケーション）は、いずれも人間の「生命－生活」の存立に不可欠の条件だ[17]。人類にとって「生存・生きること」という本質的目的に適合的な目的合理性と相互主観的合理性の統一こそが重要なのであって、両者の二者択一は何ら問題を解決しない。

　部分化・断片化された「目的」を自明視することで、人文・社会科学は、2つの方向で「発展＝堕落」する。すなわち一方で、目的をもたない自然を対象とした自然科学との方

法的差異を強調して、人文・社会科学の固有の存在意義と既得権を安泰にする。同時に他方で、人間の本質的目的から目をそらし、因果関係の客観的認識に視野を限定することによって、自らを自然科学と同様、「科学」の名に値する地位に引き上げるのである。

こうして、細分化されて目的を失った諸科学は——人文・社会科学を含め——、人間の本質的目的にとって無意味な、部分化・断片化された「目的」の一つと化す。

3．科学万能主義

近代諸科学・近代文明が「人間中心主義」と批判されるに至った第 2 の理由として、科学万能主義がある。すなわち、近代の科学技術・生産力の急速な進歩が、いつか人間は自然のすべての因果関係を知りつくし、自然を完全に制御・管理できると錯覚させたことだ。「人間の知と力は一つに合一する。自然は、これに従うことによって征服される」（ベーコン）[18]。科学万能主義の錯覚は、近代科学が提起した最も重要な前提、すなわち人間は自然の一部であって、その逆ではないとの認識と完全に逆行する。進化論・地動説・万有引力の法則はいずれも、人間にとっての宇宙・自然の無限性を明らかにしたが、皮肉なことに人間の知の絶対性の証とみなされたのである。

近代以降、自然を完全に制御しうるといった科学万能主義が強まり、人間は自然への畏敬の念を急速に失った。人間は、神から解放された人間中心主義を、自然から独立しうる「人間中心主義」の幻想と混同し、自然の征服を試みた。「無知の知」[19]という根源知を、人間は再び忘れ去った。

自然環境の破壊や保全をめぐる議論や政策・運動において——政治的立場の違いを問わず——重視される「科学的データ」もまた、しばしば既存の物理・化学機器で客観的に測定できるデータでしかない。それは、問題に関わる膨大な（無限の）諸事実の中の、測定可能なごく一部の情報にすぎない。しかし科学万能主義の下では、それがあたかも全体であるかのように語られる。科学的思考には「日常思考からの離脱」、「自然をありのままに見ない」ことが不可欠だが、科学万能主義の下では、それこそが日常思考よりも客観的・普遍的な見方とされ、科学の側の都合で捨象された諸現実は、人間の「生命－生活」にとっても無意味なものとして取り扱われる。

4．利潤増殖・資本主義

　第3に、科学万能主義の幻想・錯覚、及び、それを支えた巨大な生産諸力を創造したのは、利潤増殖を至上目的とする近代資本主義の生産様式であった。
　もちろん近代以前にも、人間による環境破壊は頻発した[20]。古代メソポタミア人・ギリシア人・インダス人・中国人は、耕地・牧地を得るために森林を伐採し、大地の保水力を奪い、不毛の大地を作り出した。中世ヨーロッパ人も、森林を伐採して牧草地や農耕地を開墾し、クマネズミの生存に適した土地を増やし、オオカミやキツネ・フクロウなど天敵を減らし、ペストの大流行をもたらした。巨石文明を築いたイースター島民も森林を伐採し、巨石文明の終焉を招いた。7～8世紀の日本で頻繁な遷都が必要だった理由の一つに、山林伐採・河川汚染による疫病の流行をあげる説もある。
　ただしこうした近代以前の環境破壊は、最悪の場合でも特定地域の文明を滅ぼすだけだった。また自給自足的な農耕や牧畜は、比較的緩やかな自然改造だった。これに対し、産業革命以後の、市場での大量販売を目的とした工業生産に基づく近代資本主義は、自然を急激に改造することで利潤の最大化を図った。また植民地支配を通して、環境破壊を地球大に拡張した。
　以上のように、「自然が征服可能だ」とする科学万能主義の幻想は、近代資本主義の利潤増殖の論理に支えられて──いわば利潤増殖の方便として──膨張させられてきた。したがってそれは、近代資本主義自身にとっても普遍的真理ではない。むしろ近代資本主義は、利潤増殖の必要に応じて、「自然への服従」を人間に強いた。利潤増殖に適合的な人間の行動は、勤勉にせよ性差別にせよ営利にせよ、すべて「自然」で正常なもの・「本能」とされた。近代的規範への服従は「自然なこと」とみなされ、それに抗うことは「不自然なこと」として非難された。また、前近代的または非西欧的な「自然」は「未開・野蛮」と定義され、矯正・克服の対象とされた。総じて近代資本主義は、利潤増殖の必要に応じて自然を、一方で「征服すべき対象」として、他方では「人間が従うべき逆らえない運命・『正常』な規範」として使い分けてきた。
　以上をふまえれば、紋切り型の「近代＝人間中心主義」という批判は全く一

面的であることがわかる。むしろ近代以降、人間は、一方で「自然の一部としての人間」という認識や、それに基づく唯物論的な人間中心主義（ヒューマニズム）に目覚めつつ、しかし他方で資本主義的生産様式を創出する中で人間中心主義を見失い、利潤中心主義に陥ってきたといえる。

したがって、近代の矛盾の深刻さに目を奪われ、近代が生み出した新たな価値をすべて否定してしまうと、「産湯を捨てて赤子を流す」結果に陥る。近代以前の様々な矛盾に目をふさぐことにもなる。今日の地球環境の危機的実態は、近代科学によってのみ把握しうる。また近代的なマスコミや教育を通して、人々に伝えられる。そして近代社会に生きる人々によってのみ、人類的危機として認識され、克服に向けた実践が可能になるのである。

*伝統的な慣習・技術・生活様式・民俗の中に、近代批判に通じる環境保全思想を見出し、それに学ぶべきだとする主張は少なくない[21]。しかしそれらの多くは、近代批判の観点をまずア・プリオリにもち、伝統的慣習・民俗の中から断片的に諸事実を抽出・列挙している。そこでは、先住民や前近代の人々は、「自然と共生するエコロジズムの規範」としてしばしば理想化され、伝統的・前近代的な環境破壊や生活上の諸矛盾は看過される。

ナンダ（1998）は、インドにおける森林伐採と土壌侵食の原因を農業近代化に見出す主張を批判する。すなわち農地拡張に頼るしかない伝統的な粗放農業システムもまた、現在、インドが直面する環境危機において歴史的役割を演じてきた。近代的農法による収量増大は、森林伐採に歯止めをかけた面もある。そして前近代的農業システムの賛美は、それが「生物学的に適切なレベルで全メンバーの栄養摂取上のニーズを満たしてはいなかった」という厳然たる事実を隠蔽している[22]。

雑賀（1998）は、「近代批判に対して、前近代や先住民の『自然に融和的な世界』を対置させると、前近代や先住民の生活世界が胚胎している抑圧形態を無視してしまうことになる」と述べる。そして結果的に、そうした近代批判は、「前近代（架空のユートピア――ウートポスはいつだって、あったはずの、どこにもない過去に押しつけられる！）への回帰ないしは郷愁や憧憬へと転回してしまい、逆説的に撃つべき対象を聳立させている基盤を補完・補強してしまう」[23]のである。

「とにかく俺の方があの男よりは賢明である。なぜといえば、彼は何も知らないのに、何かを知っていると信じており、これに反して私は、何も知りはしないが、知っているとも思っていないからである」

プラトン「ソクラテスの弁明」[24]

第5章

環境保全と人間の発達

1. 環境保全の4つの観点

　環境保全には、次の4つの観点に基づく実践が不可欠だ。
　第1に、環境破壊が生じてしまった場合、それに対処しうる方法的な知・能力を身につけることだ。環境破壊が発生する因果関係を認識し、適切に対処するための科学技術・生産力を獲得しなければならない。
　第2に、環境破壊が生じてしまった場合、それに直ちに対処しうる価値基準を確立することだ。あらゆる局面で、他のどんな目的より、人間の「生命－生活（life）」の保持という目的を最優先しなければならない。
　第3に、環境破壊をできる限り未然に防止することだ。科学万能主義に陥らず、先端的な科学技術を安易に実用化せず、自然の改変に際しては事前に徹底したアセスメントを行わねばならない。
　そして第4は、予期せぬ環境の変化――人為的か否かを問わず――が必然的に生じることを「無知の知」で知り、それに備えることだ。すなわち現時点の環境下での有用性や効率性を基準として、様々な属性・能力・個性・知を安易に評価・序列化せず、「無用の用」を重視しなければならない。
　このうち最も困難かつ重要なのは、第2の観点だろう。第2の価値基準さえ定まれば、それを支える第1の科学技術・生産力の発展も、第3の徹底的なアセスメントも、第4の「無用の用」の重視も、必然的に進む。
　いいかえれば、今日の主要な環境破壊は、第2の価値観、つまり人間の「生命－生活」保持より、それ以外の目的が優先され、そのために環境を保全する生産力が十分に開発・活用されず、アセスメントが十分になされず、短期的な

効率や有用性が重視されて「無用の用」が軽視された結果として生じている。

また、学術研究の世界で今日、特に鋭く問われるのは、第4の「無用の用」だろう。「自然の無限性＝人知の有限性」は、人間が科学を発展させうる最大の客観的根拠であり、主観的動機だ（本書第Ⅰ部Ⅱ参照）。既存の学問知の枠内での競争的環境で輝く個性のみを重視し、「無用の用」を軽視することは、科学・知の発展の最大の客観的根拠・主体的動機を痩せ細らせる。

2．利潤増殖を目的とした環境破壊

では、人間の「生命－生活」の保持や、それを根底で支える「無用の用」より優先されがちな目的とは何か。

それは、一言でいえば、利潤増殖だ[1]。なぜ、世界中のほとんどの人々が環境保全を求めているにも関わらず、実際には環境破壊が阻止されず、むしろ深刻化するのか。その疑問への最も現実的な回答は、「環境破壊は儲かるから」だ。利潤を生まない環境破壊は、たとえ発生しても大規模化せず、長続きしない。

利潤増殖より根本的には、豊かな生活への人間の本源的欲求が環境破壊の元凶だとする見方もある。しかしこれは、「人類の進化の開始が、人類の終焉の原因だ」、「死因は生まれたことだ」というのと等しく、何ら解明になっていない。

またこの見方は、以下の諸点で、明らかに間違っている。

3．環境を保全する欲求と知

第1にそれは、人間の知・科学・生産力の発達を一面的に捉えている。人間の知・目的意識性は、豊かな生活への本源的欲求を原動力として発達してきた。もし、それが環境破壊の原因だというなら、環境保全にまつわるすべての思考や行為はむだだ。人間は、自らの「生命－生活」を脅かす環境破壊の危機を自らの知で認識し、目的意識的に克服するしかない。現に人間はこれまでそうしてきたし、それによって環境の破局をかろうじて阻止してきた。大規模な環境破壊としての核戦争が理性的・目的意識的な世論や運動によって抑止されてきた事実は、それを端的に物語る。今日もまた、豊かな生活を求める本源的欲求

に基づき、多くの人々が環境保全の運動に取り組んでいる。

4．「先進」諸国の生活の「豊かさ」

　第 2 に、もし人間が本当に豊かな生活を発展させたいなら、人間にとって適切な環境を保全しなければならない。現在の人間の生活様式が環境破壊の原因になるのは、人間が豊かな生活を求めているからではなく、それが利潤増殖によって歪められているためだ。土壌・大気・水等の汚染や生態系破壊は、どう考えても「人間の豊かな生活」や「人間の利益」とは一致しない[2]。

　今日、第三世界はもちろん、「先進」諸国の生活様式も、決して豊かとはいえない[3]。農薬や化学肥料を駆使した食料を世界中から集めて提供される「先進」諸国の飽食やそれによる人体汚染は、その象徴だ。利潤増殖の観点から、第三世界への配置が不合理と判断される汚染・環境破壊も当然、「先進」諸国内にとどめおかれる。アレルギー症や肥満・成人病の増加は、「先進」諸国の生活環境が人間の身体・生命にとって適したものでないことを物語る。

　それにも関わらず、「先進」諸国の生活様式を「豊かだ」と錯覚させる契機は、二つある。一つは、より豊かな生活への想像力・創造力の欠如だ。より豊かな生活を求める人間の本源的欲求そのものが、利潤増殖によって脆弱化されているといえよう。もう一つは、第三世界諸国の「貧しい」生活との比較だ。こうした南北格差が、「人間の生活様式や本源的欲求」の産物ではなく、利潤増殖を至上目的とする資本主義的生産様式の産物であることは明白だ。

5．市場原理の限界

　さて第 3 に、環境を保全するために、利潤増殖の生産様式よりむしろ、人間の「豊かな」生活様式の見直しが必要だと主張する人々の多くは、市場原理を前提として、消費者が変われば生産者も変わる、消費者が変わらなければ生産様式も変わらないと安直に考えている。

　しかし、市場原理は万能ではない。消費者と人間は同じではない。確かに市場は消費者の動向に敏感だ。しかし、消費者以外の人間の需要には全く無関心だ。

人間の「生命－生活」にとっていかに大切な需要であろうと、利潤・採算ベースにのらない限り、市場は提供しない。古紙等のリサイクル運動も、それが活発に取り組まれて供給過剰になれば、市場の中で古紙価格の急落を招き、行き詰まる[4]。「環境にやさしい」商品も、利潤増殖の枠内でしか供給されない。市場ではあらゆる個人は自己利益を追求しており、「公共の幸福のために商売しているというふりをする人々が幸福を大いに増進させたなどという話を聞いたことがない」[5]（スミス）。利潤を無視して人間の需要に応えようとする企業は、市場競争で淘汰される。市場では、消費者もまた、「多少、有害でも安ければよい」という市場（交換価値）の論理に容易に取り込まれる。しかも市場は大量生産・大量販売を前提とするため、個々の消費者は「環境を破壊する商品を使っても、また使うのをやめても、大勢に影響しない」無力で無責任な立場におかれがちだ[6]。市場を通して自らの身近な環境を保全しようとする消費者はしばしば——健康・自然志向で植物性油脂の消費量が伸びたことが、途上国での森林伐採、アブラヤシのプランテーションの拡大を推進したように[7]——、環境破壊を外部に転嫁する。しかも彼／彼女らは、市場を通して自らの環境を保全できない人々——貧しく、比較的高額な「エコ商品」を購入できない人々——の問題を自己責任とみなし、市場原理のもつ構造的矛盾を看過しがちだ[8]。

6．南北格差・階級格差

そして第4に、人間の豊かな生活を環境破壊の元凶と考える人々は、世界の人々が等しく豊かな生活を実現し、またはその方向に進んでいると想定している[9]。

しかし現実には貧富の差・階級格差は急速に拡大し、特に第三世界諸国では貧困が蔓延している[10]。環境破壊が地球規模に広がったのは、豊かな生活が地球規模に広がったからではない。それは、多国籍化した巨大資本による生産・開発が地球規模で展開されたからにすぎない。多国籍企業は、生産地域の環境保全に永続的責任を負わず、現地の人々のために生産するのでもない。大量の資源・エネルギーを消費する「先進」諸国民とその政府は、環境破壊が国境を超えて進めば、その生活様式を維持できないので、それを「地球と人類の危機」と称して国際政治の俎上にのせ、「先進」諸国の植民地支配から脱してようやく

緒についた途上国の工業化・開発を抑制しようとする。石油枯渇の危機感と恐怖は、石油資源をふんだんに使っている「先進」諸国民のものでしかない。

環境破壊の被害も、すべての地球人が平等に被るわけではない。第三世界、貧困層、過疎地、少数民族等は、経済発展の必要を口実として、より深刻な環境破壊を押しつけられる。豊かな生活の普遍化を環境破壊の原因とみなすのっぺらぼうな論理は、こうした様々な格差を無視ないし軽視している。「すべてを所有している時に社会を否定するのは、最上の贅沢である。なぜなら、かくして社会に負うところのものを免れるからである」（ロラン）[11]。

＊第三世界、貧困層、過疎地、少数民族の深刻な環境被害については多くの研究がある[12]。
　第三世界への公害移転・公害輸出について、石（1988）[13]は、①危険物・有害廃棄物の輸出、②公害源となる工場・製造工程の輸出、③資源開発による環境の破壊の3つに整理している。また宮本（1996）等[14]は、多国籍企業によると推定される水銀汚染を事例に、カナダの先住民族における水俣病発生と伝統的生活様式の破壊、さらに英語ができないため補償申請手続きも難しい実態を紹介している。
　高木（1996）[15]は、核による被害の差別性を次のように整理する。①核実験のほとんどは核保有国の本土以外、または辺境地域で行われ、その被害は先住民・少数民族に集中している。②ウラン採掘による環境破壊・被爆労働も先住民の健康・生活を圧迫している。③被爆線量の多い原発労働者は下請・請負の臨時雇用労働者である。④原発・核燃料サイクル施設・廃棄物施設も周辺・辺境地域に集中している。⑤核被害によって最も甚大な被害を受けるのは、しばしば情報から隔離された少数民族・先住民である。
　地球温暖化・海面上昇による小島嶼国等の国土水没は、加害者と被害者の対立図式を鮮明に示す[16]。それらの諸国では、1人当たりのCO_2排出量は少ない。もとより国土水没の脅威は長期的なそれにとどまらず、風津波、洪水、海岸侵食、淡水供給源への塩水流入、サンゴの白化現象、そして観光客の減少や排他的経済水域の縮小に伴う漁業の衰退等の経済的損失として、すでに現実化している。
　吉川（1995）[17]は、抗生物質の多用に伴う耐性菌の発生に関連して、結核の被害が社会的・経済的弱者（民族的マイノリティ、老人ホーム入居者、ホームレス、移民・難民・出稼ぎ労働者、国際的にみれば途上国の人々）に集中していると述べる。

このような世界大の格差（南北問題）、一国内の格差（階級・民族・地域問題）は、いずれも利潤増殖を至上目的とする資本主義的生産様式の必然の結果であり、不可欠の構成要素だ。

7．生産・開発様式の変革

　総じて、豊かな生活を求める人間の本源的欲求が環境破壊の原因だとする見方は、「皆が被害者、皆が加害者」（社会的ジレンマ論）という形で、あるいは市場原理を自明の前提とすることで、実際に環境破壊を推進する利潤取得者の責任を曖昧にする。また、環境破壊が人間の本源的欲求に根ざす以上、解決不可能だというニヒリズムにも道を開く。さらにそれは、より魅力的な生活（豊かな生活）やそれを創出する生産様式のビジョンを提起できず、しばしば貴重だが、少数の取り組みに終わる。つまり、「既存の豊かな生活に安住したり、憧れている大多数の無関心な人々」を批判し、「目覚めた少数の私達」が自らのライフ・スタイルを変更し、またそうしたオルタナティヴな生活様式を提唱することにとどまるのである。もちろん、こうした努力は貴重だ。しかし現状では、そうした新たな生活様式は市場で商品化されなければ多数派にならず、逆に商品化されるとその瞬間から利潤増殖と人間の「生命─生活」の保持との矛盾・葛藤に直面する。

　＊社会的ジレンマとは、複数の主体が各自の利益を追求して合理的に行為しているにも関わらず、その集積結果が集合財の悪化を引き起こし、個々の行為主体にとって不利益をもたらす現象を指す[18]。社会的ジレンマ論によれば、かつての公害問題は、加害者（企業・行政等）と被害者（住民等）の対立図式が明確だった[19]。しかしその後、ゴミ・生活排水・騒音（新幹線・空港・道路等）、自家用車による大気汚染等の問題が顕在化する中で、住民・消費者の生活様式自体が公害の発生源となり、時と場合により加害者と被害者が逆転する可能性が増大してきた。また地球温暖化・資源枯渇等、地球規模の環境破壊も、「より便利で豊かな生活」を求める消費者個々人の私的利益の追求という行為の集積結果にほかならず、典型的な社会的ジレンマだ。このような環境問題では、加害者と被害者を特定する従来型の公害問題とは異なる分析枠組、すなわち社会的ジレンマ論が有効だということになる。
　社会的ジレンマ論は、個々人の選択が市場という「構造化された選択肢」の中でしかなされず、諸個人が無意識のうちに環境破壊に加担させられる現実を示している。
　しかし社会的ジレンマ論は、利潤取得者と消費者を私的利益の追求者として同一視する。資本制下での市場が消費者の利益をもたらす機構ではなく、利潤増殖の装置である事実を看過する。そこで結局、せいぜい消費社会の見直しや市場への一定の規制の提唱

にとどまり、資本制的生産様式の問題に踏み込まず、実際に環境破壊を推進する利潤取得者の責任を曖昧にしがちだ[20]。石（1994）は、「『環境』という語は便利な言葉である。大気や水を汚染させて他人の健康をそこなう犯罪行為も、この言葉で希釈されてそこには何の罪悪感も痛みもない。とくに『地球環境』という言葉が登場してからは、『私も加害者、あなたも被害者』と、本質は一段と拡散し、免罪符の趣さえある」[21]と述べる。

また井上（2001）は、「本来、ジレンマは解決不能だからジレンマなのであって、解決を見いだすことは論理的に矛盾して」いると批判する[22]。もし、社会的ジレンマ論を踏まえて環境問題の解決策——個人の意識変革であれ、社会制度の変革であれ——を出し得るなら、それはジレンマの前提条件の変更だ。前提条件の変更が可能なら、最初からわざわざ「社会的ジレンマ」という問題設定をする必要はないのである。

以上をふまえれば、現代の環境破壊を克服するには、単に生活様式の見直しにとどまらず、資本主義的な生産・開発様式の変革に踏み込むことが不可欠だ。利潤増殖を至上目的とする資本主義的生産様式こそが、人間の生産力を「破壊力」に、生活様式を「死の様式」に、歪めているのである[23]。

＊環境破壊と資本主義の関係について、ブクチン（1996）は述べる[24]。「資本主義は事実上、社会と自然界への絶対的否定の地点を構成する。誰も自らに『エコ資本主義』などとエコロジー的な接頭辞をつけた形では、この社会秩序を改善したり、改良したり、資本主義の枠内で作り直すことはできない。資本主義はすべての社会的な病を包含するがゆえに、私たちの唯一の選択肢はそれを破壊することである」。「資本主義市場経済のもとでの『成長の限界』について語ることは、戦士社会のもとでの戦争の限界について語ることと同様に、無意味なのである。今日の多くの善意の環境主義者によって主張される敬虔な行為は、多国籍企業の道徳的敬虔さがごまかしであるのと同様に、ナイーブである。人間に呼吸を止めるよう『説得する』ことができないのと同様に、資本主義に成長を止めるように『説得する』ことはできない。資本主義を『グリーン』に『エコロジー的』にしようとする試みは、際限のない成長の体制としての資本主義体制の本質そのものによって、失敗を運命づけられるのである」。

「持続可能な発展・開発（sustainable development）」という理念も、こうした観点から、意義と限界をふまえる必要がある。

この理念はまず、人間の「生命－生活」の持続可能性、つまり人間中心主義の発展・開発を提唱した点で重要だ。それは「人間 VS 自然」、「自然保護 VS 発展・開発」という単純な二元論を乗り越えている[25]。また単に生活様式では

なく、生産・開発様式の変革を提起した点でも重要だ。

　しかし一方、この理念は、克服すべき生産・開発様式が、利潤増殖を至上目的とする資本主義的なそれだという肝心な点を明示していない。そこで、一方では無制限な利潤増殖と環境保全の両立・調和が可能であるかのように、また他方では単なる開発・生産力・欲望の一般的抑制の提唱と受けとめられる余地を残している。現に、「持続可能な発展・開発」を掲げて開催された1992年の地球サミット（環境と開発に関する国連会議）の行動計画・アジェンダ21は、多国籍企業の規制には全く触れなかった。同会議と並行して開かれたNGOの国際会議が採択した地球環境憲章が、多国籍企業の規制に重点をおいたことと、まさに対称的だ[26]。しかも、このアジェンダ21ですら、多国籍企業や「先進」諸国の国益の主張によって、その完全実施が妨げられているのである。

　以上をふまえると、「豊かな生活を求める人間の本源的欲求が、環境破壊の元凶だ。我々は等しく環境破壊の被害者であり、加害者でもある。我々は自らの生活様式を見直し、欲求を抑制すべきだ」といった言説は、明らかに間違っている。今日の環境破壊の元凶は、人類の生産力が利潤増殖至上主義（資本主義）によって歪められていることにある。人類は、豊かな生活を求める人間の本源的欲求に基づき、生産・開発様式を変革すべきであろう。今日、求められているのは、こうした人間の生産・「開発（development）」様式を、人間自身の「生命－生活」の必要に基づいて「発展（development）」させること、及び、それを担う人間の「発達（development）」であろう。

>　「嘆きと苦しみは我々のもので
>　あの人々のものではない
>　まして喜びや感動がどうして
>　あの人々のものといえるだろう」
>
>　　　　　　　　　　　小熊秀雄「馬車の出発の歌」[27]

第6章

ポスト・フォーディズム、脱産業社会・情報社会の環境破壊

1. ポスト・フォーディズム、脱産業社会、情報社会論

「先進」諸国では今、大量生産・大量消費に基づく社会システム（フォーディズム）が終焉し、多品種少量生産のポスト・フォーディズム時代が到来したといわれる。また、工業・物質生産中心の「産業社会（industrial society）」から、サービス・情報・知的生産を中心とする「脱産業社会／情報社会」に変貌したとの見方もある。そしてこうした社会の変化が、環境問題の解決に新たな可能性を開くとみる見解も少なくない。

＊西山（1997）[1]は、ポスト・フォーディズム、脱産業社会、情報社会化が、「モノとエネルギーはつつましく、情報とサービスは豊かに」という新たな時代の到来で、これが環境保全に新たな展望を開くと主張する。西山によれば、モノやエネルギーの消費とは異なり、知や情報はそれ自体としては廃棄物を出さない。また、ポスト・フォーディズム社会では、環境保全意識の高い消費者・技術者が成熟し、企業への環境規制も強まる。そこで市場原理に基づき、消費者主導の下に環境保全が進展する。そしてこれを可能にするのは、情報・サービスが、例えばパソコンの基本ソフトに見られるように、物財とは異なり、「収穫逓増の法則」に基づいて初期の成功が鼠算式に収穫を増加させるからだという。またそれが、例えばコンピュータの無料ソフトの流通にみられるように、生産と消費を一体化させ、諸個人の表現・自己実現の過程として進展するからだと述べる。

見田（1996）[2]も、情報による需要の自己創出により、消費需要の有限性と供給能力の無限的拡大傾向という資本制社会の基本矛盾が克服されると述べる。すなわち資本主義は、情報により需要を自己創出する「消費社会」となることで、自らの前提を創り出すシステム（自己準拠系）として自己を完成する。そして、この新しく無限に開かれた需要空間を獲得して膨張するシステムが遭遇する新たな絶対的臨界が、地球的な環境と資源の有限性だ。こうして「消費社会」では、必然的に環境保全への関心・意識が成熟する。

さらにリピエッツ（2000）[3]は、過剰消費によるエコロジー危機とその克服をめざす社会運動が、ポスト・フォーディズムの新たな社会を形成しつつあると主張する。彼によれば、フォーディズムは、一方で環境の加速度的な人工化によって様々な機能不全（事故・故障）の危険を増大させ、他方で過剰消費による環境破壊を顕在化させた。そこで1970年代以降、「何でも構わないから雇用」を求める旧来の労働運動とは異なり、むしろそうした労働運動としばしば対立する政治勢力として、環境保護を求める新しい社会運動・政治的エコロジーが活性化してきた。人々は、フォーディズム的な「豊かな社会」・過剰消費の実現が危機であることを認識し、新たな価値と社会の実現を求めるようになった。
　環境社会学や環境経済学の中でも、「エコロジー的近代化論」は有力な位置を占める。すなわち「先進」国、特にドイツ・オランダ等で、製造業からサービス業への転換が進み、また環境に配慮した消費者運動、リサイクル・省エネ・廃棄物処理が進展している。これらをモデルとして、資本制の枠内で環境問題の解決が可能だとする立場である[4]。

　こうした見方は、現実の変化の一面を確かに言い当てている。「先進」諸国の市場では「環境にやさしい」商品は、一つの売れ筋だ。企業の環境管理と環境監査に関する国際標準化規格・ISO14000シリーズ等により、厳しい環境保全規格をクリアした企業でなければ、生き残りが難しくなってきている[5]。
　しかしそれにも関わらず、一見、新たな展望・オルタナティヴにみえる諸要素が、実はさらなる危機の深化と表裏一体であることは珍しくない。

2．格差拡大

　まず第1に、モノであろうと情報・サービスであろうと、その生産目的が、利潤増殖・資本蓄積である以上、所有と非所有の階級格差（地球大での南北格差、及び、国内での階級格差）は必然的に拡大する。情報リテラシーを初めとする知的・文化的資本[6]の意義の増大は、単なる経済格差にとどまらない知的・文化的な格差・不平等の拡大でもある。
　「先進」諸国での厳しい環境規制とそのグローバル・スタンダード化は、一方で、それに耐えられない大量生産・環境破壊部門の多国籍企業化、生産工程の海外移転を促進し、環境規制が比較的緩やかな第三世界諸国へと公害を「輸出」させる（本書第I部V参照）。他方でまた、厳格な環境保全規格に対応しうる巨大企業は生き残れるが、第三世界の企業や中小零細企業は淘汰される。こ

うして「先進」諸国の巨大資本による寡占、及び、環境破壊の第三世界への転化が進み、経済面でも環境面でも南北格差は拡大する[7]。総じて多国籍化した巨大資本は、地球大、および第三世界での環境破壊を推し進め、同時に「先進」諸国を「クリーン」にすることで新たな固有の市場を創出するとともに、環境基準に到達し得ない弱者を市場から排除し、寡占化を進める。これらはいずれも、利潤増殖・資本蓄積のための戦略にすぎない。当然、「先進」諸国の「クリーン」化も、それにみあう範囲でしか行われない。

3．情報社会を支える物質的基盤

　第2に、「先進」諸国の情報・サービスは、莫大な物質・産業に支えられている。コンピュータやインターネット、通信衛星、「世界都市」と呼ばれる空間装置、電力を初めとするエネルギー、そしてサービスの発展に伴って膨張する国境を超えた物流や交通。脱産業社会・情報社会は、「モノとエネルギーが慎ましい」社会とは到底いえない。むしろ、モノとエネルギー、及び、情報・サービスの大量消費が、相互に促進しあう社会だ。現に「先進」諸国と第三世界の国民一人当たりの資源消費量の格差は、ますます拡大しつつある。

　しかも、このような「先進」諸国の情報・サービスを支える膨大なハイテク物財の廃棄物の有効な処理法は、ほとんど未確立だ。「我が亡き後に洪水は来れ！」といわれた近代産業社会の特徴は、むしろ「先進」諸国で拡大の一途を辿っている。多品種少量生産といわれるポスト・フォーディズムも、生産物総量が減少するどころか、飛躍的に増加する中では、従来型の大量生産に比べてもなお一層、莫大な生産設備と資源・エネルギー消費を不可欠としている。

4．新国際分業と超産業社会

　第3に、今日の「先進」諸国のサービス・情報社会は、新国際分業に基づく世界大での大量生産・大量消費システムを前提として、その中での中枢管理機能の高度化、知識集約型産業の特定地域への集積にほかならない。1960年代以降、「先進」諸国の巨大企業は多国籍化を進めた。このグローバルな生産活動を

スムーズに推進するには、世界大での情報収集・分析をふまえて意思決定を行う強力な中枢管理システム、及び、それをバックアップする知識・サービス産業の確立が不可欠だ。いわばそれ以前の、「『先進』諸国に工業、第三世界に農業・鉱業」という国際分業が時代遅れになり、「『先進』諸国に情報・サービス産業、第三世界に工業」という新たな国際分業が定着したのである。

「先進」諸国のポスト・フォーディズム的諸現象、脱産業社会、情報社会は、そこでの消費者の価値志向（「環境への配慮」・厳しい環境規制）を含め、こうした新国際分業の一環だ。それは、グローバルな市場での利潤獲得、及び、大量生産体制の第三世界諸国への移転に基づく地球大の「超産業社会（ultra industrial society）」の不可欠の構成要素だ[8]。今日の環境破壊や階級格差が一国内にとどまらず、地球大で展開している事実は、そのことの必然的帰結である。

5．文化帝国主義

そして第4に、一部の情報社会論が指摘する「知や情報の『収穫逓増の法則』」は、独占そのものであり、階級格差を拡大させる最大の契機でもある。

コンピュータの基本ソフトの無料開放等は、その本質を何ら変えない。インターネットを介して個性的なコミュニケーションを行おうと思えば、人間は多国籍企業化したコンピュータ会社が次々に世界市場に売り出す新機種・新ソフトを機械的に採用し、没個性的で画一的な生活様式を自ら選び取るしかない。基本ソフトの無料開放も、この循環から人間を解放しない。基本ソフト等の目新しい例をあげるまでもなく、英語の使用は無料開放されている。英語の「世界語」化は、一方で世界的なコミュニケーションや普遍的な知の形成を促す。しかし他方で、英語が知的・文化的資本として機能するとき、それは世界大で階級格差を拡大し、人類の文化的多様性を破壊し、英語自体の豊かさを痩せ細らせる。英語の「世界語」化が、戦前の大英帝国や戦後のアメリカ合衆国の国益・国民益、及び、英語リテラシーが高い高学歴者等の階級的利益に果たした役割は計り知れない[9]。

6．モノと知・情報の二元論の克服

　もとより、知のネットワーキングやそれを支える情報・通信手段の発展は重要な意義をもつ。情報リテラシーや"文化帝国主義"の一面的な拒否や偏狭なナショナリズムは何ら問題を解決しない。

　しかし、「物質・経済・産業」と「知・情報・文化」をアプリオリに対立させて捉え、前者から後者への移行・転換に安易に新たな展望を見出すのは誤りだ。あらゆる「知・情報・文化」は「物質・経済・産業」に支えられ、逆もまたそうである。「先進」諸国を中心とする脱産業社会・情報化の進展、及び、それに基づく知のネットワーキングは、新国際分業に基づく世界大での超産業社会の構成要素であり、それだけでは、環境破壊を抑制したり、克服する力をもちえない。重要なことは、「知・情報・文化」と「物質・経済・産業」の二者択一の発想から脱却し、両者を貫く利潤増殖至上主義を克服し、人間中心主義のそれに改変するための実践とそのネットワーキングである。

> 「雨は富める者にも貧しい者にも降る。善人にも降り、悪人にも降る。雨そのものは全く公平に降っているのだが、ただその降りそそぐ先が不公平な世の中なのだ」
>   老舎「駱駝祥子」[10]

第7章

環境としての社会

1.「環境＝自然」という"常識"

　環境という言葉は、しばしば自然環境と同義に用いられる。環境問題といえば、自然環境の問題を指すことが多い。環境社会学・環境経済学・環境倫理学・環境法学も多くの場合、自然環境問題に研究対象を限定している。

　しかし、この"常識"は、「人間（社会）－自然」の二元論・【環境外在論】の残滓でしかない（本書第Ⅰ部Ⅲ参照）。【主体－環境系論】の立場に立ち、環境を人間にとって意味ある事象の総和と定義すれば、環境が自然環境だけでないことは明白だ。政治・法・経済・社会・文化・情報・教育・芸術等、様々な社会的・文化的諸要素は、人間にとって最も身近で直接的な環境の一部だ。社会は、自然以上に人間による直接的な創造物であり、主体との相互作用を集約的に表現する環境の一部である。同時に社会は、環境の一部である以上、自然とも切り離せない。人間自身を含む自然、及び、開発・生産・労働を初めとする人間の自然への働きかけは、社会のあり方を根底から規定する。

　＊関（2001）によれば、法律学の多数説は、環境権の含意する環境を自然環境に限定してきた。これに対し、関は、公害反対運動や環境保護運動、自然保護運動、文化財保護や町並み保存の運動等の接点や類似点をふまえ、「環境を自然環境に限定せずに、人間生活と切り離せないもの、その地域における社会関係を成立させる基盤」と捉える方が有意義だと主張する[1]。植野（1992）も、環境権が意味するものを、①個人の生命、身体の安全、健康の保障、②人間にふさわしい自然環境の保全、③公衆衛生や社会福祉等の社会環境の整備、④歴史的遺産等の文化環境の保存等、広義に捉えている[2]。

2．社会問題としての自然環境破壊

　自然環境の破壊や保全も、実はすぐれて社会問題だ。オゾン層や熱帯林の破壊、地球温暖化といった自然環境破壊の根底に、利潤増殖を至上目的とする資本主義的生産様式、及び、それに支えられた「先進」諸国の大量消費型生活様式があることはすでに述べた。自然環境の保全についても、「先進」諸国とこれから開発・工業化に取り組もうとする第三世界諸国との間には、深刻な意見対立がある。企業活動における環境管理のグローバル・スタンダードは、「先進」諸国の市民的要求だけでなく、その基準をクリアしうる「先進」諸国企業の利潤増殖の論理からも推進され、南北格差を拡大させつつある。第三世界諸国の内部でも、開発・工業化を推進する政府・資本と、環境破壊の被害を直接受ける地域住民との間には明確な意見対立がある。環境を保全する技術の開発・普及においても、経済的採算や法的規制、世論や社会運動等の社会的諸要素が大きな影響を与える。総じて自然環境の破壊や保全は、人間と切り離された「自然」の問題では決してない。それらは何より、人間・社会の問題だ。

　エボラ出血熱やHIV、新たな耐性菌の出現、環境ホルモン等、内なる自然環境・身体の破壊も、すぐれて社会問題だ[3]。そこには、利潤増殖を至上目的とする開発や抗生物質の濫用、内戦や紛争に伴う難民の流動、貧困を背景とする売買春や血液・臓器売買、医療システムや官僚制、製薬企業の利害等の社会問題が複雑に関わっている。新たな感染症には、熱帯雨林の中でサルや節足動物を宿主として共存し、封印されていた未知のウィルスが、開発や難民移動に伴う微妙な生態系の変化や人間への感染を契機として突然変異したものが少なくないといわれる。またそれらの世界への拡散は、海外旅行・企業進出・難民・戦争等によるヒトの移動、食糧・ペット・血液の輸出入といったモノや生物の移動、つまり交通手段の発達や人間社会の国際化を抜きに理解できない。それはかつて特定地域の風土病だったペスト・コレラ・梅毒が、植民地支配・植民地貿易とともに、世界中に拡散したのと同じだ。花粉症やアトピー性皮膚炎等、アレルギー症の増加も、「先進」諸国の社会環境に対して人間の遺伝子・免疫システムが不適応を起こしていることを示す。

＊狂牛病（BSE）[4]も、その真因は未解明だが、おそらく社会的要因がかなり大きいと考えられている。現在、BSEの原因として有力視されているのは、病気にかかった羊の屑肉や肉骨粉を、牛の飼料として使用したことだ。もとより、草食動物の牛に肉骨粉を食べさせるのは人為である。そしてその背景には、①肉骨粉の市場価格が他の飼料より安いこと、②屑肉・骨を廃棄せず、再利用することで利潤が得られること、③子牛に生乳の代わりに肉骨粉を食べさせることで、生乳をより多く出荷できること等、市場と利潤増殖の論理が横たわる。また肉骨粉は昔から牛の飼料とされてきたが、1985年になって初めてBSEが発生した背景としては、第4次中東戦争（1973）の影響が指摘されている。この戦争で原油価格が高騰した。肉骨粉の製造には煮沸処理がなされていたが、この煮沸温度が、原油価格の高騰に伴う燃料費節約のために、100度から80度程度に引き下げられた。おそらくこれにより、従来より大量のBSEのプリオン（病原体）が牛の体内に入り、一定の潜伏期間を経て、1985年に発病が確認されたとみられている。BSEが人間にも感染することを行政機関がどの段階で認め、肉骨粉飼料の製造や投与をどの時点、どの範囲で規制・禁止したかも、大きな社会問題だ。

3．転換期の現代社会環境

　現代社会環境は、巨大な転換期にさしかかっている[5]。人類が直面する危機は、国境を超えた「地球的問題群（global problematique）」として立ち現れ、その克服は人類の生存をかけた共同の挑戦となっている。地球的問題群については様々な議論があるが、ごく大づかみには、①核戦争・核汚染、②自然環境破壊、③南北格差・階級間格差の拡大に伴う飢餓や貧困、④「先進」諸国を中心とした社会解体・人間疎外、そして⑤「先進」諸国資本間の競争・対立と周辺諸国を巻き込んだリージョナリズム等として把握しうる。
　地球的問題群は、相互に複雑に絡み合っている。自然環境破壊が、南北格差や資本間競争と密接に関連していることはすでに述べた。核汚染はそれ自体、深刻な自然環境破壊であるとともに、核戦略は南北問題や「先進」諸国間競争、さらに核保有国自身の財政赤字や貧困の蔓延・社会解体に大きな影響を与えている。第三世界の貧困と「先進」諸国の社会解体は、いうまでもなくコインの裏表だ。「先進」諸国の大量消費型生活様式が、第三世界の飢餓や自然環境破壊の上に成立する事実は、このことを端的に物語る。同時に第三世界から「先進」諸国への膨大な難民・移民・出稼労働者の移動は、「先進」諸国内部に「内なる第三世界」

を形成し、その社会解体を促進している。しかもこうした南北格差は、「先進」諸国資本間の競争やリージョナリズムによって一層促進されている。

> ＊環境と開発に関する世界委員会（1987）[6]は、限定核戦争であっても、核爆発とそれによる火災により、成層圏に吹き上げられた微粒子が、長期にわたり成層圏を覆って太陽光を遮るため、地球全体が極寒状態となり大半の動植物が死滅することを指摘し、「核戦争の可能性こそ間違いなく環境への最大の脅威である」と述べた。また今日、通常兵器の核兵器化や「使える（小規模な）核兵器」の開発・使用も進んでいる。米軍は、湾岸戦争・コソボ紛争・アフガニスタン等で、貫通能力を高めるために劣化ウラン弾を使用し、深刻な放射線被害・環境破壊をもたらした[7]。

こうした複雑な絡み合いは、それぞれの問題の内部にもある。そこで、特定の個別問題を解決しようとする人間の営みは、しばしば意図せざる結果をもたらす。電気自動車の使用・普及が、電力消費の飛躍的増大やリサイクル困難な大型電池の大量廃棄をもたらさない保証はない。建築汚泥をガラスにリサイクルするための高温溶炉の稼働にも、大量の電力消費が不可欠だ。ペット・ボトルに代わるリターナル瓶、及び、再生紙等の使用は、洗浄剤や漂白剤による土壌・水質汚染を促進しかねない。CO_2排出量を削減するために原子力発電所を増やすことは、いうまでもなく放射性廃棄物問題を深刻化させるだけでなく、数千年・数万年にわたって放射能の漏出を確実に遮断する容器の製造・更新の必要を考えれば、むしろ火力発電より大量の石油資源消費・CO_2排出をもたらす可能性も高い[8]。太陽光発電のための太陽電池の生産には、数多くの有害物質の使用が不可欠だ。原料調達から廃棄・処理までをトータルに捉えたライフ・サイクル・アセスメントの必要を唱えても、質的に異なる環境負荷を一定の量的基準で比較・評価するのは究極的には不可能だ[9]。個別の問題の内に視野を閉ざした解決策は、いつか袋小路に陥る[10]。

4．解決の方法と主体

したがって、核汚染や自然環境破壊も、それらを他の諸問題と切り離し、普遍的な「全人類的価値（ゴルバチョフ）」[11]のみに基づいて解決することは困難

だ。同時に、南北問題や「先進」諸国の社会解体が解決した後でなければ、核や自然環境の問題が解決し得ないわけでもない。むしろ地球的問題群の相互連関は、ある分野での変化が他の分野にも大きな変化を与えること、例えば自然環境問題での変化が、他の自然環境問題、さらに南北格差や「先進」諸国の社会解体等にも、何らかのインパクトを与えざるを得ないことを示している。その意味で、まさに包括的視野の中で個別課題の克服に取り組む主体・知のネットワーキングが求められているといえよう。"think globally, act locally"という言葉は、こうした視点を簡潔に表現している。

　このことはまた、地球的問題群の解決には、国家の枠を超えた類的成熟が不可欠であることを示している。もとより地球的問題群に各国家・国民がいかに対処するかは、依然として重要だ。しかし同時に地球的問題群が国家の枠を超え、ヒト・金・モノ・情報の世界的移動、すなわち実質的な世界社会形成の中で立ち現れている以上、それを克服する主体も単に国家や国民の集合ではあり得ない。現代においては、核兵器使用による地球規模での汚染すら、国家による「戦争」として発生しうるだけではない。国権の発動によらないテロも含め、多様な主体間の紛争として発生する可能性があり、むしろその危険は増幅しつつある。また、労働運動や市民運動が多国籍企業の活動を規制しようとすれば、国境を超えた連帯が不可欠だ。今日、「先進」諸国でも第三世界諸国でも、多くのNGO（非政府組織）が地球的ネットワークを形成しつつある。国民国家を前提とした"国民主権"と、国民国家に囚われない"基本的人権"は様々な局面で軋みを生じ、後者が前者を揺るがしつつある。

5．現代資本主義・グローバリゼーションと地球的問題群

　地球的問題群は、単に複雑に絡み合い、国境を越えて展開しているだけではない。それは、現代世界資本主義——より具体的には多国籍化した巨大資本の利潤増殖——を、一つの共通の土台としている。「先進」諸国の大量消費型生活様式や管理機構の肥大化も、第三世界諸国の貧困や開発独裁も、核の開発・製造・使用も、地球規模での自然環境破壊も、すべて巨大資本の利潤増殖という観点においてのみ唯一、「合理的」かつ「必要」だ。今日の世界社会形成（グロ

ーバリゼーション）の最大の推進力は、基本的人権思想の普及やNGOの活動ではなく、巨大資本の世界大での利潤増殖活動にある。したがって地球的問題群の解決には、単に生活様式の見直しにとどまらず、資本主義的な生産・開発様式に踏み込んだ変革が不可欠になる。反グローバリズム運動が、国境を超えてグローバルに、しかもグローバルな世界資本主義への批判として展開しているのは、決して偶然ではない。

　民主的国家による多国籍企業の規制も、ますます重要になる。ここでいう民主的国家とはもはや、国民主権の国家というだけでは十分ではない。地球的問題群の根底的解決、すなわち多国籍巨大企業の利潤増殖活動と対峙し、基本的人権の人類的規模での実現を目指す国家だ。国民主権に支えられ、しかも国益（国民益）に囚われず、人類の普遍的目標を追求する国家。この矛盾に耐えられる国家だけが、今日、民主的国家の名に値する。

＊日本国憲法の平和主義は、スイス等の非同盟中立と異なり、「国民国家＝日本」の安全を「武力による平和の拒否」という世界的普遍的価値に依存させる。その意味で、国民国家の限界を突破し、現代的な「民主的国家」の萌芽的要素を含む。それは、平和を希求する諸国家ではなく、"the peace-loving peoples of the world" に依存する。また、それが否定するのは、あくまで「国権の発動たる戦争」や「国の交戦権」であり、他の諸主体による武力行使——民族解放闘争や人民のレジスタンス——ではない。そこで、こうした平和主義への批判は、しばしば「普通の国家」をモデルとしてなされる。もとより日本国憲法は、「国民国家・日本」の憲法であり、国民国家を前提とする。またそうである以上、日本国民の利益という観点から、当面の情勢判断として平和主義を採用する——情勢が変化すれば、平和主義を放棄する——という限界を含む。しかし、少なくとも現行憲法の平和主義に、国境を超えた人権としての平和的生存権の確立への模索を読み取ることは、十分に可能だ[12]。

　　　　「諸君はその時代に強ひられ率ゐられて
　　　　　奴隷のやうに忍従することを欲するか
　　　　　むしろ諸君よ更にあらたな正しい時代をつくれ
　　　　　宙宇は絶えずわれらに依って変化する」
　　　　　　　　　　　　　　　宮澤賢治「生徒諸君に寄せる」[13]

第8章

自然と社会

1. 人間の矛盾とその止揚

　現代社会が矛盾に満ちた環境である以上、そこに生きる人間もまた、矛盾に満ちた主体だ。人間は、自らを含む生態系を根底的に破壊しつつ、生態系の一環（＝生命の担い手）であり続けるしかない。人間は、生産力を初めとする諸力能の発達に基づいて危機を増幅させつつ、しかしその危機を認識し、破局を回避するために、さらに生産力・諸力能を獲得（＝発達の担い手）するしかない。そして人間は、国家・階級・民族・性差等に基づいて社会的に分裂し、相互対立によって危機を深刻化させつつ、同時に類的・社会的存在（＝協働の担い手）としてしか生きられない。戦争・虐殺・差別・自然環境破壊等は"非人間的"な行為だが、人間以外にそれらを主体的・選択的に行う生物はいない。まさに『「嫌いなものは殺してしまう、それが人間のすることか？」、『憎けりゃ殺す、それが人間ってもんじゃないのかね』」（シェイクスピア）[1]である。

＊人間の類的・共同的本質とその疎外（本書第Ⅲ部Ⅲ参照）について、マルクス（1975-b）は次のように述べる。「人間の本質は、人間が真に共同的な本質であることにあるのだから、人間は彼らの本質の発揮によって人間的な共同体を、すなわち、個々の個人に対立する抽象的・普遍的な力ではけっしてなく、それ自体それぞれの個人の本質であり、彼自身の活動、彼自身の生活、彼自身の精神、彼自身の富であるような、社会的な組織を創造し、産出する。したがって、あの真の共同的本質は、反省によって生じるものではけっしてない。したがってそれは、諸個人の必要とエゴイズムによって、いいかえれば、直接彼らの定在そのものの発揮によって、産出されたものとして現象する。……だが人間が、自己を人間として認識しておらず、それゆえ世界を人間的に組織しおえていないうちは、この共同的本質は疎外の形態のもとで現象するのである。なぜなら、この共同的本質の主体

である人間が、自己自身を疎外された本質であるのだから。……したがって、次のようにいうのはすべて同一の命題である。すなわち、人間が自己自身を疎外するということ、また、この疎外された人間の社会は人間の現実的な共同的本質の、すなわち人間の真の類的生活の、カリカチュアであるということ、それゆえ彼の活動は苦悩として、彼の富は貧困として、彼を他の人々と結びつける本質的なきずなは非本質的なきずなとして現象し、むしろ他の人間からの分裂が彼の真の定在として現象するということ、また、彼の生活は彼の生命を犠牲にすることとして、彼の本質の実現は彼の生命の非現実化として、彼の生産は彼の無の生産として、対象にたいする彼の支配力は彼にたいする対象の支配力として現象し、自分の創造物の主人である彼が、この創造物の奴隷として現象するということ、これらはいずれも、同一の命題である」[2]。

人類は、一方で自らの絶滅の可能性を含む危機を社会的に創出しつつある。しかし他方で、こうした人類社会を創り変え、社会を「発展（development）」させるのも、究極的には一人ひとりの人間の「発達（development）」とそれに基づく社会的行為、特に生産・「開発（development）」様式の革新以外にありえない。またそれは個人的行為にとどまらず、社会的・類的協働の発達に連鎖せざるをえない。今日ほど人類が、自らの生存を賭けて、危機を創り出した自分自身を問い直し、「自己変革＝社会変革」することを求められている時代はない。

そしてまた自然と同様、社会が環境たりうるのは、人間という主体が「生命－生活」を保っている限りにおいてだ。社会の意義や矛盾は、究極的には人間相互の関係性（差別・コミュニケーション・交換・闘争・競争等）ではなく、「生命－生活」の再生産過程、及び、それを支える生産様式のレベルで問われなければならない。人間相互の関係は、人間が「生命－生活」を維持・再生産するためにこそ不可欠なのだ[3]。また人間の「生命－生活」の再生産には、人間相互の関係だけでなく、人間以外の自然や自己自身との関係も不可欠だ。「人間たちは『歴史をつくり』うるために生きることができねばならないという前提を確認することから始めなければならない」（マルクス＆エンゲルス）[4]。

2．環境としての社会——差別を素材として——

　環境としての社会の意義や矛盾が、人間の関係性のみならず、人間の「生命－生活」の再生産過程のレベルにおいて問われなければならないことは、次のような問題を提起する。すなわち、「差別はなぜ問題か？」、あるいは「解決すべき差別とは何か」といった問題だ。この問題には、様々なレベルでの解答がありうる。「差別を問題と感じる人間がいるからだ」という個人レベルの社会構築主義の解答もある。「近代人権思想に反するからだ」という歴史的な社会構築主義の解答もある。しかし、ではなぜ諸個人や近代社会は差別を批判し、平等を求めるのか。「人間は、人間としての平等を本質的・本能的に求めるからだ」という答えは、人間の類的本質からみて一定の妥当性はあるが、トートロジーを免れない。諸個人であれ人類であれ、差別を不当と感じ、平等を求めるのは、おそらく差別・不平等が、まず直接には被差別者の、そして究極的には差別者も含めた人間の「生命－生活」やその発展的再生産を疎外するからだろう。人間の類的・共同的本質も、単なる理念・道徳ではなく、最終的には「生命－生活」の発展的再生産の必要に現実的根拠をもたねば意味がない。
　差別は確かに、人間相互の関係性の中で構築される。また、現実の人間の関係性には、差別のみならず、戦争・闘争・殺戮・虐待等、様々な矛盾がある。時には、人間の関係性としての社会の存在そのものが、矛盾の元凶のようにも見える。しかしそれにも関わらず、人間はなぜ相互の関係性を完全に断ち切れないのか。それは、人間の「生命－生活」が社会的にしか再生産されないからだ。そうだとすれば、差別を批判・克服する営為もまた、「はじめに平等ありき」といった関係性や理念のレベルにとどまらず、究極的には人間の「生命－生活」の発展的再生産の必要に基づいて行われて初めて、現実的根拠をもつ。つまり差別は「差別・不平等ゆえに問題」ではなく、それが支配・収奪・搾取・排除等によって現実の「生命－生活」の発展的再生産を疎外するから問題なのだ。
　その意味で、差別を根底的に批判するには、社会構築主義を乗り越え、自然的要素を含めた「生命－生活」の把握が不可欠になる。それは社会と自然の二分法の克服だ。またそれは、差別を正当化する2つの契機——獲得的業績と生

得的属性——の二分法の克服とも密接に関連している（本書第Ⅱ部Ⅷ参照）。

　従来、差別を批判する近代思想の主流は、生得的属性による差別は不当だが、諸個人の獲得的業績による「差別＝区別」は当然とみなしてきた。生得的身分に基づく封建制に対し、職業選択や移動の自由を認めた近代資本制の進歩性は、その点から説明される。こうした業績主義は、生得的属性としての性差・人種・身分等に基づく差別を批判する上で、一定の有効性をもつ。しかし一方、業績的に劣位におかれる「弱者」の差別を容認・正当化する要素も含む。

　この限界を克服する方略の一つは、能力・業績を測定する既存の基準の偏向や一面性を批判し、より人間的な基準を再構築することだ[5]。つまり、社会構築主義を堅持し、その枠内で新たな能力・業績基準を再構築することだ。こうした主張は、一定の実践的有効性をもつ。しかし、新たに構築された能力・業績観がどんなものであろうと、その新たな基準に沿って能力・業績を示せない人間への差別は、やはり容認される。また評価基準の一面性を批判し、多元化しても、多元化されたすべての基準で下位におかれた人間に対しては差別が容認され、むしろ一層強化される。

　したがって、ここで重要なことは、一つには、能力・業績の評価基準の再検討にとどまらず、生得的属性が獲得的業績と密接に関連していること、つまり両者を切り離して獲得的業績に基づく差別を正当化した近代的平等観そのものがごまかしであったことを、はっきり見据えることだろう。その上で、「生得的＝獲得的」な差異が、単なる社会的構築物ではなく、人間のもつ自然性によっても規定されることをありのままに認め、それにも関わらず、あるいはそうだからこそ、差別が人間の「生命－生活」の発展的再生産を疎外する事実と論理を明確にすることだろう。重要なのは能力・業績観の社会的再構築にとどまらず、自然と社会を貫く人類の生活そのものだ。または、生得的属性と獲得的業績の双方を含み込み、しかも単に社会的のみならず自然的にも構築される新たな能力・平等観の構築であろう。

　従来の多くの差別批判・平等論は、人間相互の関係性に視野を限定し、またそれを差別と平等の二者択一と捉えることで、しばしば袋小路に陥っている。差別批判は、被差別者への同情や差別者の道徳的反省によってではなく、被差別者はもちろん、差別者や差別批判者を含む人間の「必要とエゴイズムによっ

て」(マルクス)[6]なされる必要がある。「ユダヤ人差別を論じたものがほとんどすべてだめなのは、その筆者が自分だけはそんなものとは無縁だと心の中できめてかかるからである」(オーウェル)[7]。

3. 性差にみる自然と社会

　以上のことは、性差・性差別の問題にもみてとれる(本書第Ⅱ部Ⅷ参照)。
　従来のフェミニズムでは、社会的性差としてのジェンダーを生物的性差としてのセックスと峻別し、前者のみを変更可能かつ変更必要とする傾向が少なくなかった。逆に生物学や医学は、後者のみに視野を限定してきた。
　社会科学、特に初期のフェミニズムがジェンダーとセックスを峻別し、前者に視野を限定してきたのには理由がある。現実の性差別が——社会的に構築された差別でも——「自然の摂理＝生物的性差」の名の下に正当化されてきたからだ。それは、近代社会が自然を単に「改造・支配すべき対象」とみなすだけでなく、「人間が従うべき正常な規範／逆らえない宿命」とみなしてきたことに基づく。そこで、これに対抗して、一見、自然に根差すかにみえる性差・性差別が、実はいかに社会的に構築されたかを暴露し、性差別の社会的解決を目指す理論が現れた。生物的性差と区別された、社会的性差としてのジェンダーが重要な意義をもったのである。
　しかし、こうしたジェンダー論が、自然と社会の二分法であることは否めない。それは、生物的性差を視野の外におき、または自然それ自体を社会的構築物・言説に矮小化しがちだ[8]。その結果、現存する生物的性差を活用した性差別への異議申し立てとして、不十分だ。また、この立場は、自然を「正常な規範／逆らえない宿命」とみなすことには反対するが、近代社会のもう一つの相互補完的な自然観——性差を含む自然を「支配・征服すべき対象」とみなす自然観——とは、むしろ親和的だ。ここで理想化される(社会的に)中性的な個人は、自然的性差を社会的に征服・支配した人間像にほかならない。
　ところが、現実の性差別で活用されるのは、自然としての性差を「正常な規範」とみなす近代的論理だけではない。自然を「改造・支配すべき対象」とする近代的論理もまた、活用・動員される。すなわち、「産む性・母性」としての

女性が自然や生命性に特に近いものとして、男性が体現する社会性・道具的理性より——社会という舞台では——劣位に位置づけられる。出産・生理・授乳等、女性の「自然＝生物」的機能は、しばしば社会的にハンディとみなされてきた。このように、一方で「自然であること」が「正常」な社会参加の前提とされ、他方で「自然であること」が社会的排除の根拠とされる。しかも双方の論理は相互補完的に、女性の社会的排除・劣位を正当化する。それは一方で、自然的な「女性らしさ」を克服・征服して社会化（「男性」化）すれば、女性も社会的差別から抜け出せるとのメッセージを発する。しかし他方で、女性がそのようにすることは「正常な規範」としての自然に反し、また男性はそうしたプロセスを経なくても、「自然（ありのまま）に社会的存在」なので、社会的にはより有利な地位を占めやすいとのメッセージも隠されている。さらに女性が母性を重視した生き方を選択すること（女性にそれをさせること）は、「正常な規範」としての自然な行為であり、社会的差別ではないとの論理も内包される。こうして、自然と人間の両義的関係——自然の一部でありつつ、自然を改造する人間——が、性差別の正当化に好都合な形で動員され、使い分けられる。そして最終的には、女性の社会的地位の低さは、「自然なこと＝正常な規範・崇高な使命」として受容を迫られるのである。

　以上のように、性差別を正当化する自然観は一枚岩ではなく、入れ子構造——ある種のしたたかさ——をもつ。そこで、これに対抗する際、一方の要素——「正常な規範／逆らえない宿命」という自然観——だけを批判しても、その批判自体がもう一方の要素——「社会による征服・支配の対象」という自然観——を前提とする以上、性差別への根底的批判にはなりにくい。性差別は、未だ十分に社会化されていない女性（だけ）の「自然性＝非社会性」の問題に容易に回収されてしまうのである。

　そこで、こうしたアポリアを脱する戦略の一つとして、「征服・支配の対象」という近代的自然観を批判し、むしろ自然や女性のもつ「自然性」に近代批判の根拠と契機を見出す立場——エコ・フェミニズム——が現れる[9]。エコ・フェミニズムの多くは、性差が自然であり、しかも特に女性が自然と親和的・一体的であると認める。そして、女性が本来もつ自然性に基づき、男性以上に、ラディカルな近代批判・環境保全の主体たりうるとみなす。ここでは、「野蛮」

とは、男性優位の近代社会によって十分に啓蒙・支配されていない自然の側ではなく、自然を破壊する男性優位の近代社会の側とされる。

＊こうした主張は、カルチュラル・エコ・フェミニズムに特に顕著だ。青木（1994）は述べる。「これまで一般に、男性が論理的・理性的であるのにたいして女性は感性的・直観的であるとされ、社会生活において、それがあたかも女性の劣等性であるかのように言われてきた。だが、その考えは、いまや逆転されなければならない。……その生殖機能ゆえに、女性はみずからの身体に関心度が高く、男性よりも身体感覚において敏感たらざるをえない条件をそなえている。……これまでマイナスに記号化されてきたその身体性を、女性みずからがプラスに持ちかえるべきではないだろうか」[10]。

これに対し、ソーシャル・エコ・フェミニズムは、女性と自然の安易な同一視や女性の優位性の強調に批判的だ。社会と自然を対立的に把握する二元論にも反対する[11]。ここで重要な主張は、女性が自然に近いかどうかではなく、女性や自然に対する支配・搾取・抑圧にいかに立ち向かっていけるか、である。ただしこの立場も、人間による自然の支配と男性による女性の支配の間に深い関連を見出す[12]。また、女性が男性文化に染まりきらないことを、自然との関わりを断ち切らぬ貴重な選択と見なす[13]。こうした観点からすれば、人間にとって——女性にとっても——重要なことは、男性優位の社会によって支配されていない、本来の自然としての自己を取り戻すことになる。キング（1995）は述べる。「多くの家父長制的な文化では、女性は自らの自然の体を支配する共犯者となって、いかなる犠牲を払ってでも男性を喜ばせようと努める。女性によって行われた中国のてん足は、女嫌いの文化による女性の体の支配の例として広く引き合いに出される。だがこういった習慣を非難する西洋のフェミニストでさえその大半は（そう、フェミニストでさえ）、自然な形では女性人口の約0.2％にしか与えられない肉体的美しさを基準とし、自分の体をそこに近づけようと大きな努力を払う。……あたかも自然のままの体が自分たちにとって許されない敵であるかのように、私たちは着飾り、余分なものを取り除き、圧注を受けて脱臭し、ダイエットを行う。世界でも最も豊かに暮らしている私たちのなかには、文字どおり美しくなるため、死に近くなるまでものを食べない人たちがいる」[14]。

しかし、こうしたエコ・フェミニズムもまた、もう一つの近代的自然観——「正常な規範／逆らえない宿命」としての自然——を、性差別を正当化する論理と共有している。それは、自然の無批判な肯定・本質主義だ。女性だけでなく、男性も含めた性差が自然だとすれば、男性優位の近代社会もまた、自然の一部とみなされかねない。また、現実の自然や女性を、反近代の文化的シンボルとして賛美・肯定することは、そこでの深刻な矛盾を看過することにもなる。「社

会の負け犬たちを手放しで礼讃することは、彼らをそのような人間にした体制を手放しで礼讃することに帰着する」(アドルノ)[15]。

＊ナンダ(1998)[16]は、「女性が自然と結びついていることに対する称賛は、エコ・フェミニズムの中心的ドグマそのものを形成している」と述べ、これを批判する。彼女によれば、エコ・フェミニストは、社会関係をつき動かす現実的な力を「女性の身体や自然や第三世界を植民地化する『白人男性』の本質と、ただ調和と統一のみを追求する高貴な犠牲者としての非西欧人の本質」に求める。いわば、自然や女性を反西欧近代の文化的シンボルという祭壇に祭り上げ、そうした文化それ自体の保全を、現実の物質的生存の危機やそこでの不平等の緩和・解消よりも優先させてしまいかねないのだ。ナンダによれば、現実の第三世界の女性の文化・意識は、「文字通り生死の違いをもたらしうる」物質的な力だ。そこで重要なことは、「女性と自然の間の明白な調和を称賛することではなく、むしろ、ここで認知されている調和というおもて面の背後に隠れている全世界的な資本主義と地域的な家父長制的諸伝統──そしてそれらの甚だしく反女性的なバイアス──がもつシステム上のからくりを明るみに出すこと」である。

以上のように、「支配・征服すべき対象」、及び、「正常な規範／逆らえない宿命」という 2 つの自然観の一方に依拠して他方を批判し、性差別を克服しようとする試みは、いずれも性差別を正当化する論理に取り込まれる。なぜなら、性差別を正当化する近代的論理は、この 2 つの自然観を相互補完的に組み合わせ、両者を使い分けるからだ。セックスを視野の外におくジェンダー論にせよ、男性的「社会」の変革の契機を女性的「自然」に求めるエコ・フェミニズムにせよ、それらが自然と社会の二分法を前提としている限り、いずれも却って性差の自然史的決定論に道を開く[17]。

そこで重要になるのは、自然と社会の二分法そのものの克服だ。すなわち自然と社会──セックスとジェンダー──の二分法を克服し、両性の生物的差異に基づく「生命‐生活」の発展的再生産を、両性の平等な協働としていかに実現するかである。

＊新たなフェミニズムの諸潮流では、すでにジェンダーとセックスの二分法は克服されつつある(本書第Ⅱ部Ⅷ参照)。バトラー(1999)[18]は、「そもそもセックスとジェンダーの区別は、《生物学は宿命だ》という公式を論破するために持ちだされたものであり、セックスの方は生物学的で人為操作が不可能だが、ジェンダーの方は文化の構築物だという理解を、助長するものである」と指摘する。そして、この二分法を批判し、「おそら

く『セックス』と呼ばれるこの構築物こそ、ジェンダーと同様に、社会的に構築されたものである。実際おそらくセックスは、つねにジェンダーなのだ。そしてその結果として、セックスとジェンダーの区別は、結局、区別などではないということになる」と述べる。またスコット（1992）もジェンダーを「肉体的差異に意味を付与する知」と定義する[19]。これらはいずれも、有性生殖による種の再生産等、自然それ自体によるセックスの構築性を射程に収めていない。しかし、自然と社会の二分法を批判し、自然それ自体の社会的構築性に関する認識は、明瞭に示されている。

また新たなフェミニズムは、女性のトータルな（自然と社会の二分法を超えた）「生命－生活（life）」の発展的再生産過程を重視する。そこでは、男性との社会的な関係性（差別や平等）は限定的意義しかもたない。確かに男性との関係での矛盾は厳存するが、実際の女性の「生命－生活」過程の矛盾はそれだけではない。また女性の主体性は、単に男性との関係（性差別への抵抗・抗議）だけでなく、トータルな「生命－生活」過程、すなわち男性以外の自然や人間との多様な関係の中でも発揮される。総じて女性は、男性による性差別と闘い、それを無くすために「生きる」のではない。「生きる」ためにこそ性差別を問題視し、対抗するのだ。バトラー（1999）は、「もしひとが女で『ある』としても、それがそのひとのすべてでないことは確かである」と述べる[20]。フックス（1997）[21]も、性差別の被害者という負のアイデンティティではなく、現実の女性がもつ多様な力と資源での連帯を重視する。さらにコリンズ（1991）[22]は、マイノリティ女性のサバイバルの奥にある「静かな強さ」（差別に抗議する「強さ」だけでなく、「生命－生活」の発展的再生産を実践する強さ）に着目し、抑圧者（男性）と被害者（女性）の二分法的な認知枠を批判する。

マルクス（1975-a）は、男女の関係を、自然と社会の統一の観点から捉える。「人間の人間にたいする直接的、自然的、必然的なあり方は男の女にたいするあり方である。この自然的な番い方にあっては人間の自然にたいするあり方はそのまま人間の人間にたいするあり方であって、それはまさに人間にたいするあり方がそのまままさに人間の自然にたいするあり方、彼自身の自然的な規定であるのと同然である。それゆえに、このあり方のうちに、どれほど人間にとって人間的なあり方が自然になっているか、あるいはどれほど自然が人間の人間的なあり方になっているかが、まざまざと目にみえる事実となって感性的にあらわれる」[23]。

さらに性差をめぐり、自然と社会の二分法、及び、差別を含む関係性としてのみ性差を捉えることの限界を明瞭に示す現象として、環境ホルモンがある。環境ホルモンの問題は、社会的に創出された物質が、生物的性差に影響を与えていることにある[24]。また、これが深刻な問題とみなされるのは、生物的性差・有性生殖が人類の存続にとって重要だからだ。いわば環境ホルモンは、一方で

は生物的性差の重要性、他方では社会によって侵食される自然的性差という現実を暴露し、自然と社会の二分法の限界を露呈させつつある。

4．自然と社会の二分法の克服

自然と社会の二分法の破綻に伴い、「社会とは人間と人間の関係だ。自然科学が自然を客観的に分析するのに対し、人文・社会科学の固有の課題は、人間と人間のありうべき関係の考察にある」といった、従来の"常識"的な科学観・社会科学観も破綻する。社会とは、単に「人間と人間の関係」ではない。それは、自然の一部としての人間の「生命−生活」の再生産様式だ。

＊自然と社会の二分法という"常識"は、環境研究でも珍しくない。宮本（1996）[25]は、「環境は自然的物理的環境と人工的社会的環境からな」ると述べ、前者の自然環境として自然生態系を含む理化学的生物的環境を、後者の社会環境として都市の骨格をなす社会的一般資本・社会的共同消費手段をあげる。その上で、「理論的には自然環境と社会環境とを区別できるが、現代のような都市社会では現実には両者の区別は困難」だと指摘する。しかし実際には、自然環境と社会環境を上記のように区別することは便宜的・暫定的には可能でも、理論的には困難だ。なぜなら、人工的社会的環境それ自体が自然の産物であり、同時に人間が認知する自然環境はつねに人為的・社会的産物でもある。自然環境と社会環境の「区別が困難」なのは、「現代のような都市社会」においてだけではない。

自然と社会の二分法を克服する新たな知は、当然、既存の自然科学・社会科学・人文科学等の枠組には収まりきらない。そこで捉えられるべき「人間の発達（Human Development）」とは、人間の「生命−生活」の総過程とそれを実現する自然−社会的な諸関係・諸過程、そしてその中で進む自然−社会の一環としての人間自身の「主体形成（人間発達）−環境形成」を含む幅広い概念だ。新たな知は、自然・文化・社会等、人間にとってのあらゆる意味世界とその変容を、「主体形成−環境形成」として統一的に解明しなければならない。

したがってまた新たな知は、既存の諸科学の単なる寄せ集めであってはならない。主体から切り離されて細分化された構造の客観的分析にとどまらず、既存の学問分野の枠を超えて統合的に、しかも「主体形成−環境形成」という理

論的地平に収斂させる方向で発展させる必要がある。それは、19世紀以来の文系と理系、及び、あらゆる学問領域の細分化の克服でもある。かつて学問が単一の哲学——せいぜい自然哲学と社会哲学のゆるやかな分業——でしかなかったように、我々は新たな統一的な、しかも既存の諸科学の知見をふまえた新たなコスモロジーを構築しなければならない（本書第Ⅲ部Ⅰ参照）。

＊武田（2001）[26]は述べる。「人間は自然性（生命性）、意識性（理性）、社会性（共同性）の三位一体的存在でありながら、それらの三側面はトリレンマを構成する。そこから抜け出そうとする多くの論者は、そのいずれかに人間を還元しようとする。ある者は人間的本性を自然（動物的本能）と同一視したし、ある者は逆に、人間の本性を主観性・精神性の内に見たり、理性や科学技術を絶対視し、それによって世界を支配・コントロールできる／すべきと考えた。また別の者は、人間本性を社会性とし、他者との共同関係……に自己を完全に依存させる生き方をよしとした。これらはいずれも人間の理解や生き方としては歪んだものである。われわれは同時にそのいずれの面でも人間であるし、なければならない。……われわれ人間が三側面から成るということは、その三者の間でたえず不安定な状態に置かれているのが人間だということである。しかし、わたしの考えでは、それらがお互いに矛盾関係にあることを自覚することが、大切である。……そのような思考法はこれまでも、さまざまな領域で新たな理論的成果を生み出してきた。たとえば自我と無意識（本能）、脳と心、遺伝子と文化、生命進化と倫理（道徳）、生命と記号、科学と宗教など、従来では無関係な領域と見なされてきた間で、実は密接な連関があるという新たな知見の開拓に貢献してきた。そして、このことは今、人間の自然性−理性性−社会性すべてにわたるトータルな理解として、さらにいっそう強く求められている。二一世紀は『大統一理論』の時代なのである」。

「戦争や戦闘は野獣的な行為として、そのくせそれを好んで用いる点にかけては人間にかなう野獣は一匹もいない」　　　　　　　　　モア『ユートピア』[27]

第Ⅱ部　「ヒトの境界」・人間的自然の揺らぎ
―ポスト・ヒトゲノム時代の人間環境―

第1章

ポスト・ヒトゲノム時代とは何か

1. ポスト・ゲノムとは何か

2000年、「ヒトゲノムの読み取り完了」というニュースが世界を駆け巡った。「ゲノム（genome）」とは、「遺伝子（gene）」と「全体」を示す接尾語（-ome）の複合語で、染色体上の全DNA、遺伝情報の総体を指す。「ヒトゲノムの読み取り」とは、ヒトのDNAの全塩基配列が確認されたことを意味する。

これをふまえ、いよいよポスト・ゲノム時代——ゲノムの機能・意味の本格的解明に踏み出す段階——が到来したとされる[1]。本書でいうポスト・ヒトゲノム時代とは、さしあたり、ヒトゲノムの機能・意味の解明が進み、それに対する意図的・人為的な操作や介入が技術的に可能になり、また現実にも急速に進むであろう時代と定義しうる。

2. ポスト・ゲノムの曖昧さ

ただし、ポスト・ゲノムという概念には、いくつかの曖昧さがある。

第1に、この概念は、ゲノムを単なる塩基配列とみなしている。だからこそ、機能・意味の解明はポスト・ゲノムになる[2]。しかし本来、ゲノムは単なる塩基配列ではなく、遺伝情報という意味を含む実体だ。そもそも「読み取り」とは、暗号や象形文字のそれをあげるまでもなく、意味の解明にほかならない。ただ塩基配列が確認されただけでは、「読み取り」が完了したとは言えない。文学作品の文字配列を確認しても、それを読み取ったことにはならない。

第2に、ゲノムはつねに変化し、膨大な個人差を含む[3]。近年、完了したとさ

れるヒトゲノムの塩基配列の確定は、ある瞬間の、極めて限定的なサンプル——特定個人ではなく、100人ほどのモザイク——にすぎない。実際、ゲノムは、発生と進化の双方のタイムスケールでたえず変化している[4]。まず、突然変異による変化がある。環境要因による体細胞内の様々な変化が生殖細胞内に組み込まれて新たな遺伝子の獲得につながることもある。いわゆる高等生物では、特定の反復配列の増減もみられる。染色体上での位置が定まっていない「動く遺伝子（トランスポゾン）」が、個体内の染色体間だけでなく、個体間・生物種間を超えて動き回ることも知られている。総じてヒトゲノムの読み取りは、一時点の、まして限定的サンプルでの「確定」によって完了するものでは、到底ありえない。

そして第3に、ゲノム内部の相互関連・ネットワークもまた、ほとんど未解明だ。ゲノムの各部位は、多重的な相互連関・ネットワークの中で多義的に機能する。本来、遺伝情報を個々の遺伝子ではなく、ゲノムとして総体的に捉えることの意義も、そこにあったはずだ。

＊ヒトゲノムの約95％は、タンパク質を構成する遺伝子ではない。しかしそれらは多重的ネットワークの中で、何らかの重要な機能を担っていると思われる[5]。また個々の遺伝子も多重的な相互連関の中で多義的に機能し、複数のタンパク質を構成する。個々の遺伝子は単一の機能で定義しえない[6]。リドレー（2000）は、各遺伝子の多義的な機能の中から、例えば病変発生という特定の表現型だけをとりあげ、それだけで遺伝子を定義するのは、「肝臓は肝硬変を、心臓は心臓発作を、脳は脳卒中をもたらすというように、臓器を罹る病気によって規定するのと同じくらいばかげている」[7]と述べる。

こうした諸点をふまえると、ヒトゲノムの解読は「完了」どころか、緒についたばかりだ。そこで、現状は「ポスト・ゲノム・シーケンス（配列）」にすぎず、今後ようやく本格的なゲノム研究・ゲノム時代が始まるとの主張もある[8]。

3．ポスト・ゲノム・シーケンスの曖昧さ

「ポスト・ゲノム・シーケンス＝ゲノム時代の開幕」という主張は一見、わかりやすい。しかし、そこにもまたいくつかの曖昧さがある。

まず第1に、ゲノムの機能・意味は、ゲノム内部に視野を閉ざしては捉えら

れない。それは、細胞・器官・生物個体・生態系、さらに非生物や人為を含む環境との相互作用の中で変化する[9]。人によって異なる環境ホルモン物質の遺伝的感受性を考えるプロジェクト[10]では、新たな環境ホルモン物質が発見される度に、ゲノムの新たな機能・意味の発見が求められる。

第 2 に、遺伝情報に限っても、ゲノム・DNAだけでは捉えきれない[11]。生殖細胞を通じて親から子に伝えられるのはゲノム・DNAだけでない。細胞や細胞小器官の構造、様々な細胞内環境も、親から子に伝達される。また、かつては「DNA→RNA→タンパク質」という遺伝情報の一方的伝達が想定されていたが、今やそうした見方は破綻している[12]。

＊「DNA→RNA→タンパク質」という遺伝情報の一方的伝達を想定する考え方を、セントラル・ドグマ[13]という。だが1970年、レトロウィルスとよばれる特定のウィルスで、遺伝情報をRNAからDNAに伝達させる逆転写酵素が発見された。また1977年、高等生物では転写されたRNAがそのままタンパク質に翻訳されず、遺伝子がゲノム上で分断されており、RNAがそれらを連結処理(スプライシング)していることが解明された。スプライシングは、セントラル・ドグマを覆すものではないが、セントラル・ドグマが想定していなかったプロセスである。

そして第 3 に、ゲノムの多義的な意味・機能の中でどれを重視するかは、人間の問題意識によって決まる。分子・細胞・器官・個体・生態系等、どのレベルのどんな表現型に注目して、ゲノムの意味・機能を「発見」するかは、人間次第だ。ゲノムは、読者によって多義的な意味を提示するテクストといえる[14]。「人が新しい事実を発見と呼ぶとき、発見をして発見たらしめるものは事実そのものではなくて、それから出てくる新しい思想」(ベルナール)[15]だ。

＊堂前・廣野(1998)[16]は、メンデルが──またメンデルの後に続く人々が──いかにエンドウマメの特定の遺伝子に意味を付与したかについて、次のように述べる。エンドウマメの特定の遺伝子と豆の形との間には、比較的単純な対応関係がある。しかしそれでも当該遺伝子は、枝分かれ酵素、デンプン量、ショ糖、浸透圧、水分含量、細胞の大きさ等、多様な表現型として機能し、それらの複雑な因果関係の結果の一つとして豆の形という表現型もある。豆の形は、人間の目に比較的ふれやすい表現型の一つにすぎず、どの表現型を重視して遺伝子の機能・意味を捉えるかは、人間次第だ。もちろん、より

複雑な表現型になるほど、そもそも何を表現型と定義するか自体、人間の問題意識・関心によって変わる。またそれは、特定遺伝子との単純な対応関係では捉えきれなくなる。

また、性差はいうまでもなく、性染色体によって決まる。しかし、Y染色体をもっていれば、すべてが雄になるわけではない。雄は胎児期に精巣ができるとアンドロゲンを分泌して雄性生殖器官をつくり、脳を雄化させる。しかしY染色体をもっていても、ある遺伝子が働かなければアンドロゲンを分泌せず、雌化する。またアンドロゲンを分泌しても他の細胞がその受容体をもっていなければ、生殖器官は雌化する。さらに胎児期に女性ホルモンに晒されると、脳や生殖機能、性的な行動様式が完全に雄化しない場合もある[17]。このように雌雄の境界線、性差を決定する次元は一つではない。例えば外部生殖器の形状による性差の確定は、人間の目に比較的にふれやすい性差の表現型の一つにすぎない。

さらに木村（1988）は、自然淘汰・生存にとって中立的な突然変異こそが分子レベルでの進化の主役を演じると述べる[18]。すなわち「機能的に重要でない分子（または分子内の重要でない部分）ほど、……進化の過程でアミノ酸やDNA塩基の置換が急速に起こり、置換率（進化速度）の最高は突然変化率で決まる」のである。これもまた、一般的には重視されない変異のもつ重要な意義の発見の一つといえよう。しかも何を基準に、如何なるタイムスケールで「機能的に重要でない」とみなすかも、それを観察する人間次第だ。

以上のように、ゲノムの機能・意味を解明しようとすれば、その瞬間から、ゲノム内部に視野を閉ざすことができず、ポスト・ゲノムに至らざるを得ない[19]。その意味でポスト・ゲノムとは、単にゲノムの機能・意味の解読が進むだけでなく、ゲノムの卓越的意義が相対化される時代――ポスト・ゲノム――でもある。さらに最終的にはポスト・ヒトゲノムとは、ヒトゲノムの意義が相対化・止揚され、解消した後の時代ということになる。そして一見、荒唐無稽なこのポスト・ヒトゲノムの定義も、後述する如く、あながち間違いとは言いきれない。

「これを知るをこれを知ると為し、知らざるを知らずと為せ。是れ知るなり」
『論語』[20]

第2章

2つのポストヒトゲノム：
【DNA本質主義】と【DNA構築主義】

1．【DNA本質主義】（1）遺伝子操作をめぐって

　ポスト・ゲノム・シーケンスとポスト・ゲノムは、メビウスの環のような関係にある。ポスト・ゲノム・シーケンスの知見を得るには、ゲノム内部に視野を閉ざすことができず、ポスト・ゲノム的知見が不可欠だ。ポスト・ゲノムの知見はそれ自体、ポスト・ゲノム・シーケンスの課題でもある。この両者の関係を反映して現在、2つの認知枠・感性が同時に活性化しつつある。
　一つは、ゲノムの卓越的意義——ゲノム・DNAによる人間の規定性——を強調する【DNA本質主義】だ。
　【DNA本質主義】は、一方で、DNAさえ適切に操作すれば、望みどおりの表現型・形質を創り出せるといった認識を生み出す。そこで、遺伝子操作による資質改良、遺伝子治療、諸個人の遺伝子的個性にキメ細かく対応したオーダーメイド医療等、医療・人間改良の飛躍的進歩を予想させる。また、「遺伝子ルーレットに委ねる有性生殖より、計画的・意図的・選択的で、しかも望まれて誕生するクローンの方がずっと『人間的』」[1)]との認識・感性に基づき、ヒト・クローン作成への挑戦を励ます。
　しかし他方で、【DNA本質主義】は、DNAを人間の本質・聖域とみなすため、その人為的操作には慎重であるべきだといった、一見、正反対の認識も生み出す。クローンによる人間の「複製＝コピー」は、かけがえのない個人の尊厳や個性を脅かすとして反対する世論も励まされる[2)]。「コピー人間より、オリジナルの方が価値がある」以上、クローン人間の尊厳は貶められるとの懸念も発生する。さらに、あらゆる遺伝子操作を「人間の尊厳の侵害」、「神（自然）の冒

涜」とタブー視し、拒絶する世論も生まれる。総じてここでは、DNA・遺伝子は、それが人間・個人の尊厳の本質だからこそ、「アンタッチャブルな聖域」にとどめておくべきだといった世論が形成されるのである。

このように、一見正反対の認識・世論が、ともに【DNA本質主義】から導き出される。この背後には、自然に対する近代のダブル・バインドがある。すなわち近代では自然は、一方で改造・支配・征服すべき対象であり、同時に他方で人間が従うべき「正常」な規範・逆らえない宿命でもある。その意味で、ポスト・ヒトゲノム時代に活性化する【DNA本質主義】は、近代的自然観の本質的革新を意味しない。それはむしろ、既存のダブルバインドな自然観を、ただゲノムの領域に適応しただけだ。

2．【DNA本質主義】（2）差別・隔離

【DNA本質主義】の活性化に伴い、差別や排除も増幅する。

まずDNAの差異を、人間の複雑な精神・行動・社会関係・アイデンティティと直結させ、「よい遺伝子／悪い遺伝子」を探そうとする試みが活発化する。人種や性、犯罪歴や業績達成等も、DNAに還元して説明される。諸個人の自我・人格は、社会的・歴史的な複雑さを捨象されて分子的存在に還元され、DNAと等号で結ばれる[3]。DNAは、まるで諸個人の「とりつくろうことができない真の自我」の設計図であるかのように、またそうした諸個人からなる社会の秩序と運命を決定する設計図であるかのようにみなされる。

そこで、様々な社会問題が、特定の遺伝子をもつ個人（または特定の遺伝子集団）の問題へとすり替えられる。社会問題の発生は遺伝子によって運命づけられているのだから、教育や福祉等の社会的措置で解消することは不可能とされる。こうして社会の責任は解除され、差別が助長される[4]。

＊こうした差別の典型的現象として、ハーンスタイン＆マレー（1994）[5]の刊行とベストセラー化がある。同書によれば、IQは遺伝し、人種毎に格差がある。また現在のアメリカ社会には個人の成功・昇進を阻む文化的・社会的障害はほとんどなく、したがって社会的成功の可否は、「ますます人々が受け継いだ遺伝子の問題になってきている」。こうして、アフリカ系アメリカ人が人種的階級社会の底辺に位置する事実が生物学的・遺伝

的に「説明」され、正当化される。また同書は、IQの低さを倫理面の問題とも直結させる。「おそらく知能の低い人達は倫理的原則があまり理解できないのだろう。物を盗むのがなぜ悪いのかを納得することも、市民生活や協力的な社会生活の価値を理解することも難しく、したがって他の人や地域全体に害を及ぼすような行為が抑制されない」のである。そこで同書は、「生物的・遺伝的に劣位にある人々」への福祉の廃止を主張する。最下層を保護し、その出産を奨励する公的福祉は、国民の遺伝的資質の低下と社会解体を促進するだけだ。特に低所得の女性の出産に補助金を出す政策は、国家が率先して「アメリカ人の遺伝的資質の低下」を推進することになる。同書は、こうした政策を中止し、むしろIQの高い女性にこそ出産奨励策をとるべきだと主張する。

もとより、「遺伝子＝宿命」とみなすことで責任が解除されるのは、社会の側だけではない。個人の責任もまた、解除される。問題視される様々な属性、及び、反社会的行為も、「本人にはどうしようもない遺伝子のせい」になるからだ。そうした立場から、社会に理解・寛容を求める戦略も生まれてくる。

しかしそれでも結局、DNAは責任を取らない。そこで、主体としての個人（I）ではなく、DNAに操られた客体的個人（me）[6]に対し、更生の可能性なき隔離・排除を迫る世論が高まる。問題ある個人を適切に——できれば問題発生以前に——隔離・排除することが社会の責任だという世論が広がる。「いつか何かしでかすかも知れないと分かっていたにも関わらず、放置していた」ことが社会的に非難される。「何もしでかさない可能性も同じだけあった」事実は、結果論とリスク低減を求める世論にかき消される。

個人の責任解除に基づいて社会に理解・寛容を求める戦略以外にも、【DNA本質主義】の中から、差別・隔離・排除に対抗する多様な戦略が現れる。

一つは、マイノリティの遺伝子・身体的形質こそ実はすばらしいという、逆差別的なエンパワメントだ[7]。例えば女性は男性よりも、遺伝的・本質的に「平和的・自然共生的」だといった主張である。

「DNA－多元主義」も活性化する[8]。諸個人のDNAは多様で、「正常・標準・理想型」など存在せず、すべてを個性としてありのままに尊重すべきとの主張だ。ヒトゲノムの解析が進めば、すべての人が何らかの遺伝的負荷をもつことが明らかになり、差別が低減するとの見通しも、その一つである[9]。遺伝的多様性が人類に不可欠であることを根拠として差別に反対する主張も、この一環だ。

最後に、「DNA－ヒューマニズム」も現れる。これは、生物種としてのヒトの普遍性・共通性を強調し、それを根拠に人間の平等を主張する（本書第Ⅱ部Ⅸ参照）。

以上の互いに対立する主張はいずれも、DNAを人間の本質・尊厳の根拠とみなしており、【DNA本質主義】の多様な発現形態にすぎない。これらの間で論争が激烈に行われ、注目を集めるほど、【DNA本質主義】は社会に浸透する。

3．【DNA構築主義】

さて、【DNA本質主義】と並び、ポスト・ヒトゲノムの社会では、もう一つの思考・感性——【DNA構築主義】——も活性化する。これは、ゲノムの機能・意味、さらにDNAそのものを、広範な諸環境＝諸主体によって構築されるものと捉える思考・感性だ。ここでは、さしあたり人間が、いかにDNA・ゲノムだけでは決定されないかが重視される。

＊ゲノムはいうまでもなく、環境・行動との相互作用の中で初めて機能する。いわゆる高等生物のDNAが遺伝子として機能するには、細胞内の複雑な調節機構の働きが不可欠だ。細胞の状態によっては、遺伝子情報が活性化しないこともある。ストレスのかかる行動が遺伝子情報を活性化させることもある[10]。

また栗山（1995）によれば、ヒトのアミノ酸変化をもたらすDNAの塩基配列の突然変異は、チンパンジーより3倍も多いという。それは、ヒトが人為的環境を創造して、生存しうるDNAの塩基配列の幅を広げてきたからだ[11]。現在のヒトゲノムを創造したのは、まさに人為的環境である。

【DNA構築主義】もまた、二通りの相反する立場を同時に活性化させる。
すなわち一方で、ゲノムが無数の環境要因の中で機能する以上、「複雑な相互作用の中で予測不可能なことがあまりに多すぎる」との理由で、遺伝子操作を危険視する見方が強まる[12]。意図どおりの遺伝子操作・遺伝子治療がいかに困難であるかもますます明らかになり、一種の失望感も広がる[13]。

しかし他方で、「人間はゲノムに一方的に規定されず、ゲノムを操作する力がある」のだから、遺伝子操作・遺伝子治療・オーダーメイド治療等への期待と

確信も、ますます膨らむ[14]。また、「遺伝子を多少操作しても、環境との相互作用の中で影響が相殺され、実際には破局的事態に至らない場合が多」く、「人為的な遺伝子操作の影響が、自然の中で日常的に発生している突然変異より危険だとみなす根拠もない」ので、遺伝子操作・実験の規制緩和も進む[15]。

以上のように、【DNA本質主義】と【DNA構築主義】は、それぞれの内部に多様な論争・意見対立を孕みつつ、ともに活性化する。そこでの論争・意見対立の大半は、本質的には目新しいものではない。以前から社会に存在した様々な差別、利害、アノミー、欲望、恐怖、緊張、政治信条等が、ポスト・ゲノムの概念と言説を借用しているにすぎない。まさに、DNA・ゲノムは「社会について語る記号」、「正当化と挑戦ができる言語」[16]である。

しかしそれゆえに、【DNA本質主義】と【DNA構築主義】は、既存の政治的立場・信条の境界線と一致せず、そこに混乱を持ち込む。つまり【DNA本質主義】の立場から、遺伝子操作や差別を正当化も、逆に批判もできる。【DNA構築主義】も同様だ。遺伝子操作や差別にどんな立場・信条を主張する場合でも、【DNA本質主義】と【DNA構築主義】は時と場合に応じて使い分けられる[17]。

＊「正当化と挑戦」を試みるアクターには、ゲノム研究者も含まれる。ネルキン＆リンディ（1997）によれば、ゲノム研究者は、①遺伝子が人間の本質を性格づけ、②遺伝子研究は人間の行動や健康に関する予測を高めると保証し、③ゲノムが自然と人間の秩序を明確にすると主張し、総じてゲノムの決定的意義を強調する[18]。しかし同時に、彼／彼女らによれば、その実態は未だ謎で、だからこそ解明が必要だ。また、その解明は、おそらく限りない新たな謎の発見の連続で、長期的に膨大な研究資金が不可欠だ。さらに、ヒトゲノムに関わる実験は、科学的知見に基づいて「安全」な範囲に厳格に規制されている。したがって科学的知見が拡大すれば、「安全」が確認できる範囲も拡大するので、規制緩和が進むのは当然だ。しかもまた、人為的な実験・操作は、日常的に自然の中で発生しているゲノムの多様な変化・変異に比べれば微々たるものであり、厳格な規制はますます無意味でもある。これらの相互に矛盾する論理展開の中で唯一一貫しているのは、研究費の拡大と実験の規制緩和という要求・主張だけだ。

　　　「嫉妬をする人はわけがあるから疑うんじゃないんです。
　　　　疑い深いから疑うんです」　　　　　　　　　　シェイクスピア『オセロウ』[19]

第3章

ポスト・ゲノムの課題と意義

1.【DNA本質主義】の活性化

　ポスト・ゲノムの社会で、さしあたり大きな影響力をもつのは、【DNA本質主義】だ。ゲノム研究の進展は当面、【DNA本質主義】への傾斜を促す。

　たとえ【DNA構築主義】の立場を標榜しても、そこで論じるテーマが人間でなく、DNA・ゲノムである以上、【DNA本質主義】に容易に搦め捕られる。なぜなら、DNA・ゲノムについて論じる以上——本書も含め——、何らかの形でその重要性に言及せざるを得ないからだ。例えば、ゲノム研究が進めば、個々人の遺伝的体質にキメ細かく対応したオーダーメイド医療の可能性が開ける。また遺伝子治療・診断・操作をめぐり、「人間の尊厳」の明確化が問われる。さらに未発症の治療不可能な疾病リスクが次々と提示されるので、それらへの精神的ケアも必要だ。遺伝子型による新たな差別・プライバシー侵害も発生するので、その対策も求められる。

　これらの指摘はまちがいではないし、重要な変化ではある。しかし、そのことを認めた瞬間から、DNA・ゲノムの決定的意義——「ゲノム解明が社会を変える！」という【DNA本質主義】——を多かれ少なかれ受け入れることになる。

　こうした【DNA本質主義】が極めて一面的な認知枠であることは明らかだ。医療従事者が患者一人一人の体質に応じて治療方針を変えるのは——オーダーメイド医療と仰々しく呼ぶまでもなく——当然だ。「人間の尊厳」も、ゲノムの解明と無関係に、長らく論じられてきた。未発症の治療不可能な疾病リスクについても、遺伝子診断より遥かに有効で確実な診断方法はいくらもある。疾病に関わる差別・プライバシー侵害[1]を阻止し、また治療不能な疾病患者への精神

的ケアが必要であることも、従来から当然であり、特に目新しい変化ではない。総じて、遺伝子・DNAではなく、人間に引き戻して考えてみれば、上記の諸変化は、さほど決定的・質的な変化ではないのである[2]。

2．DNA・遺伝子への還元論

それにも関わらず、前述の如く、ゲノム研究の進展は当面、【DNA本質主義】への傾斜を促さざるをえない。

そこで生じる典型的な社会現象は、人間の精神・気質・行動・社会関係・アイデンティティの複雑な表現型を、DNA・遺伝子に単純に還元して説明しようとする試みだ。「攻撃性の遺伝子」、「IQを決める遺伝子」、「同性愛の遺伝子」、「新しもの好きの遺伝子」等々が、次々に「発見」される。

もちろん、これらのほとんどは明らかに無意味だ[3]。複雑な表現型ほど、ゲノム内部でも、また環境との間でも複雑な相互連関がある。複雑な諸要因をすべてアプリオリに想定できない以上、統計的手法も意味がなく、相関性と因果性、素因と原因を混同した無意味な説明に陥るだけだ。人間の複雑な表現型を歴史的・社会的文脈と切り離して——例えば、児童虐待する親、マフィア、人種差別主義者、爆撃を命じる大統領、格闘家、いじめっ子、「悪い遺伝子」の発見と告発に奔走する遺伝学者の中で、誰が最も「攻撃性の遺伝子」をもっているかなど——、定義できるわけもない[4]。

＊ネルキン＆リンディ（1997）[5]は、臨床的な意味での「素因」が統計上のリスク計算にすぎず、個別事例に即した予測ではないと強調する。例えば、毎日車で長距離を走る人が交通事故にあう確率が高いのと同様、ガンの「素因」がある人はガンに罹る確率が高い。しかし、その人が実際にガンに罹るかどうかは、多くの変数の相互連関によって決まる。それは、実際の交通事故が、多くの変数の相互連関の中で発生するのと同じだ。ところが、単純に素因と発病の相関を統計的にみれば、「素因」が「原因」であるかのように——まるで交通事故の「原因」が毎日車で長距離を走ることであるかのように——解釈される。

またロック（1998）[6]によれば、実際の遺伝子研究の現場は素因と原因を混同する危険に満ちている。なぜなら、遺伝子データの意味を解読するには、環境、表現型のデータ、個人のライフ・ヒストリー、食物摂取パターン、病歴等に関する無数のデータの蒐集が不可欠なはずだ。しかし実際の研究では、それらはほとんど顧みられず、遺伝子・DNA

と特定の病変との直接的相関しか視野に入れられていない場合が多い。

それにも関わらず、こうした現実離れした【DNA本質主義】の台頭・跋扈を許す土壌の一つは、それに対抗しうる【DNA構築主義】の未熟さにある。人類はまだ、DNA・ゲノムと細胞内環境の相互関連すらほとんど知らない。まして広範な人間環境とDNA・ゲノムとの相互連関は、ほとんど未知の領域だ。ポスト・ゲノムがせいぜい細胞レベルの生物学の革命にとどまらず、歴史・社会・文化から宇宙までを含むトータルな人間環境とヒトゲノムとの相互関連を解明する科学全体の革命に到達するには、まだ膨大な時間が必要だろう。

3．【DNA構築主義】と知の革命

しかし同時にポスト・ゲノムは、【DNA構築主義】の萌芽を準備し、既存の諸科学に革命的変化をもたらす一つの重要な契機でもある。

まず第1に、ゲノムの機能・意味、及び、ゲノムの成り立ちや変化を理解するには、トータルな人間環境への視野がますます不可欠になる。ヒトゲノムの構造と機能は、あらゆる人間環境やその変化と相互規定的だ。そもそも地球で最初の自己複製の分子はDNAではなく、RNAだったことをふまえれば、DNAの発生・成立そのものが地球環境やその変化と密接な関連をもつと思われる。またヒトを含め、生物種毎のゲノムの差異・多様性は、そのまま環境の差異・多様性と関連している。ヒトゲノムと、チンパンジーのそれとの相違は、ヒトが歴史的に培った人為的環境を抜きに説明しえない[7]。

＊人類化（ホミニゼーション）における人為的環境の意義を重視する見方の一つに、「人間の自己家畜化論」がある。江原（1971）[8]によれば、自己家畜化論の先駆者の一人・ヴァイデンライヒは、「ホモ・エレクトゥス以来の脳の増大は人類みずからが作り出した文化的環境要因によるもので、そういう意味では、『ヒトが文化を造り出したというよりも、文化がヒトを造り出したというべきだろう』と指摘し、人類みずから築き上げた人為的環境内で家畜化が生じていることから、『自己家畜化』と名づけた」。また小原（2000）[9]は、人間は「自己家畜化」により、自然淘汰をしだいに避けることを可能にすると同時に、人為的淘汰を加えることとなったとし、現代でも公害問題や環境ホルモン等、社会

の動向やありかたが、「人間（ヒト）に対して、ほとんど実験同様の影響を及ぼしているのではないか」と述べる。さらに小原は、「人工的生態系が、ほとんど完成した飼育システムのように、先進国では人間（ヒト）を囲い込んでいる。その人工的カプセルに入り込んだような現代の状況は、自己人為淘汰の新段階に達したとみなせるのではないだろうか」とし、「ここで述べたような淘汰の方向に人間が適応して、別種のホモ・○○○という種になる過渡期が現代なのだという考えも、退けることは容易でない」と述べる。

第 2 に、ポスト・ヒトゲノムの生物学の重要な課題は、ヒトゲノムの意味の解明にある。いわば、人文・社会科学でも臨床的自然科学でもない、最も"客観的"な基礎的自然科学が、意味の世界へのアプローチを、自らの課題とせざるをえない。人間にとっての意味は、つきつめれば、「人間はどこから来たのか、人間とは何なのか、人間はどこに行くのか」という根源的な問いに至らざるをえない。

そこで第 3 に、ポスト・ヒトゲノムの諸科学には、人文・社会・自然の枠を超えた人間科学としての独自の方法が求められる。それは既存の細分化された専門的知見のモザイクではない。生物・自然科学的なヒトと、人文・社会科学的な人間を統一的に把握する新たな単一の科学的認知枠の構築だ。

＊ヒトを初めとする各種生物（家畜・農産物等）のゲノムから、人間の歴史を読み解く試みは、すでに一定の成果をあげつつある[10]。榊（2001-a）[11]によれば、1 塩基置換（SNP）の分布パターンから、人種の関係や移動の歴史が、より詳しくわかってくる。アジアの特定地域の民族とアンデスの先住民のDNAの類似性は、人類の大陸間移動の歴史を物語る。アルコールの分解能力、ミルクのラクトースの消化酵素等に関わる遺伝的特質は、人間の食生活、農耕・牧畜の歴史を示唆する。遺跡に残る家畜や栽培植物の遺伝子もまた、農耕や地域間交流の歴史の解明の一つの重要な史料だ。

近代的な人種・民族概念が打ち壊され、新たな民族史の解明が進む可能性もある[12]。ウィンガーソン（2000）は、嚢胞性繊維症の遺伝子頻度が、アメリカン・ヒスパニックと一括される人々の中でも、祖先がメキシコから来た人と カリブ・スペインから来た人では異なると指摘する。また同書は、アメリカでは黒人間の臓器移植の成功率は、白人間でのそれより低いが、これは黒人の遺伝的多様性を現代医学が十分に認識せず、拒絶反応を防ぎきれていないためだと述べる。すなわち近代初期にヨーロッパ人によって「黒人」と定義された人々が、その多様性を無視され、シャッフルされて強制移民とされた歴史が、現代の移植手術の成功率にも影響しているのだ。さらに、「黒人／白人」という（人間の目につきやすい）表現型も揺らぐ。ポラック（2000）によれば、アメリカ南部の「白人」は、黒人奴隷売買時代を反映し、北部やカナダの「白人」に比べ、アフリカ系の黒人がもつ対

立遺伝子を高い比率でもつ。ウィンガーソン（2000）によれば、多くのアフリカ系アメリカ人は、目に見える肌の色がどうであろうと、他の黒人よりは遺伝的に白人にずっと近い。

　ただし、こうした研究で決定的に重要なことは、DNAによる客観的な人類史や人種・民族区分の確定ではない。ここでの枢要点は、ヒトゲノムの多様性が、人間の社会・文化・歴史を含む環境によっていかに構築されてきたかという【DNA構築主義】の観点だ。人間のDNAは、「宿命」ではない。それは、人間自身が人為的環境の創出・変更の中で構築してきた「遺産」の一つだ。したがってまた、近代的な歴史・社会的文脈の中で構築された現在の人種・民族の区分を前提として、そのゲノム・レベルでの差異を解明する方法は全く無意味で、かえって事実を見誤らせる。それは、現在の認知枠による過去の裁断・解釈であり、「ヒト＝人間」の主体形成史・【DNA構築主義】と逆行する。また、ゲノムは歴史のすべてを物語る唯一の客観的証拠では決してない。歴史の大半はゲノムには記録されないし、ゲノムは他の多くの諸要素との相互連関の中で初めて意味をもつ参考史料の一つにすぎない。ポラック（2000）によれば、異民族間の遺伝子出現率の差異は、同一民族内部の個人差より小さい[13]。ネルキン＆リンディー（1997）は、先史時代の人間の移動や生業・生活を解明するためにDNAの比較を用いるには、遺伝学者はDNAの変化率、地理的変化、人間の生活・文化等について多くの仮定を行わねばならず、極めて断片的で不完全な証拠に基づいて研究せざるを得ないと指摘する。そして、現行の「ヒトゲノム多様性プロジェクト」がそうした限界に無関心で、【DNA本質主義】に陥りがちだと厳しく批判している[14]。

　ただしそれにも関わらず、【DNA構築主義】の観点からも、ヒトゲノムの多様性と人間の歴史・社会・文化の関係は、今後、読み解くべき課題の一つだ。そこでは、歴史学・言語学が自然科学になり、生物学・医学が人文・社会科学となる。既存の細分化された近代諸科学の方法的境界の崩壊が、ますます促進されるのである。

　以上のようにポスト・ヒトゲノムは、人間の諸科学に対象・目的・方法の共有を迫ることにより、細分化された既存の諸科学の（及び、既存の諸科学に対する）革命の契機となりうる。

　　　　　　　「我々はどこからきたのか
　　　　　　　　我々とは何なのか
　　　　　　　　我々はどこへ行くのか」　　　　　　　　　　　ゴーギャン[15]

第4章

【人間の確定論】と【人間の揺らぎ論】

1．人間の【確定論】と【揺らぎ論】

　ポスト・ヒトゲノムの社会を考察する際、【DNA本質主義】を批判し、【DNA構築主義】の意義を強調するだけでは不十分だ。ポスト・ヒトゲノムの社会の主体はDNAやゲノムではなく、あくまで人間である。
　そこでは、一見矛盾する2つの認知枠が暗黙の出発点となる。
　第1は、【人間の確定論】だ。ヒトゲノムの解読が進めば、「人間とは何か」が一層深く解明される。ヒトゲノムを機能させる人間環境の意義もますます明らかになる。総じてポスト・ヒトゲノムの時代には、「人間とは何か」、「適切な人間環境とは何か」が一層明らかになり、確定されていく。
　第2は、【人間の揺らぎ論】だ。ヒトゲノムの解読が進めば、一方でヒトと他の生物種との連続性（近縁性や疎遠性）が、他方でヒト内部の多様性が、ゲノム・レベルで一層解明され、「人間とは何か」という絶対的基準が相対化される。またゲノムそれ自体も人為的に操作可能な環境の一環とみなされ、遺伝と環境の二元論に終止符が打たれる。総じてポスト・ヒトゲノム時代には、「人間とは何か」、「適切な人間環境とは何か」がますます揺らぎ、あいまいになる。

2．2つの認知枠の関係

　この2つの認知枠——【人間の確定論】と【人間の揺らぎ論】——は、どちらもまちがいではない。また両者はともに、【DNA構築主義】を共有しうる。
　2つの認知枠が併存しうるのは、人間の知の本質に根ざす。知の発展は、新

たな未知・揺らぎの発見にほかならない。知が発展するほど、未知も拡大する。未知の認識は、知の発展の必要条件だ（本書第Ⅰ部Ⅱ参照）。したがって上述の2つの認知枠を絶対的対立と捉えて二者択一を迫ることは、双方の知の発展を阻むことになる。実践的にも【人間の確定論】と【人間の揺らぎ論】は、呉越同舟的に共鳴することが多い。例えば生殖細胞の遺伝子操作に対して、【人間の確定論】は「後続世代を含む人間すべてに重大な影響を及ぼすからこそ」、【人間の揺らぎ論】は「人間の絶対的基準を揺るがしかねないからこそ」、ともに慎重な立場をとる。単純な遺伝決定論や環境決定論に対しても、前者は「遺伝子の機能は、環境との相互作用の中で発現するからこそ」、後者は「遺伝と環境の二元論そのものが間違いだからこそ」、ともに一笑に付す。

3．【人間の確定論】に基づく個人の人権論

しかし、双方の認知枠はつねにすれ違い、互いに違和感を感じる。

【人間の確定論】によれば、ゲノムとそれをめぐる環境が人間にとって重要な意味をもつことが一層明らかになるのだから、遺伝子治療や遺伝子操作のメリットと危険性、遺伝子差別、遺伝子情報に関わるプライバシー、遺伝子障害と心理的ケア、さらに遺伝子情報の商品化や独占等が、重大問題となる。それらの多くは「人間であること」を自明の前提とし、諸個人の人権・尊厳の観点から論じられる。ここでは、ポスト・ヒトゲノムの社会とは、ヒトゲノムの意味の解読とそれへの人為的介入が、一方で諸個人の生活をさらに豊かにし、他方で深刻な人権問題を引き起こしかねない社会とみなされる。

4．【人間の揺らぎ論】に基づく種の相対化

これに対し、【人間の揺らぎ論】によれば、むしろ重大問題は人間そのものの揺らぎだ。そこで、人為的にゲノム操作を加えられた「新人類」と野生の「現人類」の分化、ヒトと他の生物種との遺伝子的混合・交配[1]等による、ヒトの相対化に関心が向かう。それらはもはや「人間であること」を前提とした諸個人の人権・尊厳の問題ではない。種としてのヒト・類的存在としての人間の尊

厳・存続の問題だ。ここでは、ポスト・ヒトゲノムの社会とは、ゲノムの意味の解読とそれへの人為的介入が、単一種としてのヒトを揺るがし、ヒトゲノムそのものを止揚・解消させかねない社会とみなされる。種としてのヒトが分裂または相対化されるという意味で「ポスト・ヒト」の社会、ゲノムも人為的環境の一環になるという意味で「ポスト・ゲノム」の社会といってもよい。

ヒトとチンパンジーの祖先は約500〜700万年前に分化し、現時点で両者のゲノムは約98〜99％が共通している[2]。約100万年〜数十万年前に絶滅したアウストラロピテクスやパラントロプス、ホモ・エレクトゥス等、より近種の猿人や原人も存在し、わずか数万年前までネアンデルタール人（ホモ・サピエンス・ネアンデルターレンシス）と現存種（ホモ・サピエンス・サピエンス）は同時代を生きていたとされる。こうしたタイムスケールでみれば、種としての人間の単一性は決して自明ではない[3]。ポスト・ヒトゲノムは、こうした数万年単位での種の変化（進化）に人為的・意図的に介入する技術・生産力（生産力は破壊力でもある）を人類が獲得したことを意味する。したがって現代の人類には、種としての自己同一性（アイデンティティ）を今後も保持すべきか否かを含め、種としての決断・選択が問われる[4]。

　＊分子生物学者のシルヴァー（1998）は、人類がジーン・リッチ（遺伝子改良人類）とナチュラルの2階級に分裂し、さらにそれが交配不能な別の種へと進化し、相互に現在、人間がチンパンジーに対して抱くほどの関心しか示さなくなる未来を展望している[5]。
　こうした予測は荒唐無稽とはいいきれない。ただしヒトが自然の一部でしかない以上、ヒトの認識は自然の前ではつねに有限で、自然は必ずヒトの意図せざる結果をもたらす（本書第Ⅰ部Ⅱ参照）。ヒトによる意識的な種の分化・進化も、意図どおりには進まないだろう[6]。

ポスト・ヒトゲノムの技術・生産力は、ヒトを含め、生物種の境界を超えた融合・揺らぎを可能にする。その意味でも人類には、種としての自己同一性（アイデンティティ）を保持すべきか否か、種としての決断・選択が問われる。

　＊「ヒトに関するクローン技術等の規制に関する法律」（2000年12月成立・2001年6月施行）は、次の胚を人や他の動物の子宮に移植することを禁じた。すなわち、①ヒト個体または胎児の体細胞の核をヒトの除核未受精卵に移植した「ヒトクローン胚」、②ヒト

と他の動物の生殖細胞を受精させた「ヒト動物交雑胚」、③ヒトの体細胞核を他の動物の除核未受精卵に移植した「ヒト性融合胚」、④ヒトの胚と他の動物の胚または細胞を交ぜる「ヒト性集合胚（キメラ胚）」、である[7]。一方、次のような例は、同法で直接には禁止されなかった。①他の動物の体細胞核をヒトの除核未受精欄に移植する「動物性融合胚」、②他の動物の胚とヒトの細胞を交ぜる「動物性融合胚（キメラ胚類似胚）」、③ヒトの胚を他の動物の子宮に移植すること、④動物の胚を人間の子宮に移植すること。

【人間の揺らぎ論】の射程においては、人権概念も揺らぐ。【人間の確定論】のように、個人の尊厳や人権を自明の価値基準として是非を論じることも難しくなる。様々な遺伝子操作・他生物種との混合を施された生命体の、どこからどこまでを人権の担い手と認めるのか。また権利主体としての人間の根拠を生物学的なヒトに求めるとすれば、他の生物種とヒトの差異が相対的・量的なものでしかないことは、今後ますます大きな論点になっていくだろう[8]（大型類人猿の人権をめぐる議論については、本書第Ⅱ部Ⅵ参照）。

5．媒介領域としての家族・血縁

【人間の確定論】と【人間の揺らぎ論】の双方が重視する媒介的問題領域として、ヒト・クローンを含む次世代の再生産・生殖、性差・血縁・世代・家族等がある。それらは、一方で個人の人権・尊厳の観点から、他方で種としてのヒトの尊厳・維持の観点から論じられる（本書第Ⅱ部Ⅶ参照）。

【人間の確定論】からみれば、【人間の揺らぎ論】は、ポスト・ヒトゲノム時代の差し迫った現実的諸課題への危機感を欠如させた、ほとんど無意味な空論にみえる。逆に【人間の揺らぎ論】からみれば、【人間の確定論】は、ポスト・ヒトゲノム時代の本質的危機を看過し、陳腐で近視眼的な課題に矮小化しているようにみえる。ただし前述の如く、両者を絶対的対立と捉えて二者択一を迫ることは、結果的には双方の知の発展を阻むことになる。

「実に人間は、理性によって自己自身を破壊する能力を有している」
テンニエス『ゲマインシャフトとゲゼルシャフト』[9]

第5章

法的・倫理的規範とその限界

1．法的・倫理的規範

　ポスト・ヒトゲノムの社会に発生する諸問題を、【人間の確定論（個人の人権論）】と【人間の揺らぎ論（人類の再生産論）】の双方の観点からできるだけ正確に予測し、それに対処する適切な法的・倫理的規範を構想・提言することは重要だ。その際、医学・生物学・倫理学・法学・社会学・心理学等の専門的知見に基づく学際的研究が不可欠であることも、いうまでもない。そしてそれはすでに各国の行政・研究機関によって多数、試みられている。

2．限定的な対症療法としての法・倫理

　しかし、こうした研究・提言には、大きな限界がある[1]。
　まず第1に、法的・倫理的規範は、限定的な対症療法にすぎない。
　遺伝子差別が倫理規範や法的規制でなくせるなら、性・人種差別はとうの昔になくなっている[2]。遺伝情報の売買の是非を論じるまでもなく、子供や血液・臓器、精子や卵子、労働力や性等、様々な形でのヒトの売買・切り売りは合法・非合法を問わず、日常的に行われている[3]。遺伝子操作による子供の質の選択——デザイナー・チャイルド——、及び、それに伴う階級格差の拡大が危惧されることは事実だ。しかし、多様な生殖技術と中絶、及び、教育環境の格差を駆使した子供の質の選択は、とりたてて目新しくない。遺伝情報の活用・独占によって階級差・南北格差が広がるとの見方もまちがいではない。しかし、遺伝情報とは無関係に、グローバリゼーションの下、階級差・南北格差は現に

拡大している。1本の毛髪、わずかな細胞に含まれる個人の遺伝情報を完全に秘匿することは不可能で、プライバシーの侵害や保護が重大問題になる。しかしそれをことさらに騒ぐまでもなく、ほとんどの個人情報の完全な秘匿は不可能で、プライバシーの侵害は現在でも日常茶飯事だ[4]。スポーツ大会で遺伝子ドーピングが問題になるのは、確実だ。しかしそれは、現在のドーピングが解消できていないことの結果でしかない。

そしてこうしたすでに存在する諸問題が、法・倫理によって解消されないのは、法や倫理が「個人の人権」や「人類の維持」という目的だけに基づいて作られることが実際にはありえず、ましてそれが完全に順守されることは一層ありえないからだ。ポスト・ヒトゲノムの社会で想定される問題の多くは前述の如く、全く新たに発生する問題ではない。それらは、従来からあった社会的矛盾がヒトゲノムを新たな領域・素材として包摂するにすぎない。既存の社会的矛盾も解決・防止できないのに、ポスト・ヒトゲノムの社会的矛盾だけが、法的・倫理的規範で解決・防止できると考えるのは、あまりに楽観的だ。

＊人間の「生命－生活（life）」の保持より優先されがちな目的として、利潤増殖がある（本書第Ⅰ部Ⅴ参照）。ヒトゲノムも、莫大な利潤と結びついている[5]。ヒトゲノムを"人類共通の遺産"として、市場原理や利潤増殖の対象から外すということは、いいかえれば市場原理や利潤増殖が"人類共通の利益"ではないことの証明だ。しかし、市場原理や利潤増殖の規制、さらにその根底的否定は、全人類の自明の合意にならない。そこで、様々な法的・倫理的規制は、ヒトゲノムが市場原理の下で利潤増殖に活用されることを不可避と認めた上で、せいぜいそれを部分的に制約する諸規範・制度――インフォームド・コンセント、プライバシー保護、差別の禁止等――の提唱・設定にとどまる[6]。

3．学問の細分化がもたらす無力さ

第2に、ポスト・ヒトゲノムは、細分化された既存の学問領域やそれに基づく専門的知見の無力さを露呈させる。

既存の自然科学は多くの場合、還元的・分析的方法に視野を制約され、自らの細分化された研究課題と生きた人間・人類にとっての現実的課題を混同しがちだ。例えば、ヒトゲノムの各民族毎の差異・多様性を解明しようとする研究

プロジェクトが、少数民族の幸福に寄与するという目的を掲げても、それが実際に実現される保証は全くない。むしろ実際には、研究結果が人種差別・国家管理・利潤増殖等の手段として活用される危険は極めて大きい。

＊ヒトゲノム多様性プロジェクトに対しては、すでに多くの批判が出されている。
　まず、現存する民族集団の選定に際しては文化の共有という指標を用いつつ、民族集団内で遺伝的構成も共有されていると想定すること自体、カテゴリーの誤謬、あるいは何らかの政治的意図に基づくといわざるをえない[7]。また、いったん「生物学的な民族集団」が想定されれば、それは一人歩きし、民族差別の「科学的」根拠とされかねない。
　さらに利潤増殖と結びついた特許制度の下では、人々が自らの遺伝情報を自由に使う権利を喪失したり、そこから生み出される利益から締め出される可能性も高い。言葉や文化が違う中では、インフォームド・コンセントや所有権を含む適切な条件の定義や合意も、しばしば欺瞞的になる。そして何より、多くの民族的マイノリティにとって、自らのゲノムに関する研究は、幸福のための最優先課題ではない。ロック（1998）は、マオリ族会議副議長・ミードの次のような主張を紹介している。「ヒトの遺伝子が目下、科学によって扱われている仕方は、かつて先住民の『工芸品』が博物館によって集められたやり方と同じである。それらはともに蒐集され、保管され、永久保存＝不死化の処理が施され、複製＝培養され、加工＝操作されてきた──全ては人類と公教育のためという大義名分の下に──」。「先住民族の文化の保存は、遺伝子バンクを通してではなく、基本的な人間としての権利の遵守を通してはじめて可能になる」[8]。

ゲノムの採集・保存・分析が、人類への貢献をもたらすか、被抑圧民族の搾取をもたらすかは、細分化された自然科学・分子生物学──そしてヒトゲノムの解明に意欲的なゲノム研究者──には答える術がない。社会的視点の装いをもった様々な可能性の空手形を乱発して、回答に代えることもできない。研究者の善意や研究の意図・動機の誠実な陳述も、回答としては意味がない。ゲノムは、「社会について語る言葉、正当化と挑戦ができる言語」[9]（本書第Ⅱ部Ⅱ参照）だ。研究者の善意・見通しとは全く無関係に、研究結果が人種差別主義者によって活用されないと考える方が不思議である。
　そこで結局、細分化された自然科学・分子生物学は、ヒトゲノム研究がもつ社会的意義については、「科学とは無縁の社会の問題」、または「自然科学とは異なる社会科学の課題」として放り出すことになる。人間の知としての自然科学のあり方そのものを反省し、脱構築する試みは、最初から放棄される。それ

はまた、知に境界線を引き、自らの課題と役割を限定することで、境界線の内側での特権性を維持するための一つの戦略でもある。

　既存の人文・社会科学も、同じ制約・限界を抱えている。現実の人間のトータルな「生命−生活」の発展的再生産過程は、経済・政治・社会・歴史・心理等に分割しえない。したがって、経済学・政治学・社会学・歴史学・心理学等が提供できる知見は、どれも断片的だ。「生物学的な事実」と同様、またはそれ以上に、人文・社会諸科学的な「事実」もまた、結局は「正当化と挑戦ができる言語」の域を出ない。例えば、階級的搾取のメカニズムを明晰に暴き出す経済学的知見は、より効率的に搾取するためにも、搾取を抑制・廃止するためにも必要であり、その2つの目的の選択に答えを出さない。

　ゲノム研究の活性化に伴い、生命倫理学等の新たな学問分野も活気づく。しかしそれは、既存の人文・社会科学、倫理学のさらなる細分化にすぎない。アメリカでヒトゲノム計画が始まった時、倫理的・社会的・法的問題を専門に考えるプログラムが構想され、研究費の一部が割り当てられた。しかし、ヒトゲノム解明を推進する計画の一環として資金援助を受けたプログラムが、ヒトゲノム計画それ自体の中止も視野に入れて、自由な監視を行いうるかとの疑問・批判も少なくなかった[10]。「分子生物学者にとって大きなドル箱となったゲノム計画は、生命倫理学者にとってはそれほどでもなかったが、それは意外な授かりものだった」[11]。また、たとえゲノム研究の内部で分子生物学と生命倫理学が激しく対立したとしても、他の研究分野に対しては、ゲノム研究の卓越的な意義を——自らの存在意義を賭けて——主張する点で、両者は利害を共有している。そしてその共通利害が、現実の人類・人間のトータルな利害と完全に一致する保証はどこにもない。

　総じて既存の諸科学は細分化・専門分化しているがゆえに、自然科学的なヒトと人文・社会科学的な人間を統一的に把握しえない。またそれらは、人間の「生命−生活」を、遺伝子・ゲノム・細胞・生物個体・経済・政治・社会・心理等々に分断・層化し、特定の領域・層の内部に視野を閉ざすため、トータルな論理を見失う。このような既存の諸科学の専門的知見を持ち寄り、パッチワークのようにつなぎ合わせる「学際」研究の限界は明らかだろう。

4．種としてのヒトの進化の是非

　第3に、諸科学の中で、法的・倫理的規範を分掌する人文・社会科学には、さらに別の限界もある。それは、人文・社会科学が【人間の揺らぎ論】の衝撃に耐えられるか、という問題だ。

　人文・社会科学の目的の一つは、人間の社会や文化が、なぜ人間を疎外するのか、そしてそれがいかに克服可能かを解明することにある。人文・社会科学の諸概念――資本・国家・市場・近代・市民・階級・文化・人権・公共性等――は、そのための装置といってよい。しかしそれだけに、既存の人文・社会科学やその諸概念は多くの場合、「人間であること」を自明の前提としており、【人間の揺らぎ論】の衝撃には耐えられない[12]。例えば「人権」概念も、人間という範疇の揺らぎの前にはなす術がない。

　人類が意図せざる結果として自らを絶滅させる可能性がある点では、ポスト・ヒトゲノムは、核汚染や自然環境破壊と何ら変わらない。しかしポスト・ヒトゲノムは、核汚染や自然環境破壊とは異なり、種としての人類の人為的分裂・相対化の可能性を孕む[13]。人類絶滅は人類にとって絶対悪だ。これに対し、人類の分裂・相対化は、人類の差別化・分断であると同時に、多様化・進化・拡張でもありうる。

　ポスト・ヒトゲノムが数万年単位での種の変化（進化）に介入する技術・生産力（＝破壊力）を人類が獲得したことを意味するとすれば、人類には種としての同一性を今後も保持すべきか否かも含め、選択が問われる。かつて人類がその祖先にあたる生物種から発生・進化してきたように、自らを人為的に進化させることが、現人類の絶滅後もそのゲノムを受け継ぐ生物種の発生・生存に有利な条件となる可能性は否定しえない。人類の生物種としての一層の進化・分化は、少なくとも一概に否定されるべき思想とは限らない。

>　「法律禁令というものは、統治のための道具ではあっても、清（正）と濁（邪）を裁定匡正する根源ではないのだ」
>
>　　　　　　　　　　　　　　　　　　　　　　　　　司馬遷『史記列伝』[14]

第 6 章

個と類／近代的人権と種としてのヒト

1. 個と類の対立

　ポスト・ヒトゲノムの社会では、【人間の揺らぎ論】も射程に入れ、個と類の矛盾・対立が顕在化せざるをえない。一方で、人類の存続や同一性維持の観点から、諸個人の権利や尊厳を制限すべきだとする「人類全体主義」が、他方では、人類の存続や同一性を顧慮しない「非類的・反類的な個人主義」が、同時に活性化する。それはヒトゲノムの中で、人類の普遍性と個人の個別性——ヒトゲノムが"人類共有の遺産"であることと"究極のプライバシー"であること——がせめぎあっている現実と相即している。またそれは、「近代的個人（人権の主体）」と「種としてのヒト」という、どちらも歴史的に——ただし異なるタイム・スケールで——構築された2つの人類のせめぎあいでもある。ポスト・ヒトゲノムの社会で重要な課題の一つは、この両者の安易な二者択一や使い分けでなく、両者を止揚した新たな価値の創出にあるだろう。

　例えばヒトのクローニングは、有性生殖に比べ、遥かに個人的な次世代創出法だ。それは、単独個人の遺伝子レベルでの再生産であり、子供の質の個人主義的選択でもある。こうしたクローニングを、個人の尊厳や人権の侵犯として非難することは——技術的未成熟による安全性という次世代の人権問題を除けば——、おそらく難しい。たとえクローンが100％完全な遺伝子的同一性を実現するとしても、それによって個人の人権や尊厳が損なわれるわけではないし、損なわれるべきでもない[1]。遺伝子的同一性という点では、クローンは一卵性双生児と同じだ。それが双子でなく、クローニングによる「1千子」であろうと、個人の人権としては同じである。先行世代の個人が次世代に「押し付ける」

遺伝子が有性生殖の50％からクローンの100％になっても、そのことが次世代の個人の人権や尊厳を犯すとはいえまい。

もとよりクローン人間の人権が「損なわれるべきでない」ことと、実際に「損なわれない」ことは別だ。初期のクローン人間は様々な差別や葛藤、及び、アイデンティティの動揺を経験するだろう。しかし、それを理由にして、そうした主体が「生まれない方がよかった／生まれるべきではない」とみなせば、それは差別・人権侵害につながる。

ヒトのクローニングを規制する論理的根拠は、最終的にはそれが種としてのヒトの再生産を脅かしかねない点でしかあるまい。有性生殖に比べ、クローニングが遺伝子組み合わせの多様性を著しく制約し、遺伝子レベルでの「進化の拒否」という性格をもつため、不断に変化する環境から身を守れず、人類の衰退を招きかねないという論理だ[2]。安全性の問題も、単に次世代の個人的な人権ではなく、後続世代全体の類的問題として捉えなければならない[3]。

もしヒトのクローニングが一般化しても何の問題も生じない場合がありうるとすれば、それはヒトが極度に安定的な生存環境を創出した状況においてであろう。ある種のシダ類やヒガンバナは、新石器時代以降の人間が創出した安定的な地表状態・人為的環境の中で、高コストの有性生殖を捨て、無融合生殖へと進化したといわれる[4]。それらの植物の生存環境は、人間に依存している。ヒトの生存環境もまた、人間に依存している。

しかし、自然が人間にとって無限である以上、人間は完璧な安定的環境を永遠に創出しえない（本書第Ⅰ部Ⅱ参照）。そこで、もしヒトが一時点での安定的環境に安住して無性生殖に移行すれば、それはヒトという種の絶滅への折り返し地点のターンを意味する。もとより極めて高度な生産力の下では、膨大な多様性そのものを人為的にコントロールする可能性も皆無ではない。しかしその場合もまた、ヒトがいつまで単一の種でありうるのかという問題が生起し、人類の存続・種としてのヒトの再生産が脅かされることに変わりはない。

【人間の揺らぎ論】の活性化に伴い、種としてのヒトの再生産の危機を必ずしも「脅威」と捉えない、非類的な個人主義も登場する。

本来、人間の自己意識は、他者から見た自己という自己自身の対象化を伴う。ゆえにそれは、社会性の形成と表裏一体だ。しかもそこには、他者もまた自分

と同様の意識をもつ人間だという認識、つまり類的存在という前提がある[5]。まさに私が私であるために必要なのは、「他者の援助ではなく、他者自身」だ[6]。しかも人間は、こうした自己意識に基づく互酬的協働関係を発展させることで、様々な社会規範を精密化させ、場合によっては個人的報酬を求めない利他的情動さえ生み出して今日に至っている[7]。

＊西田（1999）によれば、人間で非常に発達している「遅滞的援助行為（互酬的協力）」は、チンパンジーですらほとんどみられない[8]。互酬的行為・互恵的利他主義が発展するには、次の諸条件が必要だ。すなわち、①単独個体での行為による「生命－生活」の維持・再生産が難しく、単独での生活時間が短いこと、②自己意識に基づく相互の個体識別とその記憶が可能であること、③過去の相互援助行為の実績に関する記憶が可能であること、④当該個体間の接触が比較的長期にわたって継続すること、⑤接触が比較的平等な関係にあること等である[9]。互酬的協力関係を精密化・複雑化させ、制度化する上で、いうまでもなく言語コミュニケーションが大きな意味をもつ。

しかし、こうした類的存在としての自己意識は、現実の人類社会が国境・階級・民族等、様々な境界線で分裂している以上、一枚岩ではありえない。「自己がどのように見られようが関係ない／どうでもいい」他者に対しては、類的な自己意識が機能しない。戦争時にしばしばみられる虐殺・強姦・略奪等は、その典型的な現れだ。

そして【人間の揺らぎ論】の活性化は、人間の類的な自己意識の最終的根拠をあいまいにし、分裂を促進する。そこでは、類的存在としての裏付けのない、個体としての自己のみに還流する自己意識がますます増殖していく。

2．国家・市場・個人

そこで、個と類の矛盾の顕在化は、近代的公共性の単位を人類に一元化させない。むしろ近代社会の枠内では、類的存在としての裏付けのない自己意識の膨張として、具体的には「先進」諸国を初めとする国益・国民益、及び、市場を通した利潤増殖という、あくまで近代的目的に沿って進む。遺伝子の優生学的な選択・操作も、それが国家の管理統制によるか、市場での淘汰によるか、

それとも諸個人の自己決定に基づくかを峻別し、それぞれの是非を論じても、あまり意味がない[10]。諸個人の自己決定・自己選択は、それが近代個人主義的になされる以上、国民国家や市場原理の強制・誘導の影響を免れない。自己決定を賛美する人々は、「彼ら自身の個人主義がいかに文化的通貨として流通しているものなのかということに気づいていない」(ベラー)[11]。問題は、近代的な国民国家と市場原理によって規定された個人主義的自己決定が、「類としての人間／種としてのヒト」の存続や同一性(アイデンティティ)の崩壊をもたらす可能性と必然性である。

＊障害は、しばしば国家・社会の公共負担、または市場での自由競争におけるハンディとみなされる[12]。またそれは、扶養・介護する親にとっての負担とも受けとめられる[13]。そこで、出生前診断による中絶という——多くは親による——自己選択・自己決定が実質的に容認され、実施されている。その意味で、優生学や出生前診断に基づく中絶は、決してナチズムのような国家主義によるものばかりではない。むしろ市場原理を重視する自由主義、及び、社会的生存権を重視する福祉国家の下で、それは広範に行われてきた[14]。

特に福祉国家の優生政策は、単に国家・社会の公共負担の削減という暗黙の社会的強制によって推進されるだけではない。そこで重視される諸個人の「生活の質(Quality of life)」という理念自体が、事実上、「生命－生活の質」の選別を不可避的に伴うのである。人間の「生命－生活」の価値が多様であることを承認し、「生きるに値する生命－生活」を追求するほど、その裏面で「生きるに値しない質の生命－生活」の存在が浮き彫りにされる[15]。「生きるに値しない生命－生活」の発生をできるだけ未然に防止し、しかもそれを誰からも強制されず「自己決定」で行うことは、まさに福祉国家の理念の実現であった。

これらをふまえ、市野川(2000-b)は、「『自己決定だから優生学ではない』の一言によって、人びとが出生前診断と選択的中絶に対して同時に抱く戸惑いや逡巡、あるいは疑問や批判といったものを、杞憂として一蹴することは、それ自体、歴史的に見れば何の根拠も、裏付けもない主張であり、また、この一世紀あまりの優生学の歴史を手前勝手に歪曲するものでしかない」[16]と指摘する。

こうした生と死をめぐる自己決定[17]は、優生学的中絶だけでなく、尊厳死をめぐっても、一つの論点となっている。尊厳死運動の中には、「死の自己決定権」を主な根拠として「無意味な延命医療措置」を拒否するものも見られる。しかし個人の権利が、それを保障する社会への義務と表裏一体である以上、死を「権利」と捉えることは、死を「義務」と捉えることと通底する。また、尊厳死運動が個々人の「尊厳ある生」の基準を、明晰な意識のある間の自己決定のみに求めるとすれば、それは、そうした自己決定ができない人々の生を「尊厳のない生」とみなすことにも繋がる[18]。ありうべき尊厳死は、

おそらく「死の選択」ではなく、「死の迎え方や死に至る過程の生き方」における権利だ。しかもそれは、自己決定と強制の二分法ではなく、人間の「生命－生活」のまっとう・「成長の最終段階」[19]の尊厳の内実の問題として、考察されるべきだろう。「患者にとって死そのものは問題ではなく、死ぬことを恐れるのは、それに伴う絶望感や無力感、孤独感のためである」(キューブラー・ロス)[20]。

3. ヒトの揺らぎと人権

　個と類の統一的把握は、「類（種）としてのヒト」の揺らぎの中で、いかに個の人権を捉え直すか、という問題でもある。
　かつて人権の主体たる「人間 (men)」の範疇は、「先進」諸国の有産者・男性に限られていた。その後、それは、無産者・女性・第三世界の人民にも拡張されてきた。もとより人間内部の差別が解消したわけではない。しかし、人権を国籍・人種・性別を問わず、すべてのホモ・サピエンスの権利とみなす思想は20世紀後半以降、ある程度、普及してきた。

＊近代市民社会は、成立当初から身分階層性を孕み、無産者・女性・植民地人民は参政権から排除されていた[21]。人間の自然の権利を謳ったフランス人権宣言は、植民地人民や女性の解放を念頭においていなかった。「植民地が耐えてきた苦難」をふまえて人間の平等を主張したアメリカの独立宣言も、ネイティヴ・アメリカンからの土地略奪・黒人奴隷制の存在を、何ら矛盾とは捉えていなかった。
　国民国家に輪郭づけられた市民社会において、身分差別が撤廃される直接の契機は、20世紀前半の総力戦だった。第二級市民とされてきた男性労働者階級が体制内市民として統合されたのである。男女の普通選挙権が普及し、植民地人民が民族解放を果たして自前の国民主権を確立するのは、20世紀後半を待たねばならなかった。
　しかし、こうした参政権・国民主権の確立も、すべてのホモ・サピエンスの平等な人権を実現したわけではない。何よりこれは、国籍による差別を前提としている。20世紀最後の四半世紀には、国民主権によっては必ずしも解決しない諸問題――国民主権と基本的人権の乖離――が様々な形で顕在化してきた。地球環境破壊、南北格差、外国人移民等、国境の枠を超えた地球的問題群の拡大の中で、国民主権の限界が露呈し、初めて人権が人類的課題の俎上に乗せられた。それは同時に、一国内での地域・階級・民族間格差、自然環境破壊等、国民主権が実は一国内部の問題も解決してこなかったこと、「国民」の人権を十分に実現してこなかったことを、改めて逆照射した。

もとより、現代の「人間（ホモ・サピエンス）」としての自由・平等・生存の権利を、いわゆる近代人権思想の延長線・発展形態と捉えることには疑義もある。むしろ最も根底的には、「生命－生活（life）」の発展的再生産という人間の普遍的な必要と欲求、及び、それを相互主観的に認識・共感しうる人間としての類的本質にこそ、その根源を見出すべきだろう。近代人権思想は、そうした人間の普遍的必要と類的本質の、特定の歴史的文脈における極めて疎外された一発現形態にすぎない。つまり、労働者階級・女性・植民地人民・国内マイノリティが自らを解放しようとする闘争・運動は、確かに近代人権思想によって触発された一面はあるが、それは必ずしも絶対条件ではなく、むしろそれとは全く独自の、あるいは近代人権思想の根底にあり、それを生み出した「生命－生活」の発展的再生産という人間の普遍的な必要と欲求そのものに根差して必然的に生み出されたものと把握すべきだろう。

　　＊スピヴァク（1998）は、「サバルタン（服属者）は語り得るか」という問題提起を行った[22]。ヒンドゥー教徒の一部では、寡婦は、亡き夫の火葬用の薪の上に登り、我が身を犠牲にする「寡婦殉死」の慣習があった。インドを植民地として支配するイギリス人は、これを禁止した。インドの土着主義者は、「女性たちは死ぬことを望んでいた」と主張し、西欧近代的価値の押し付けに抗議した。こうして「家父長制と帝国主義、主体の構築と客体の形成のはざまにあって、女性の像は、……あるひとつの暴力的な往還のなかへと消え去っていく」。
　　この中で、いかに微かではあれ、女性の声が聞き取れる可能性があるとすれば、その根拠はおそらく「生命－生活」の発展的再生産という人間の普遍的な必要と欲求、及び、類的本質に基づく相互主観性だろう。帝国主義や家父長制に回収されない「女性の聞こえない声」の存在を想定すること自体、そうした根拠なしにはありえない。「私はできることなら生きたいし、あなたもできることなら死にたくないだろう。そして私の生の実現にとってあなたの存在は必要であり、私はあなたに生きてほしい。ともに生きよう」という語りかけは、必ずしも近代西欧に発した人権思想のみに根差すものとは言い切れない。

ただし、このように近代人権思想に限定されない射程で「生命－生活」の発展的再生産の論理を捉えたとしても、それが可能になるのは人間（ホモ・サピエンス）としての類的な相互認識があってこそだ。

「類（種）としてのヒト」そのものが揺らぐポスト・ヒトゲノムの時代には、

第6章　個と類／近代的人権と種としてのヒト　105

まず、こうした類的認識を、ホモ・サピエンスに限定することの根拠・是非が問われる[23]。ポスト・ヒトゲノムは、人間と他の生物種との断絶性（人間の尊厳）とともに、連続性も明らかにする。すでにヒト科の大型類人猿に人権を認めるべきだとする市民運動も現存し、ニュージーランド国会は1997年、大型類人猿に基本的人権の一部を認める立法を審議した[24]。また、ポスト・ヒトゲノム時代には、様々なレベルで「どこまでをヒトとみなすのか」が揺らぐ（本書第Ⅱ部Ⅳ参照）。さらに、ホモ・サピエンスが、社会的のみならず生物的にも分裂・分化に向かう可能性も秘めている。こうして、人間としての「生命－生活」の発展的再生産の論理の根拠は揺らがざるをえない。もとよりこれらは、単純な人間中心主義の崩壊ではない。むしろ人間中心主義を徹底するがゆえの、各生物種の序列化・差別化であり、同時に「より人間らしい人間」とそうでない人間の内なる序列化・差別化の開幕だ。

　　「死と病気とへの興味は、生への興味の一形態にほかならない」
　　　　　　　　　　　　　　　　　　　　　　　　マン『魔の山』[25]

第7章

血縁・生殖・世代・家族

1. 個人主義の限界

　ポスト・ヒトゲノムの社会では、個と類を媒介する血縁・生殖、世代、そして家族のあり方が、重要な問題となる。人間の社会・歴史は、究極的には両性関係と親子関係が織り成す世代交替によって維持され、またそれを維持するための様式とその変遷といってよい。ポスト・ヒトゲノムの知識・技術は、その世代交替の連鎖に直接、介入する。

　ポスト・ヒトゲノムの影響は、まず血統による個人主義の制約として現れる。遺伝情報は、究極の個人情報であると同時に、つねに血縁者と一定の共有を運命づけられている。また、親子等の世代的・血縁的関係──遺伝に象徴される関係──は、自立した個人として選択（取り替え）可能な関係とは異なり、諸個人にとってさしあたり選択不可能な前提条件だ。そこには、否応なく種の再生産の論理が入り込み、個人主義を制約せざるをえない。

＊出生前診断・着床前診断等による中絶は、親による子供の質の自己選択だ。ポスト・ヒトゲノム時代には、子供の質の自己選択の技術的可能性、及び、自己選択を迫る社会的強制・誘導は、ともに飛躍的に拡大する。

　しかしこれは、選択される子供の側から見れば（どの時点から「子供＝人間」とみなすかにもよるが）、明らかに個の自己選択に対する制約だ。また親の自己選択は、純粋な個人ではなく、あくまで「親」としての決定・選択だ。すなわち、現代の子供の質の選択は、人類や国民の「遺伝子プールの改善」ではなく、親による"家庭内優生学"[1]である場合が多く、血縁に規定された自己決定でしかない。

　またインフォームド・コンセントも、従来、自立した個人が自己の尊厳をまっとうするために情報を知る権利とみなされがちだった。しかし、遺伝情報については──血縁

者との共有を運命づけられている以上——、個人だけでなく血縁者の意向も尊重されなければならない。また、自らの遺伝情報について「知らない権利」も重要になる[2]。

血統による個人主義の制約は、一面では血統主義の強化であり、ある種の「再版身分制」に基づく新たな差別の開幕だ（本書第Ⅱ部Ⅷ参照）。
しかし、さしあたりそれは、家族の血縁化・血縁本質主義化を意味する。

＊ネルキン＆リンディー（1997）[3]は、すでに大衆文化の中で、家族の血縁化・血縁本質主義が浸透しつつあると述べる。すなわち、テレビ・大衆小説では、養子が実の親を捜し求めるストーリー——しばしば現実を誇張しがちな——が繰り返されている。そこでは、「失われた生物学的・遺伝的なつながりを求める物語」が、自己探索の物語として描かれる。生物学上・遺伝上の親を知らなければ、「現実の人」でも「完全な自己」でもなく、本質的満足は得られないことが強調される。遺伝上の親を捜すことは「自分の本質」を発見するための旅として表現される。そして「生物学的他人」に育てられる養子体験には、「心を乱す孤独な体験」という烙印が押される。

血統主義の強化は、家族関係の強化・安定を意味しない。なぜならまず、実際の家族は生物学的事実だけでなく、むしろそれ以上に社会的な関係・力に支えられているからだ。安易な血統本質主義は、現実の家族関係をますます混迷に追い込むだろう。また近代家族の中でも、「真の血縁」は親子関係だけであり、夫婦関係は異なる。血統主義の強化・【DNA本質主義】の普及は、親子関係の宿命性と裏腹に、夫婦関係の選択・取り替え可能性をより明白にし、結果として家族を弱体化・希薄化させる可能性も大きい[4]。

2．家族・血縁の相対化と複雑化

しかし、こうした変化を「個人主義の制約＝血統主義の強化」とのみ捉えるのは、一面的だ。なぜなら、ポスト・ヒトゲノム時代、血統・遺伝の意義は、ある意味でますます相対化され、希薄になるからだ。
すなわちまずポスト・ヒトゲノムの社会は、遺伝的条件への人為的介入・操作が進み、親から受けた遺伝的条件が個人にとって改変不可能な「宿命」では

なくなる社会だ。それは、血統に囚われない個人主義が徹底する社会でもある。また、親による子供の質の選択は、やはり厳然たる個人主義的自己選択の徹底だ。子供は親にとって「授かったもの」から、「選択したもの」になる。しかもその選択は実際には、近代国民国家・市場原理によって誘導される（本書第Ⅱ部Ⅵ参照）。したがって主な問題は、個人と家族・血縁の対立というより、むしろ個人と家族・血縁のいずれもが、近代国民国家・市場原理によって侵食され、脆弱化することにある。

＊こうした家族の脆弱化について、ディザート＆ガドリン（1990）[5]は、「条件つきの愛」と定式化する。伝統的家族にみられた親の権威は、産業化の進展によって著しく失墜した。「良い子」の評価は、親ではなく、近代的知識を有する専門家が下す。親は、そうした専門家の評価基準に基づき、より高い外部評価の獲得・近代社会への適応を目標として、子供に報酬としての愛を与えたり、差し控えたりする。いわば親は、もはや外部の過酷な権力的評価から子供を護る保護者ではなく、「外部専門家のエージェント」と化す。

　もとより前近代の親が、本当に「外部権力からの保護者」だったかとの疑問はある。また現代家族の親子関係も、「条件つきの愛」だけに染め上げられてはいない[6]。しかし現代の家族・子育てに、専門家の役割が大きな位置を占めることは否めない。そしてポスト・ヒトゲノム時代、「条件つきの愛」は、出生前の子供の質の選択という領域にまで、より深く入り込んでくることも、容易に予想しうる。

【DNA本質主義】の浸透に伴い、社会の責任解除（本書第Ⅱ部Ⅱ参照）の一環として、家族・親の社会的責任の解除も進む[7]。つまり遺伝と環境の二元論に立ち、遺伝的要素の規定性が強調されるほど、家庭内でのしつけ・教育の固有の意義は軽視される。それは一方で、例えば「仕事と育児の両立」に悩む父母、特に母親の責任を解除し、その葛藤や不安を解消・軽減する。しかし同時に他方で、子供に「よき遺伝子」を与えることができたか否かに父母の責任はシフトする。家族・親子関係の生物学的単位としての意義の強化と裏腹に、社会的単位としての意義の希薄化が進行するのである。

もう一つの大きな変化は、世代・家族関係の複雑化・多様化だ[8]。例えばヒト・クローンの場合、細胞核の提供者（体細胞上の父また母）、その両親（遺伝上の父母）、卵母細胞の提供者、代理母（出産担当者）、養育者等、多様な「親」が別々の個人でありうる。クローニング過程で何らかの操作が加えられれば、遺

伝上の「中心的な親／周辺的な親」も登場する。こうした多様な「親」達は年齢的にも錯綜し、何人かは乳幼児・胎児、超高齢者や死者の可能性もある。それは、人間でないかもしれない（本書第Ⅱ部Ⅳ参照）。自分が他の人間の「親」になった事実に気づかない場合もありうる[9]。兄弟姉妹や祖父母の関係は、一層複雑化する。こうした家族関係の複雑化・多様化は、諸個人の個と類をつなぐアイデンティティに一定の影響をもたらさざるを得ない。

3．個人の死と性

個と類、生殖や世代の問題は、死や性の問題とも直結している。

生物学者の中には、個体の死は有性生殖とともに始まるとの見方がある[10]。分裂増殖する無性生物は、ある意味で不死身だ。有性生殖の発生とともに、世代を超えて不死の生殖細胞に対し、体細胞に──したがって個体に──死が宿命づけられる。個体の死は、有性生殖による種の進化・多様化の代償だ。その意味では、「死」に対応するのは「生」ではなく、「性」である。

近代的な人文科学・哲学でも、生殖・性を、死を宿命づけられた個と永遠の類との結節点に位置づけた思想は少なくない。

*バタイユ（1973）は述べる[11]。「精子と卵子は、基本的な状態では非連続の存在であるが、それらが一つに結びつくことによって、ある連続性が二つの間に確立される。つまり、個々別々であった二つの存在が死に、消滅することによって、一つの新しい存在が形成されるのだ。新しい存在はそれ自身では非連続ではあるが、みずからの中に連続性への過程……両者の融合という過程を含んでいるのである」。「私たちは非連続の存在であり、理解できない運命の中で孤独に死んでいく個体であるが、しかし失われた連続性への郷愁をもっているのだ。私たちは、偶然の個体性、死ぬべき個体性にくぎづけにされているという、私たち人間の置かれている立場に耐えられないのである」。
ショーペンハウアー（1975）[12]も、生殖を個が類へと飛翔する契機と位置づけ、性欲を「生の決定的で最も強い肯定」と捉える。「性欲の満足とは、個別的な生命を超えて生への意志を肯定すること」であり、「生あるもののもろもろの種族がそれぞれの全体に結びつき、こうした全体として永続するのは、この生殖行為によるのである」。

ポスト・ヒトゲノムの社会では、ヒト胚や受精卵の利用、出生前診断に基づ

く中絶の是非等をめぐり、人間の個体発生の起点をめぐる議論が、ますます活発になる。例えば、ES 細胞（胚性幹細胞）の研究・製造において、ヒトの受精卵の「利用＝破壊」が許されるか否かは、大きな論点になる。ES 細胞はあらゆる組織に分化する全能性をもち、その研究・製造は、今後の移植医療の発展に大きな可能性を開く。ただしそのためには、ヒトの受精卵の「利用＝破壊」が不可欠だ。そこで、①人間の生命が受精とともに始まるとみなし、将来人間になりうる受精卵の破壊は許されないとする立場、②受精卵は単なる細胞の塊でしかなく、受精卵の破壊には問題がないとする立場、そして③受精卵を人間と同一視しないが、人間になりうるものとして他の組織とも同一視できないとする多様な中間的立場が論争を繰り広げる[13]。問題はそこにとどまらない。クローンにより、生殖細胞以外の体細胞にも個体に発達する全能性が認められた以上、受精の瞬間を生命の起点とする見方そのものも揺らぐ。また、個が脳の記憶や自我を維持したまま、その他の身体パーツを再生・更新していく可能性、あるいはヒトの「無性生殖／分裂」の可能性すら皆無ではない。

そもそも個体発生（誕生）の瞬間を客観的に規定することは、死の瞬間の規定と同様、不可能だ（本書第Ⅰ部Ⅰ参照）。それらはいずれも比較的長期にわたる連続的過程にほかならない。誕生や死の「瞬間」は結局、生者の都合によって社会的に構築される。脳死も、死それ自体の積極的定義というより、臓器移植や延命治療中断の必要に基づく定義でしかない。三兆候死もまた、社会的に構築された近代的慣習だ。各時点での生者の都合によって、誕生や死の複数の「瞬間」が使い分けられるのは、むしろ当然である。

ポスト・ヒトゲノムの社会において、人間の死生観、及び、類に対する個の感覚が、一層大きく変化することは明らかだろう。もとよりこうした主体・主観をどこまで「人間」のそれと呼べるかは、【人間の揺らぎ論】を射程に入れれば、必ずしも自明ではない。

4．有性生殖・性の限界

　ただし最後に強調しておくべきことは、人間の個と類（したがって個人の生と死）をつなぐ契機が、決して性・生殖だけではないという点だ。

　確かに性・生殖は、個と類、生と死の重要な結節点ではある。しかし、それは有性生物一般にあてはまることであり、人間固有の特徴ではない。

> ＊マルクス＆エンゲルス（1963）は、「あらゆる人間的存在の、したがってまたあらゆる歴史の」前提の一つとして家族・血縁をあげた。しかしその上で、家族の限定的意義について次のように述べる。「彼ら自身の生活を日々新しくつくるところの人間たちが他の人間たちをつくり、繁殖しはじめるということ、――男と女、親と子の間柄、家族である。この家族ははじめは唯一の社会的関係であるが、のちに、増加した諸必要が新しい社会的関係をつくりだし、そして増加した人口が新しい諸必要をつくりだすようになると、……一つの従属的な社会的関係となる……。……人間たちの利用しうる生産力の総体は社会的状態を条件づけ、したがって『人類の歴史』はつねに工業および交換の歴史とのつながりのなかで研究され論じられなければならぬということになる」[14]。

　人間の性生活は、必ずしも繁殖（妊娠・出産）のみを目的としていない。人間の脳の発達に伴って「意識された死」、さらに「かけがえのない個人の死」は、体細胞としての個体の死に回収しきれない[15]。人間にとって生の有限性の認識は、一方では恐怖・悲しみ・空しさの契機だ。しかし同時にそれは、自己や他者の一回限りの人生のかけがえのなさ・比類なさの認識と歓喜の契機でもある。そしてその双方の契機はおそらく、人間が「生命－生活」・芸術・科学・社会を創造し、発展させる主体的動機の最大の基盤をなす。

　また、個体の死を有性生殖とともに始まるとする見方は、細胞主体論だ。それは、体細胞の死を個体の死と同一視している。生体内でも体細胞は不断の死を遂げている。個体の生存を保障するためのプログラム化された体細胞死（アトポーシス）もある[16]。細胞主体論は、無生物と生物の境界を捉える上で有効だが、人間固有の特徴を示すものではない。しかも、生物個体の生や死が、それを構成する細胞の生や死に還元しつくされないことをふまえれば、細胞主体論は生物のオリジナリティとしても限界がある。

＊マルクスやエンゲルスは、性を媒介として個と類、生と死を繋ぐのではなく、むしろ生それ自体の中に死の契機を見出し、生や死そのものを個と類を繋ぐものと捉えている。マルクス（1975-a）は、「死は特定の個体にたいする類の冷酷な勝利として両者の一体性に矛盾するようにみえるが、しかし特定の個体というものは一つの特定の類存在にすぎず、そのようなものとして死をまぬかれないのである」[17]と述べる。またエンゲルス（1968-c）は、「死を生の本質的契機として把握しない生理学、……生の否定を生そのもののうちに本質的にふくまれるものとして把握しない生理学は、今日ではすでに科学的なものとはみなされなくなった。こうして生を考察する場合には、生のうちにいつでも萌芽として存在するところの生の必然的結果、すなわち死との関係がつねに考察されているのである。……生きるとは死ぬことである」[18]と述べる。

　以上をふまえると、ジェンダーとセックスも、社会的性・生物的性といった区分ではなく、また両者の単なる融合でもなく、有性生殖生物一般の特徴としてのセックス、人間に固有の生物的・社会的性としてのジェンダーといった新たな規定の検討も、あながち無意味ではない。人間における「セックスは、つねにジェンダーなのだ。そしてその結果として、セックスとジェンダーの区別は、結局、区別などではない」（バトラー）[19]。ただしこうした定義もまた、【人間の揺らぎ論】の中では、相対的・暫定的な区分でしかない。

　しかも、家族に関わる前述の様々な変化は、必ずしもポスト・ヒトゲノム時代に固有の新たな変化ではない。家族関係の複雑化・多様化は、ポスト・ヒトゲノムと無関係にすでに進展している。むしろ、前近代の複合大家族や地域共同体では、個人の「埋没」や疑似親子的な多様な社会関係——名付け親・親方子方・拾い親等——は広範にみられた。家族関係の複雑さは、人類史全体の中ではむしろ一般的だ。血統主義の重視も、例えば夫婦関係より親子関係を重視し、親子同姓（夫婦別姓）制をとる儒教文化の中では、特に目新しくない[20]。子供の質の選択にしても、様々な優生政策や差別的な教育機会を通して、実際にはすでに実施されている（本書第Ⅱ部Ⅵ参照）。

　家族・血縁者の「知る権利」、及び、本人の「知らない権利」についても、従来から日本やおそらく東洋のかなりの地域では、ガン等に関して実質的には尊重されてきた。こうした慣習は従来、必ずしも「権利論」になじまない、独特の「伝統文化」（あるいは権利意識の未成熟）とみなされてきた。またそれは、

しばしば「家族の知る権利＝患者本人に知らせない権利」として、患者の尊厳や自己決定を制約する側面を孕んでいた[21]。もとより実際には、こうした慣習は、東洋独特の伝統文化ではない。病院での医師と患者家族の対話の中で遂行されてきた近代的慣習だ。また欧米でも、実際には本人の「知る権利」論だけで単純に割り切れてきたわけではない。末期ガンの告知において、患者・医療従事者・家族に大きな葛藤があることは自明である[22]。

インフォームド・コンセントに対しても、ポスト・ヒトゲノムを待つまでもなく、すでに多くの疑問・批判が出されている。例えば、①医療専門家と患者の間で圧倒的な専門知識の格差がある中で真のインフォームド・コンセントは可能か、②医療専門家と患者（及びその家族）の対立的・自己防衛的な権利論、あるいは患者側の一方的な自己責任論に陥らないか、③医師と患者の関係は対等平等の実現を目的としたものではなく、患者の健康状態の改善を目的とし、しかもそれぞれ知識・立場を異にするからこそ成立する協働関係ではないか、そして④患者を医師との関係での「弱者」と規定するだけでは、病気や怪我の苦痛・危険を受け、しかも同時に回復力・自然治癒力をもつ患者自身の主体性を捉えきれないのではないか、等である。

以上のように、従来も実際には、個人と家族の「知る権利／知らない権利」は併存し、使い分けられてきた。「自立した個人たるべき」という近代的規範と現実の人間の「生命－生活」との間には、数多くの亀裂があった。決して、ポスト・ヒトゲノムの社会に初めて、家族・血縁の「知る権利」、本人の「知らない権利」、自立した個人の限界が露呈するわけではないのである。

ただし従来、こうした諸問題は、個と類の関係、及び、類そのものの揺らぎといった観点からは、必ずしも十分に論じられてこなかったように思われる。ポスト・ヒトゲノムの知見は、より鮮明にそのことを提起する。その点にこそ、ポスト・ヒトゲノムの時代の新たな問題提起があるといえよう。

> 「『君って、なんてみっともないんだ！』と、野ガモたちは言いました。『けれど、そんなことはどうでもいいや、僕たちの家族のだれかと結婚さえしなければね。』」
> 　　　　　　　　　　　　　　　　　　　アンデルセン「みにくいアヒルの子」[23]

第8章

差別と平等

　ポスト・ヒトゲノムの社会では、遺伝子差別が本格化するだけでなく、既存の様々な差別が遺伝子レベルに還元され、合理化される。遺伝子の同定は、主観的な意図・目的を問わず、人々に「遺伝子パスポート」の烙印を押す[1]。そこで差別を批判する側にも、遺伝的要素を組み込んだ論理の再構築が迫られる。
　以下、3つの位相から考察しよう。

1．男と女

　まず、男と女だ。ポスト・ヒトゲノムの社会では、生物的性差（セックス）と社会的性差（ジェンダー）の二分法はますます困難になる（本書第Ⅱ部Ⅶ参照）。生物的性差や有性生殖のもつ社会的意味の解明が進み、「男性的／女性的」とよばれる要素も単に社会的構築物にすぎないと断言する根拠は崩れてくる。また逆に、生物的性差が社会的・人為的にいかに構築・改変されるか、あるいは生物的性差への人為的・社会的介入（環境ホルモン・遺伝子操作等）に関する知見も、ますます深まってくる（本書第Ⅰ部Ⅷ参照）。
　ポスト・ヒトゲノムの社会では、生物的性差と社会的性差を二分法的に切り離し、両者が無関係であるかのように捉える立場は、衰退せざるを得ない。それは、両者を切り離した上で、生物的性差を本質的と捉える立場であれ、逆に社会的構築性を決定的と捉える立場であれ、同じだ。
　しかし、さしあたり決定的打撃を被るのは、従来の多くのジェンダー論、すなわち生物的性差と社会的性差を峻別し、性差の社会的構築性に焦点を当てる思想の側だろう。なぜなら、生物的性差と社会的性差の変化にはタイムラグがある。もちろん個体単位での微細な突然変異も含めれば、必ずしも自然的性差

より社会的性差の方が短期間で変化するとは限らない。しかし、類的・種的に意味をもつ相対的に大きな表現型に注目すれば、一般に自然的変化に比べ、社会的・歴史的変化は比較的短期間で進む。そこで、もし生物的性差と社会的性差が切り離せないとすれば、社会的性差の変革は、生物的性差に足を引っ張られがちになる。従来、多くのジェンダー論が社会的性差を生物的性差と峻別してきたのは、このタイムラグを見据えた戦略といえよう。現に社会的な性差別は、しばしば生物的性差を根拠として正当化されてきた。生物的性差と社会的性差の峻別が困難になるポスト・ヒトゲノムの社会は、社会的性差に視野を限定するジェンダー論に対して、さしあたり決定的打撃を与える。

しかしこの打撃は、フェミニズムをさらに鍛える重要な契機でもある。生物的性差と社会的性差の二分法の破綻は、必ずしも女性差別のみを強化・促進しない。DNA・ゲノムは、「社会について語る記号、換言すれば正当化と挑戦ができる言語」[2]であり、つねに両義的に機能する。セックスとジェンダーの二分法に立った従来のジェンダー論は、むしろセックスを視野の外におくことで特権化し、性差の自然決定論に道を開いてきたともいえる[3]。

フェミニズムにおいて、生物的（自然的）性と社会的性の二分法の破綻を乗り越える方法は、大きく分けて2通りある。

第1は、【DNA本質主義】と親和的な方法だ。ここでは、ヒトのDNAそれ自体が、女性差別の無意味さを客観的に立証するとされる。

その中にもさらに、2つの戦略がある。

一つは、DNAの多様な個人差をふまえ、個の尊厳を一層強調——「性差ではなく、個人差こそ重要」——するリベラル・フェミニズムだ[4]。ここでは、性差は多様な個体差の一つ——しかもあまり注目に値しないありふれた個性——とみなされる。そしてそれは、「自然的＝社会的」な個人差による差別を容認・正当化する限りで、【DNA本質主義】と通底する。

いま一つは、女性の遺伝子的優越性——女性が本源的にもつ平和性・寛容性等——を強調する、一部のエコ・フェミニズムだ（本書第Ⅰ部Ⅷ参照）。これもまた、女性に特有の「自然的＝社会的」本質を資源とした逆差別戦略・エンパワメントを重視する点で、【DNA本質主義】に連なる。

しかし、こうした【DNA本質主義】と親和的なフェミニズム理論が、個人

差・性差等、何らかの差別を再生産することは否めない。また、上記の2つの方向は、いずれも【DNA本質主義】と通底するとはいえ、その結論は正反対で、前者は個人差に、後者は性差に、それぞれ本質的差異を見出す。しかし、ポスト・ヒトゲノムは、この双方の差異の意味をますます明らかにする。そこで、いずれか一方の差異のみに依拠して女性解放を目指す主張は、必然的に同時並行でますます明らかにされる他方の差異の認識によって、つねに足を引っ張られる。要するに【DNA本質主義】の立場では、生物的性と社会的性の二分法の破綻を真の意味で克服することは難しいのである。

そこで、第2に、【DNA構築主義】と親和的なフェミニズムの発展が重要になる。そしてその萌芽は、すでにかいま見ることができる。

すなわちまず、かつての「社会的性差」とするジェンダー規定から、「肉体的差異に意味を付与する知」[5]とするそれへの変貌が見られる。また新たなフェミニズムは、セックスの文化・社会的構築性を射程に入れつつある。これらの規定は、性を決定するゲノムに「意味を付与する知」としての生物学におけるポスト・ヒトゲノムと、ほとんど表裏一体だ。フェミニズムの側から見ても、「セックスとジェンダーの区別は、結局、区別などではない」[6]のである。

自然と社会の二分法を超え、社会的な差別批判にとどまらず、より広い射程で女性解放を目指すフェミニズム理論も、すでに現れている。そこでは、男性との社会的な関係性(差別や平等)は、限定的意義しかもたない。女性内部での差別や差異も当然、射程に収める[7]。「もしひとが女で『ある』としても、それがそのひとのすべてでないことは確か」(バトラー)[8]だ。また、女性を性差別の単なる被害者・客体ではなく、むしろ多様な力と資源に基づく連帯と捉える[9]。さらに、マイノリティ女性のサバイバルの奥にある静かな強さ(差別に抗議する強さだけでなく、「生命－生活」の発展的再生産を実践する強さを含む)を射程に収め、抑圧者と被害者の二者択一的・関係論的な分析枠組みを批判している[10]。

ここでは性差は、社会と無関係な自然的本性ではなく、自然的本性と隔離された社会的構築物でもない。また単なる差別の表徴でもなければ、個人差に解消しうる属性でもない。それは、【DNA構築主義】的に、一定の「自然＝社会」史の中で構築されてきた「自然＝社会」的に意味のある属性の一つだ。

以上のように、ポスト・ヒトゲノムの社会では、生物的性差と社会的性差の

境界を乗り越えようとする多様なフェミニズム理論が新たな展開を遂げる。

しかし、問題はそこにとどまらない。ポスト・ヒトゲノムの社会では、【人間の揺らぎ論】に基づき、性差そのものの意義が揺らぐからだ。その典型的な現れは、ヒトのクローニング等、有性生殖以外の方法での次世代創出の道が開けることだろう。これもまた、出産という「女性に固有の『権利』の剥奪」、「『義務・苦痛』からの解放」、あるいは「次世代創出における男女平等化の実現」といった、近代的諸概念のみで論じ尽くされる問題ではない[11]。社会的な女性差別を含め、性の疎外は、近代的な個人の自立や、単なる平等−不平等という関係性・権力関係の問題にとどまらない。それは、種としての人類の「生命−生活」の維持・存続の疎外——したがって男性にとっても深刻な疎外——だ。

＊種の再生産に関わる問題領域が、近代的個人の権利論の射程を超えることは、すでに中絶をめぐる論争の中でも提起されてきた[12]。
　ミース（1998）[13]は、胎児の人権尊重を理由に女性の中絶の権利を認めない立場を批判する。しかし同時に彼女は、身体の所有者としての女性の中絶権を主張するリベラル・フェミニズムも批判する。なぜなら、一見対立するこの2つの立場はいずれも、胎児と受胎した女性を分離されたものとみなし、現存する両者の共生を切り裂いているからだ。そこでは、胎児と女性はアプリオリに敵対関係におかれ、一方が権利の「主体」になれば、他方は「客体」にされる。そして両者の「闘争」において、まだ自己決定できない胎児の権利が強調されれば、胎児の代理人としての国家（法律）が発言力を増す。逆に身体の所有者としての女性の自己決定権が強調されれば、それを保証するためにも、やはり国家の発言力は増す。結局、胎児と女性の関係の敵対視は、生殖過程における「共生＝生きた関係」に対する国家の介入を助長・正当化するだけだ。
　ミースによれば、「共生＝生きた関係」の再創造は、女性の身体性が付属させている「重荷」を技術的に除去し、女性が「男性のように『純粋な性的快楽』を享受できるようにすること」ではない。逆に男性も含め、すべての親が、性交の結果・生命に対する責任・「重荷」を引き受けることだ。必要なのは「重荷」の除去ではなく、性的快楽と「重荷」の平等な共有である。それは、「自然が私達（女性）の敵ではないこと、私達の身体が私達の敵ではないこと、私達の母親達は私達の敵ではないことを理解」することでもある。
　また、コーネル（1995）によれば、「胎児の〈生〉は、《その胎児が自分の一部である》女性の肉体的精神的良好さと切り離せない」。しかし同時に、この生・成の運動は、決して安らかなものではなく、深刻な対立と否定を含んだ過程でもある。女性的自然は——出産の苦痛・死の危険等——女性自身にとって決して優しくない。様々な社会的要因も、女性の自己肯定に不可欠な身体的統一性をたえず脅かす。これをふまえ、コーネルは、

女性の中絶の権利とは、所有者としての個人ではなく、身体的統一性を保護する権利、すなわち「母」の権利と捉えなければならないと主張する[14]。

2．生得的属性と獲得的業績

さて次に、生得的属性と獲得的業績について考察する。

ポスト・ヒトゲノムの社会では、属性と業績の二分法もまた、困難になる。諸個人の獲得的業績が、遺伝的要素を含む生得的属性と無関係だとする安易な信念も掘り崩される。

従来、近代的階級制度が封建的身分制度と最も異なる点は、生得的属性でなく、獲得的業績に基づいて諸個人が移動可能であることに見出されてきた。「ひとは生まれた時は平等」の神話だ。

もちろん、これが単なる「神話」にすぎないこと——実際には諸個人の獲得的業績が生得的属性に左右されること——は明白だ。しかしポスト・ヒトゲノム時代、この「神話」は最終的に破綻する。その一つの現れは、次世代の遺伝子改良という「獲得的属性＝生得的業績」の登場だ。

＊ケラー（1997）は述べる。「分子生物学による技術的ノウハウの発展によって、不変犯すべからずの『生得』という概念に変化が生じた。『生得』が運命であり、『習得』が自由であったが、今ではその役割が逆転した。……『習得』よりも『生得』の方を自由に扱える、というのである。これは、さすがに現代の分子生物学の技術をもっても不可能ではあるが、『生得—習得』の概念をねじりつつある。……分子生物学の成功により、『生得』は、新たに、おそらく無限に、鍛え直すことができるものになったのである。『習得』よりも、はるかに容易に改変できるものなのである」[15]。

「獲得的属性＝生得的業績」化は、一方では、より本質的な差別化（「再版身分制」）を促進する。遺伝子改良により、ジーン・リッチ[16]として生まれた子供達とナチュラルの子供達の業績達成における格差は、生得的属性そのものの格差を露呈させ、正当化する。

＊今日の遺伝子改変の主な動機は、人類や国民の遺伝子プールの改善ではなく、健康や成功を目的とした諸個人による自己決定・選択だ。これは、人類・国民の内部での「生得的」

な階級分裂の是認であり、「再版身分制」といえる。シルヴァー（1998）は予測する。「富裕な夫婦は、金で買える範囲内での最高の教育や、最高の生活環境だけでなく、『最高の遺伝子の組み合わせ』を子どもたちに与えるようになり、富める者と貧しい者の既存のギャップはさらに広がりかねない。精神的な安定、長期的な幸福、生来の才能、優れた創造力、そして健康な身体――こういったものが、裕福な家庭の子どもたちの出発点として選択される。肥満、心臓病、高血圧、アルコール依存症、精神病、癌になりやすい素質、これらは、下層階級の家庭に無作為にもたらされることになる」[17]。

ただし、この「再版身分制」の下では、「努力しても無駄」とはならない。ここでは生得と獲得が一体化するからだ。確かに、「属性＝業績」で劣位におかれた者が「努力しても無駄」と悟り、競争から降りる選択肢はあるし、実際にそうする人々も多くなるだろう。しかしそれは、前近代の身分制のように、その「生得的地位」――いかに低い社会的地位であっても――にとどまることを意味せず、無限の転落を意味する。一方、遺伝子改良を加えられ、競争に有利な「獲得的属性」をもって生まれた者は、誕生後も果てしない「環境的＝遺伝的」改良に向けた主体的努力が求められる。「同じところにとどまっていたければ、力のかぎり走らねばならぬ。どこかにゆきつこうと思えば、その二倍の速さで走らねばならぬ」（キャロル）[18]。「再版身分制」の下では、諸個人は無限の「努力」と無限の「諦観」の狭間で引き裂かれる。

ポスト・ヒトゲノムの社会では、前近代の貴族的特権と、近代の「万人の競争」が相互依存的に並立する。近代社会は、貴族的特権を少なくとも建前上は否定し、獲得的業績による成功の可能性を万人に開いた。もちろん万人に開かれたのは成功の可能性であって、成功ではない。逆に、万人が競争に勝つことは絶対にありえない。そこで近代人はたえず成功・向上を追求し、したがってつねに現状に不満をもち、「本来の私はここにいない」との感情を抱く[19]。ポスト・ヒトゲノムの社会では、ゲノムもまた、単なる生得的属性ではなく、業績主義的競争の素材となる。しかも同時に誕生時のゲノムは、当該個人にとっては生得的属性（身分・貴族的特権）であり続け、競争のスタートラインとして機能する。「本来の私」はますます停泊点を失い、彷徨うことになるだろう。それは、単に現状の階級的地位への不満ではなく、「万人の競争」の中で「本来の私」を模索・生成していかざるを得ない現実から生み出される感情構造だ。

しかしそれにも関わらず、生得的属性と獲得的業績の境界線の溶解に伴い、近代のメリトクラシーの理念による差別の正当化が困難になることも事実だ。すなわち、「生得的属性による差別は不当だが、獲得的業績による差別（区別）は当然だ」、「人間は生得的属性でなく、獲得的業績で判断・評価されるべきだ」といった近代のメリクトラシーの理念そのものが、破綻せざるを得ない。ここでは、属性と業績が密接に関連している事実を正面から認め、しかもそれが諸個人の疎外や差別に繋がらないような新たな理念の構築が求められる。

＊生得的属性と獲得的業績の二分法の破綻は、社会学における差別論・文化再生産論の問題提起——必ずしも遺伝的要素にまで踏み込んではいないが——と通底する。

そもそも近代的差別・階級は、建前はともかく実際には、純粋な獲得的業績に基づくものではない。エスニシティ、性、年齢、言語、出身階層、国籍等、生得的属性の多大な影響を受ける。獲得的業績の要をなすと考えられがちな学歴・資格証明も、出身家庭の経済力や文化資本の格差によって、大きく左右される[20]。

ブルデュー（1989）[21]は、近代的階級の世代的再生産を、文化資本の概念を用いて明らかにした。言葉遣い・嗜好・日常的な慣習行動等の「身体化された文化資本（ハビトゥス）」が各家庭において、階級毎に異なる形で「相続」され、それが資格・学歴といった他の文化資本、さらに経済資本・社会関係資本の獲得にも多大な影響を与えるのだ。

バーンスティン（1981）[22]は、イギリスの中産階級と下層階級の子供達の学業成績の格差と、家庭の日常会話で用いられている言語コードの差の関連に着目した。下層階級では、即自的・具体的な限定コードが多用されているのに対し、中産階級では——学校教育での言語と同じ——因果関係や根拠等を明示し、抽象的原理を導き出すのに適した精密コードが多用されていたのである。出身階級という、諸個人には全く選択の余地のない生得的属性が、学業成績という獲得的業績に多大な影響を与えるのである。

ウィリス（1985）[23]は、労働者階級に生まれた子供達が、学校・教師への反抗を通して、労働者階級の一員になることを自ら主体的に選び取り、結果的にイギリス資本主義や階級制度の再生産に寄与していくメカニズムを描き出した。ここでもまた、近代社会の階級が、決して獲得的業績のみに基づくものではないことが示されている。

分子生物学者のシルヴァー（1998）もまた、ポストヒトゲノムの「再版身分制」が、現状と実はそれほど変わらないと述べる。「（特権階級による胚の選択という）将来的なシナリオと、胚の選択がまだ何の役割も果たしていない現在のシナリオとのあいだには、それほど大きな違いがあるだろうか？　有名私立学校の学費として十万ドルを支払うことが親の権利の一つであるとすれば、なぜ、それと同じ金額を子どもが受け継ぐある特別な遺伝子を確かめるために費やすことが、親の権利として認められないのだろうか？」[24]。

従来、学校教育ではしばしば「能力に応じた機会均等」が強調されてきた。すなわち教育の結果的平等ではなく、あくまで教育機会の平等に限定すべきという主張だ。これは、能力による差別・選別を正当化する論理といってよい。ただし、ここで評価される「能力」は、生得的か獲得的かは問われない。生得性が強調されれば「もともとできる子とできない子がいるのは当たり前」となり、獲得性が重視されれば「がんばった子が評価されないのはおかしい」となる。ただいずれにせよこれは、教育の結果的平等を「悪平等」と批判する立場だ。ここでは属性と業績の二分法は、初めからあまり問題にされない。むしろ両者に密接な相互連関があることが自明視される場合も多い。いわばこれは「生得的＝獲得的」差別を容認し、「再版身分制」を促進する立場だ。

　これに対し、「能力に応じた機会均等」を批判し、教育の結果的・実質的平等の実現を主張する立場もある。これは、生得的属性の格差・不平等を、学業成績という獲得的業績にできるだけ影響させないために、様々な配慮の必要を主張する立場だ。またこれは、決して業績結果のみに注目した「悪平等」の是認とは限らない。しかし、こうした主張の一部には、生得的属性の多様性・格差に目をふさぎ、それに着目したり、顕在化させること自体が「差別的」とみなす要素も見られた。また、学校教育環境を「同質化＝平等化」すれば、教育の結果的・実質的平等が実現できると考える要素もかいま見られた。そこでは、生徒の獲得的業績についても、生徒自身の主体性というより、学校・教師側の主体的な教育実践（生徒の「やる気を引き出す」実践等）によって向上・操作が可能とみなされがちだ。このような諸要素には、「悪平等」と批判されるだけの根拠があったといわざるを得ない。「人間とは環境と教育の所産であり、したがって人間の変化は環境の相違と教育の変化の所産であるという唯物論的学説は、まさに人間が環境を変えるのであり、また教育者自身が教育されなければならない、ということを忘れている」（マルクス）[25]。

　実際には、学校の教育環境が「同質化＝平等化」するほど、遺伝的要素や家庭環境等、生得的属性の格差が諸個人の業績に大きく影響する[26]。したがって、教育の実質的・結果的平等を実現するためには、諸個人の生得的属性に応じた多様な教育環境の整備――すなわち生得的属性で困難を抱えている人にこそ手厚い教育機会の整備――が不可欠になる。

教育内容についても、一元化・同質化——「受験に必要な知識」という一元化はもちろん、「社会生活に最低限必要な知識」という一元化も含めて——すれば、諸個人の習得水準には、遺伝・家庭環境といった生得的属性の差が大きく影響する。そこで、教育内容の多元化——「その人にとって必要な知識」等——と平等性をいかに両立するかが問われる。そしてこの両立の達成は、近代的な学校教育内部の改革や努力だけではもちろん困難だ。

3．正常と異常

最後に、正常と異常について考察しよう。

正常と異常の境界・基準はあいまいだ。しかし一般に、生活に有利な形質を正常、不利な形質を異常ということが多い。多数の（≒一般的な）形質を正常、少数の（≒特殊な）それを異常と呼ぶこともあるが、たとえ少数でもそれが有利な形質であれば、正常の対概念としての異常とはみなされにくい[27]。

ただし、それぞれの形質が生活上、有利に働くか不利に働くかは当然、環境との相互関連で決まる。ここでいう環境とは、いわゆる社会環境だけでなく、自然環境も含む。今日、「障害」概念を、身体に生じる純粋に物理的な「損傷（impairment）」と、社会が付与する「剥奪（disability）」に分けて捉える見方もある[28]。この見方は、性差におけるセックスとジェンダーの二分法と同様の意義、及び、限界をもつ。すなわちそれは、一方で「剥奪」する社会を告発し、改善を図る一つの戦略となる。しかし他方では、社会に問題・視野を限定することで、自然の本質性を無批判に受け入れ、「異常・障害は社会的に構築される（ものにすぎない）」といった社会構築主義に陥りかねない。「社会問題」としてはそれで済んでも、自然－社会的な「生命－生活(life)」の発展的再生産の主体としての「人間問題」において、社会構築主義の限界は明らかだ。

また、生活において不利な形質が、すべて異常とみなされるとは限らない。性・人種・容姿等に基づく差別があり、一定の性・人種・容姿であることが不利でも、それらがすべて異常とみなされるわけではない。ここには暗黙のうちに治療・矯正が可能または必要な不利が異常で、そうでない不利は異常ではないという基準があるように思われる。障害や病気を治療・矯正するには、まず

それを異常と認定することが不可欠だ。しかし、同じ障害や病気を、治療・矯正を目的としない文脈で異常視すれば、それは差別になる。

＊ゴッフマン（1984）[29]は、様々な被差別的「属性」をスティグマとして一括する。そこには、①肉体的醜悪さ（奇形）、②個人の性格上の欠点、③人種・民族・宗教等の集団的スティグマが含まれる。ただしゴッフマンはあくまで、こうしたスティグマを社会関係の中で構築される「関係」と捉える。いわば社会的な関係性に視野を限定し、そこに焦点を当てるからこそ、多様な「属性」がスティグマという概念で一括されるのである。
　そこで、ゴッフマンのスティグマ論では、社会的差別の表徴としての「異常」は論じられるが、治療・克服の対象としての「異常」は視野の外におかれる。もちろん、治療・克服の対象としての「異常」がしばしば社会関係の中でスティグマに転化することは大きな問題だ。またそれがスティグマになるメカニズムは、人種・性等の集団的スティグのそれと通底している。しかし障害・疾病は、単なる社会的スティグマにとどまらず、諸個人の「生命－生活」の危機として、克服・治療を要する場合を含む。逆に、性差・人種等の集団的スティグマは、それ自体、諸個人の身体レベルでの治療・克服の対象ではありえない。諸個人の「生命－生活」の危機としての「異常」は、社会関係としてのスティグマには回収しきれないのである。性的マイノリティの中でも、差別克服に向けた戦略は多様だ。同性愛者の一部は社会構築主義の立場に立ち、社会的な差別・偏見に異議を申し立てる。一方、性同一性障害者の中には、社会的偏見を批判しつつ、同時に自らの身体的「異常」を社会が認め、治療の対象として承認するよう要求する場合もある。

　しかも「異常」に対する治療・矯正の可能性は、つねに可変的だ。ポスト・ヒトゲノムの時代を生きる人間は、治療・矯正の可能性が広がる中で、何を異常と認定し、何を異常視することを差別だと批判するのか。治療・矯正の可能性の拡大に伴い、異常の範疇も拡大する。従来は異常とみなされなかった形質も、それがごく普通に治療・矯正の対象となれば、異常とみなされるようになる。また、形質が優劣をもって序列化される以上、相対的下位は必ず存在し続け、その意味でも、異常の範囲は無限に膨張しうる。さらに、人間の健康や生活に関する知見が精密化・正確化すればするほど、より微細な異常、あるいは現在は発現していないが、将来、発現する確率が高い異常が次々と発見される。しかも異常の発見は、治療・矯正方法の開発よりつねに先行するので、諸個人の不安と苦悩は――そして出生前診断に基づく中絶等の対象とみなされる「異常」の範囲は――ますます拡大する[30]。

＊「異常」の基準を、治療・矯正の可能性・必要性に見出すとすれば、障害と病気の違いは必ずしも絶対的ではなくなる。

広井（1996）[31]によれば、「疾病」とは症状が非固定的で治療可能なもの、「障害」とは症状が固定的で治療不能なものという了解が一般的だという。近代以前は有効な治療手段が少なかったので、「疾病」のほとんどは「障害」だった。そこで、19世紀頃まではヨーロッパでは"福祉施設"としてのホスピタルで対応された。その後、近代医学の発展に伴い、治療可能な領域が拡大するとともに、「疾病」と「障害」の分化が進み、同時に医療施設と福祉施設、「患者（patient）」と「障害者（disabled）」が分化してきた[32]。

しかし近年、感染症・急性疾患から慢性疾患へと疾病構造が変化し、高齢社会化が進むにつれ、疾病と障害、治療と福祉の境界が崩れつつある。また「遺伝子レベルでの医学・生命科学の飛躍的発展は、これまでの『疾病』概念と『障害』概念を根底において揺さぶっている」。すなわち遺伝子研究の進展に伴い、従来は「障害」とみなされてきたものに治療の可能性が開け、それが「疾病」化する。また、診断技術は治療技術より先行するため、治療困難な「障害」概念も拡張していく。「疾病」と「障害」は、その境界をあいまい化させつつ、総じて「異常」の範疇を拡大させていくのである。

ポスト・ヒトゲノムの社会の中で、「異常」に対する差別、及び、諸個人の葛藤は、ますます拡大再生産される。たとえ、「すべての人が何らかの異常を必ずもっている」ことがゲノム・レベルで明らかにされても、それで得られる心の平安は一時的だ[32]。何より、「異常」が既存の環境（社会的－自然的環境）の中での生活上の不利であることは、何ら変わらない。そして【人間の確定論】に基づき、「より完璧な、あるいは、よりましな人間」を目指す競争が激化する限り、社会的差別や諸個人の強迫観念、苦悩は一層深まらざるをえない。

＊「すべての人が何らかの異常をもっている」との見方は、特に目新しいものではない。

ゴッフマン（1984）[33]は大多数の人が何らかのスティグマをもつことを強調する。「アメリカには、ある意味でたった一つの〔型の〕完全に無瑕の男性しかいない。すなわち、若くて、既婚の、白人で、都会に住み、北部出身で、大学教育を受けた、性的に正常で、プロテスタントの、子供がいて、ちゃんとした職につき、きれいな肌をし、中肉中背、何かスポーツで最近に一ついい記録を出している男がそうである。……これらの基準のどれにも達していない男性は誰によらず、少なくともこのことを考える間だけは、自己自身を取るに足らぬ、不完全で、劣等な者と見る傾向がある。ときには、知らぬ顔を決め込むか、ときにはまた、おそらく好ましくないと見られていると自分では心得ている自己自身の周知の側面について、弁解がましかったり、攻撃的になったりしている自分

に気づくことがあるかである」。したがって、「スティグマとは、スティグマのある者と常人の二つのグループに区別することができるような具体的な一組の人間を意味するものではなく、……あらゆる人が双方の役割をとって、少なくとも人生のいずれかの脈絡において、いずれかの局面において、この過程に参加している」。「常人とか、スティグマのある者とは生ける人間全体ではない。むしろ視角である」。

しかし、スティグマは、現実には質量ともに序列化されている。スティグマの中にも、深刻なものと「よりまし」なものがつねにある。そこで、「皆が何らかのスティグマを生きている」との一般的認識は、それだけで人々の心に平安をもたらさない。また、ゴッフマンのいうスティグマは、あくまで「役割」にすぎず、「生ける人間」そのものではない。前述の如く、生ける人間の「生命−生活」の危機は、決して社会関係・役割としてのスティグマのみではないのである。

最後に、ポスト・ヒトゲノムの社会では、【人間の揺らぎ論】に基づき、個性の無限の承認が進み、異常の範疇の縮小も同時進行する。ただしそれは、単に環境や遺伝の操作技術の飛躍的進歩により、「生命−生活」上の不利が解消・縮小するという意味ではない。むしろ「異常もまた個性」と承認され、治療・矯正の社会的責任を放棄する動きが進行するのである（本書第Ⅱ部Ⅸ参照）。こうした変化は、すでに新自由主義的な教育再編の中で進みつつある[34]。

> 「平等であるということは単なる比喩であって、人間の意思や人格を有効に測量し、計算しうるということを意味するものでない」
> 　　　　　　　　　　　　　　　　　　　　　　ケルゼン『デモクラシーの本質と価値』[35]

第9章

【人間の揺らぎ論】・多様性の中での差別

1．【人間の揺らぎ論】と差別

　差別への批判や嫌悪感は、人間の類的同一性を前提として生じる。人間の定義・類的同一性が揺らげば、人間相互の差別はあまり問題視されなくなる。近代初期に女性や有色人種の差別が問題視されなかったのは、彼／彼女らが「人間（men）」とみなされず、人権の主体と認められなかったからだ。ポスト・ヒトゲノムの時代、【人間の揺らぎ論】が浸透すれば、差別に対する人間の感覚は大きく変化せざるをえない。

2．時間スケールと差別

　また差別の存在は、人類にとって不可欠な多様性が、諸個人にとっては「生命－生活」上の不利として機能しうることを意味している。性差は人類にとって不可欠の存立条件だ。しかしそのことをいくら強調しても、実際に性差別はなくならない。むしろ生物学的性差・有性生殖の意義を強調すればするほど、それは、社会的な性差別を正当化する根拠として活用されることが多い。

　＊ロック（1998）[1]は、次のような事例を紹介している。鎌型赤血球の遺伝子は、それを両親双方から受け継げば、時に死に至る重症の貧血となる。しかし片方の親だけから受け継げば、マラリアへの免疫をもつ。この遺伝子を、人類は進化の過程で獲得した。人類が狩猟採集生活から焼畑農法にシフトした際、放棄された農地跡の湿地が蚊の繁殖地となり、人類はマラリアに一層悩まされた。この環境に適応する過程で、鎌型赤血球を生み出す遺伝的な突然変異があった。人類または民族集団の存続にとって、鎌型赤血球

は積極的意義をもった。しかし環境が変化し、マラリアが大きな意味をもたなくなった現在、それは否定的な意味をもつ「疾病」として機能する場面が増えた。しかもそれは現代アメリカでは、「黒人の疾病」──実は世界各地のマラリア環境と繋がる多くの民族集団の特性だが──とみなされ、人種差別の正当化に活用されている。

また、何らかの疾病・障害を「異常（治療・矯正すべき不利）」と認定・診断しても、当人の存命中に治療・矯正法が開発され、実際に治療・矯正が受けられる保障はない。むしろ異常の認定・診断が、治療・矯正方法の開発に先立つ以上、異常のかなりの部分は「治療・矯正すべきだが、その方法がない不利」となり、日常生活上では「異常視＝差別」としてのみ機能しがちだ。

ヒトの進化という数万年単位の時間、社会的歴史という数百〜数千年単位の時間、そして個人の人生という百年足らずの時間の関連が、差別を考える上でも、ますます重要になる（本書第Ⅲ部Ⅲ参照）。【人間の揺らぎ】を孕むポスト・ヒトゲノム時代は、この3つの時空の関連に新たな問題を提起している。

3．「DNA－多元主義」

さて、ポスト・ヒトゲノムの社会では、一方で遺伝的な差異・多様性を許容せず、同化（遺伝子治療）や排除（中絶）を強制する「DNA－同化主義」が活性化する。同時に他方で、遺伝的差異をありのままに承認し、その差異に基づいて序列化・差別化する「DNA－人種主義」も活性化する。

そして、こうした二重の遺伝子差別に抵抗する様々な論理も登場する。

その一つは、諸個人の遺伝的多様性を個性として尊重すべきだという「DNA－多元主義」だ[2]。その中にも多様なバリエーションがある。

まず第1は、すべての人は何らかの異常、すなわち「生命－生活」上の不利な要素をもつのだから、それを理由にして、特定の人を差別してはいけないという主張だ。この立場は、異常を克服すべき問題とみなす。しかし、異常の質・程度の差には言及せず、そこで厳密には差別を否定する論理になっていない。すべての人が異常をもっていても、その質・程度によって差別は起こり得る。

そこで第2に、一般に「異常（不利）」とみなされるものも含め、すべての

差異を個性としてありのままに尊重すべきだという主張が現れる。つまり異常も、せいぜい無価値な差異・特徴の一つとして、あるいはむしろ積極的意味をもつ個性・特長として認めるべきだとする立場だ。これにより初めて、「DNA－多元主義」は差別を根底的に否定する論理たり得る。

　この主張を徹底すれば、「先天性障害を引き起こす環境破壊を阻止しよう」とする環境保護運動も差別だ[3]。なぜならそれは、異常なものに対する忌避・否定・嫌悪・排除の立場に立ち、その発生予防を願っているからだ。

　この主張には、一定の妥当性がある。環境保護を訴える手段として、深刻な障害の実態をアピールするのは、障害の手段化だ。また障害の質にもよるが、先天性障害者を不自由とみるのはしばしば周囲の見方でしかない[4]。障害者自身にとって、その人生は、できなかったことができるようになる自由獲得の日々であり、その点で健常者と変わらない。また、健常者に比べて一定の不自由があるとしても、それは環境――特に社会環境――の改善によって十分に緩和・解消される場合も多い。

　しかしそれにも関わらず、この主張は、異常の克服を目指さない点で、限界がある。異常・障害が「生命－生活」の疎外要因である以上、それらは克服されるべきだ。そして克服されるべきは障害であって、障害者ではない。環境保護を訴える手段とされるべきは障害であって、障害者ではない。異常・障害と、それを生きる人間（患者・障害者）は異なる。むしろ人間としての障害者は、自らの「生命－生活」における異常・障害を克服する主体であり、その点で健常者と変わりはない。たとえその人が障害者であっても、障害がその人のすべてではない。

＊障害を克服すべき異常と認めることは、出生前診断等による中絶を認めることを意味しない。中絶は、治療・矯正に向けた努力ではなく、その断念だ[5]。

　ウィンガーソン（2000）[6]は、こうした立場から、優現学を主張する。優現学は、たとえ遺伝的要素に注目する場合でも、遺伝子型ではなく、臨床的な表現型を重視する。それは、「患者＝病気＝問題のある遺伝子」とは捉えない。むしろ患者・病気・遺伝子を別のものと捉え、たとえ遺伝的素因があっても、発病させない環境の形成に力を入れ、たとえ発病しても患者がその状態を生きていける主体だと捉えて力を貸す。優現学は、異常・疾病・障害を「個性」として尊重しない。あくまで異常と捉え、治療・克服を目指す。しかし同時に、異常・障害と、それを生きる人間（患者・障害者）を峻別し、後者を尊重する。

個性を、単に他者との差異とみるなら、障害・疾病も一つの個性といえる。しかし、逃れられない現実を「生命－生活」の一環として引き受けて生きることと、あらゆる多様な現実を「個性」として並列させることは、明らかに違う。それぞれが抱える異常の制約・重さを受けとめ、乗り越えようとする時、または異常を現実の「生命－生活」の発展的再生産に主体的に生かそうとする時、初めてそれは個性となる。異常それ自体を個性だと一般的に言明すると、現実の矛盾から目をそらすことになる[7]。異常・障害は、「生命－生活」上の不利な条件・疎外要因であり、だからこそ異常・障害なのだ。そしてだからこそ、当該個人だけでなく社会にとっても、その緩和・克服が重要課題になる。生きた人間としての障害者そのものを不幸と決めつける愚と同様、障害がもつ否定的意味の重さから目をそらす愚も、犯すべきではあるまい。

＊大江（1965）[8]は、逃れられない「異常」の制約・重さを引き受け、それとの苦闘の中で、自らと次世代の「生命－生活」の維持・再生産を図ろうとする人間のたくましさを、広島の原爆被爆者に見出している。

　奇形児を死産したある若い原爆被爆者の母親は、「被爆者でありケロイドもあり、そこで《決心していたから》、自分の生んだ奇型の赤んぼうをひと眼なりと見たいとねがった」。しかし医者はそれを拒み、赤んぼうを「処理」した。それを聞いた若い母親は、「あの赤んぼうを見れば、勇気が湧いたのに！と嘆いたという」。大江は「この不幸な若い母親の、無力感にみちた悲嘆の言葉のうちの、勇気という単語にうちのめされる思いだった」。「死産した奇型児を母親に見せまいとした病院の処置は、たしかにヒューマニスティックであろう。人間がヒューマニスティックでありつづけるためには、自分の人間らしい眼が見てはならぬものの限界を守る自制心が必要だ。しかし人間が人間でありうる極限状況を生きぬこうとしている若い母親が、独自の勇気をかちとるために、死んだ奇型の子供を見たいと希望するとしたら、それは通俗ヒューマニズムを超えた、新しいヒューマニズム、いわば広島の悲惨のうちに芽生えた、強靭なヒューマニズムの言葉としてとらえられねばならない。誰が胸をしめつけられないだろう？　この若い母親にとっては、死んだ奇型児すら、それにすがりついて勇気を恢復すべき手がかりだったのだ」。

　また、別の若い母親は、「その妊娠中ずっと、自分の赤んぼうが奇型児ではないかという不安にとりつかれていた。そこで出産の時がいたっても、彼女の奇型児への恐怖心は、たびたび産みおろすために必要な肉体的反応を妨げた。産気づいては、それが不十分なまま雲散霧消するという過程がくりかえされ、彼女は長時間苦しみ、結局、正常な子供が生まれたが、母体はその後、恢復しない」。大江は「一般にそのようなノイローゼになやみながらも、なぜ人工中絶しないで出産するか、ということについて僕は、被爆した

若い母親たちの勇敢さに心うたれるものである」と述べる。

さて第3に、「DNA-多元主義」の中には、遺伝的多様性が人類にとって不可欠だという理由から、差別に反対する立場もある。

確かに、人類に不可欠な多様性を、特定の個人や集団の不利益として押しつける差別は、人類全体の利益に反する。また性差のように、人類の成り立ち・存続に不可欠な多様性もある。さらに、環境の変化を完璧に予測できない以上、どんな遺伝的多様性も、人間にとって無意味・不要とは断言しえない。

しかしまさに同じ理由で、すなわち環境変化を完璧に予測できない以上、あらゆる遺伝的多様性が人類にとって必ず有意義・不可欠と断言することも、できないのである。むしろヒトの体内・体外を問わず、自然は人間の生存にとってつねに理想的環境でもなければ、不変の環境でもない。突然変異に伴う細胞のガン化、核汚染や環境破壊に伴う障害の発生は、人間にとって不可欠の多様性とは言いきれない。人間の生存には、自然の人為的改変・制御が不可欠だ。そこには当然、人間の身体の改変——治療・予防等——も含まれる。また、人間を含む自然が不断の変化を遂げている以上、過去に必要だった遺伝的特質が、現在・将来には必ずしも必要でなくなる可能性もある。

以上をふまえれば、あらゆる遺伝的差異をアプリオリに人類にとって必要不可欠な個性として尊重すべきとの主張には、やはり無理がある。遺伝的多様性は重要だが、しかしすべての遺伝的多様性が人間に不可欠とは限らない。少なくとも諸個人の「生命-生活」に深刻な不利をもたらす遺伝的個性（疾病・障害）については、異常と認定して治療・矯正に向けて努力することが必要だ。

＊以上の批判は、多文化主義への批判とも通底する。多文化主義には多様な潮流があるが、一般に各文化の差異を尊重し、優劣の価値判断をしないことにより、異質な文化を劣ったものと捉える態度を回避しようとする。

多文化主義は、各文化集団を固定的・一枚岩的に捉えがちだ。各文化集団内部の矛盾を固有の文化として是認したり、矛盾を克服する文化変革に向けた、各文化に内在する潜勢力を看過しやすくなる。また異文化集団間では、相互に尊重すべき差異のみに視線が向き、同じ人間の「生命-生活」の発展的再生産の様式として、したがってつねに変容・変革の過程にあるものと捉える批判的普遍主義の観点が希薄になりがちだ。

人間文化としての普遍性の重視は、マジョリティ文化への同化と同義ではない。むしろ差別・抑圧など現実の矛盾を克服し、「生命－生活」の発展的再生産を目指す人間の普遍性に依拠して、各文化の自律的・内発的・個性的な変動・変革を実現することだ。「状況、特殊能力、富、ジェンダー、または人種という点でどこにその出発点があろうとも、すべての人格は人間の要求の平等な担い手」（ヌスバウム）なのである[9]。

4．「DNA－ヒューマニズム」

ヒトゲノムに人間の平等の根拠を求めようとする主張は、「DNA－多元主義」だけではない。ヒトゲノムの微細な個人差より、むしろその普遍性・共通性を強調することで、差別を批判する「DNA－ヒューマニズム」もある。

しかし「DNA－ヒューマニズム」も結局、差別に対する本質的批判にはなりえない。ポスト・ヒトゲノムの知見は、一方ではヒトと他の生物種のゲノムの連続性・共通性をますます明らかにするが、それは人間内部での差別の正当化としてはねかえってくる。また他方で、ヒトゲノムがほとんど同じであればあるほど、ごく僅かな差異のもつ意味が重視される。

＊アップルヤード（1999）は述べる。「私たちの分子レベルの差異が小さいという楽観論者の言い分は、粗データの数字としては正しいかもしれない。しかしこの知見に社会を承服させる力があると考えるのはまちがいだ。人びとに向かって、あなたたちはチンパンジーと1パーセントしかちがわないのだと何度力説しても、彼らは、実際は非常にちがうという信念を頑固にもちつづけるにちがいない。そしてもし、殺人犯のスティーヴン・モブリーと0.1パーセントしかちがわないと指摘すれば、自分たちはモブリーとはまるでちがうと、いっそう頑固に主張するだろう」[10]。

5．「DNA－同化主義」と「DNA－人種主義」

このように、「DNA－多元主義」や「DNA－ヒューマニズム」は、人間内部の差別に対する根底的批判・対抗戦略とはなりえない。

なぜなら、そのいずれもが【DNA本質主義】に陥り、人間の差別・排除が、DNAの差異によって生じると想定しているからだ。

確かに前述の如く、ポスト・ヒトゲノムの社会では、一方で遺伝的差異・多

様性を許容せず、同化を強制（遺伝子治療）し、また排除（中絶）する「DNA－同化主義」が活性化する。同時に他方で、遺伝的差異を承認し、その差異に基づいて序列化・差別化する「DNA－人種主義」も活性化する。こうした差別はいずれも、その根拠をDNAの差異に求める。

しかし、DNAの差異は、序列的な支配・従属関係、すなわち階級・階層関係に割り当てられて初めて、差別・排除の指標となる。重要なことは、遺伝子差別・排除の基礎にある階級・階層構造、及び、それを規定する世界資本主義システムの改変・止揚であって、既存のシステム内部での遺伝的多様性の尊重でもなければ、遺伝的共通性の重視でもない。「DNA－多元主義」や「DNA－ヒューマニズム」は、こうした階級・階層構造から目をそらし、DNAに差別の根拠を見出す【DNA本質主義】を、差別する側と共有しているのである。

＊以上の論点は、人種・民族差別問題で、すでに論じられてきた。

　人種・民族差別には、大きく2つのタイプがある[11]。一つは、異質性を許容せず、同化を強制し、また同化の困難さを理由に差別・排除する同化主義だ。もう一つは、差異をありのままに承認し、同化を許容せず、排除・差別する人種主義だ。これらは二者択一的ではなく、相互補完的だ。なぜなら、同化主義は、差異を前提として成立する。完全に同質であれば、同化主義は不要だ。逆に人種主義も――虐殺・殲滅を除き――、完全に自らの支配圏の外部への分離・排除を目的としない。あくまで支配統合を実現するための分離・排除だ。両者は、既存の人種・民族的に編成された階級・階層構造を維持するという目的に応じて、時と場合によって使い分けられ、または併用される。

　したがって、いずれか一方の差別の論理に立って他方を批判しても――すなわち差異を尊重する人種主義の立場から同化主義を批判しても、逆に同化主義としての民族主義の立場から人種主義を批判しても――、問題は解決しない。差別・排除は、人種や文化の差異があるから生じるのではない。人種や文化の差異は、序列的な支配・従属関係、すなわち階級・階層関係に割り当てられて初めて、差別・排除の指標になる。

> 「放射能によって細胞を破壊され、それが遺伝子を左右するとき、明日の人類は、すでに人間でない、なにか異様なものになりうるはずである。……そして広島で二十年前におこなわれたのは、現実に、われわれの文明が、もう人類と呼ぶことのできないまでに血と細胞の荒廃した種族によってしか継承されない、真の世界の終焉の最初の兆候であるかもしれないところの、絶対的な恐怖にみちた大殺戮だったのである」　　　　　　　　　　大江健三郎『ヒロシマ・ノート』[12]

第10章

主体と環境／遺伝と環境

1．遺伝決定論の破綻

　ポスト・ヒトゲノムの社会では、遺伝と環境、及び、宿命（規定性）と変革（創造性）の関連も重要な論点になる。
　そこではまず、遺伝決定論は最終的に破綻せざるをえない。
　ゲノムの機能・意味を正確に認識しようとすればするほど、より広範な環境との関連を視野に入れる必要が明らかになる。ダニ・アレルギーを起こす免疫系は、日常生活でダニが大した問題にならない環境の中では、むしろ腸内の寄生虫の駆除に有効な「正常」な機能を果たしていたと思われる[1]。重症の貧血となる鎌形赤血球貧血症の遺伝子は、マラリアが多発する環境の中ではそれへの抵抗力として機能する[2]。"倹約遺伝子"と呼ばれるものが、肥満の素因となるか、飢餓を耐え抜く素因となるかも、食環境次第だ[3]。
　ときには、環境にほとんど左右されず、遺伝的要素だけで決定するかにみえる現象もある。ハンチントン舞踏病[4]は、その遺伝子型を備えていれば、100％発病する。しかしこれもおそらく、遺伝決定論を立証しない。むしろ、ハンチントン舞踏病の遺伝的要素が疾病として発現する環境が、人間の生存環境とほぼ同じくらい広いので、結果的につねに遺伝的要素に決定されているように見えるのだ。すなわち、"遺伝的要素が100％、環境的要素が0％"ではなく、"ほぼ100％の環境において、遺伝的要素が発現する"のである。

　＊遺伝と環境の非加算性について、ネルキン＆リンディー（1997）[5]は次のように述べる。「行動に及ぼす遺伝と環境の相対的影響をはかろうとする努力は、両者を互いに作用

しあう力としてではなく、むしろ独立した力とみなし、遺伝子発現に対する環境の力を過小評価している点で解釈を故意に誤らせる……。……あらゆる特質の遺伝率は統計的数字にすぎず、集団間の変異を示唆することはあっても個人にとってはあまり意味がない……。スティーヴン・J・グールドは、生まれと育ちの相対的影響を区別する努力は相関関係と因果関係を混同することによって誤った二分法を提案するものだ、と述べた。彼によれば、『遺伝子は人間行動の多くの側面に影響を与えるけれども、そうした行動が直接遺伝子によって引き起こされるとはいえない。特定の行動の例えば40％が遺伝で、60％は環境のなせるわざだ、と主張することさえできないのである。……要するに遺伝子と環境は非加算的なやりかたで互いに作用しあっているのである』」。

しかもポスト・ヒトゲノムの社会では、ゲノムもまた宿命的存在ではなく、人為的に操作・変革可能な体内環境の一部になる。この意味でも、遺伝決定論は最終的に破綻する。ある属性が「遺伝的」だということは、「不可避的」と同義でもなければ、「宿命的」という意味でもない。まして、「完全に理解された」という意味では全くない[6]。

2．環境決定論の破綻

ポスト・ヒトゲノムの社会では、環境決定論もまた、最終的に破綻する。
多くの環境決定論者には、遺伝決定論者は「宿命論者」だが、自分達は違うという"思い込み"がある。
しかし実は、遺伝決定論者が環境の影響を無視するのと同様、またはそれ以上に、環境決定論者には遺伝の影響を無視する場合が多い。実際、遺伝の影響を全く無視する環境決定論者は少なくない。人文・社会科学の大半の知見はそうだといってよい。人文・社会科学において多くの場合、遺伝的要素は「どうしようもない宿命＝論じるに値しないこと＝論じてはならないタブー」とされ、最初から視野の外におかれる。いいかえれば、環境（特に最も人為的な環境である社会）こそが「主体的な変更・変革・選択が可能な唯一のもの＝論じるに値すること＝論じるべきこと」とされる。しかし、そうした（社会）環境の変更・変革・選択を担う主体である人間が、社会を初めとする環境によって決定され、形成されるとすれば、これはトートロジーを免れない。

第10章　主体と環境／遺伝と環境　135

＊デネット（2000）は、「標準的社会科学モデル」の戒律があるとし、これを批判する。すなわち「動物がその生物学によって厳密にコントロールされているのに対して、人間の行動は、シンボルと価値との自律的システム、つまり文化によって決定されている。様々な文化は生物学的拘束から解放されて、おたがいにほしいままに際限もなく異なったものとなることができる。……学習はあらゆる知識の領域に用いられる一つの汎用プロセスである」[7]との戒律だ。この戒律は、遺伝すなわち生得的属性とは異なる獲得的業績を重視すべきだとする近代的メリトクラシーの理念と親和的だ。近代における自然諸科学と社会諸科学の分裂（本書第Ⅲ部Ⅰ参照）は、社会諸科学にメリトクラシーの自明性を刻印し、近代社会を最も深いところで正統化する機能を付与してきた。

　また環境決定論は、遺伝決定論以上に、人間の普遍性への視野を欠くことが多い。それはしばしば、人間の生活・アイデンティティ・身体・感情等を、社会的・文化的構築物と捉え、それゆえ社会・文化的な多様性・多元主義の文脈で把握する。確かに人間の感情やその表現様式は歴史・文化的に多様だ。それらが社会・文化的に構築されたことはまちがいない。しかしそれにも関わらず、人間には普遍的に喜怒哀楽の感情があり、うれしい時に笑い、悲しい時に泣く。言語もまた歴史・社会的に極めて多様で、変化に富む。言語・文化の習得において、社会環境は決定的役割を果たす。しかしそれにも関わらず、人類は普遍的に脳の言語野で処理した、文法的にみて同程度に複雑で一貫性のある言語を使用する。だからそれらは、相互に翻訳・理解可能だ。

＊ソシュール（1972）[8]は、ヒトが生得的にもつ普遍的言語能力（シンボル化能力とその諸活動）をランガージュと呼び、各個別民族が使うラング、及び、諸個人が実際に使うパロールと区別した。人間は、ラングの語彙を身につけるとき、様々な単語を生まれつき脳の中にあるルールとしてのランガージュにあてはめているのだ。チョムスキー（1963）[9]もまた、どんな言語にも通底する生成文法の存在を裏付ける基本的な類似性があるとし、言語の普遍的特質と言語能力が生得的であり、言語使用者は潜在的知識として生成文法を駆使していると述べた。さらに、ビッカートン（1985）[10]は、既存の言語でのコミュニケーションが不可能な状況におかれた時、人間が互いの意志疎通のために様々な単語やフレーズを組み合わせて一種のピジン語（混合語）を作り出し、特に子供達が文法上のルールをさらに彫琢して、より効率的で実用性の高いクレオール語を構築することを明らかにした。こうしたクレオール語の生成は、しばしば言語の社会・歴史的構築性、及び、既存の規範を脱構築する社会的主体性の文脈で論じられる。しかし同時にそれは、人間が普遍的に、生きるために言語を必要とし、しかも言語を構築する能

力を生得的に備えていることをも意味している。

　しかし、ここで重要なことは、言語・文化の生得性ではない。むしろ、人間としての普遍性であり、遺伝と環境、生得性と獲得性の二分法それ自体の限界だ。例えば、幼少時に人間社会から隔離され、言語を習得する機会を失ったヒトの事例から、言語習得における（社会）環境の重要性を確認することもできれば、遺伝的本能の発現時機の重要性を指摘することもできる。脳の特定部位の損傷で言語能力の一部を喪失したヒトの事例から、言語能力の生得性を主張することもできれば、それによる社会生活上の不利に注目して言語の社会構築性・社会的規定性を指摘することもできる。そして何より、前述の人間の言語能力や言語構造の普遍性・類似性は、それ自体、言語が遺伝的・生得的であることを示すとは限らず、むしろ人間が普遍的に類似した環境に暮らしていることの反映とみなしても、全くさしつかえない[11]。要するに、遺伝と環境は非加算的に相互作用する中で、人間の普遍性と個別性をともに創出するのである。

　また環境決定論、特に社会環境決定論は、しばしば遺伝決定論と同様、「宿命論」として立ち現れる[12]。なぜならそれは、社会環境が人間によって形成され、したがって改変可能と暗黙裏に想定しつつ、しかしそれを改変する人間の「生成－存立」がいかに可能かを全く説明しないからだ。「学校でこのように教育すれば、こんな人間が形成される」、「こういう家族で育てられたから、この子供はこうなった」、「これらの人々や民族は、こんな歴史的・社会的文脈におかれたため、こうしたパーソナリティやアイデンティティを身につけた」。このような環境決定論には、環境を改変する人間の主体性が入り込む余地はない。

　＊ネルキン＆リンディ（1997）[13]は、「人間行動の生物学的説明と環境論的説明はともに固有の社会的意味をもたず、どちらの説明も、……抑圧の手段として使いうるし、人間の自由を推進する目的で使う事もできる」と指摘する。そこで、遺伝決定論だけでなく、「環境決定論もまた、人権を抑圧し、劣っていると目される集団を締めつけるために利用されかねない。たとえば1950年代と60年代には、環境の力に対する大衆の関心が家事・子育ての担い手としての女性の伝統的な役割を強めた。それは戦時中に雇用された母親にたいして、1950年代の『家庭に帰れ』運動を正当化した。子どもの成績が勉強と環境しだいだとするならば、母親は家庭に必要な存在であり、子どもの行動に100パーセン

ト責任があるはずだ、ということになったのである」。

　遺伝決定論に比べ、環境決定論の方が差別的でないとは、とうてい言えない。例えば、人種・民族の多様性が遺伝的でなく、環境、特に社会環境による構築物だということが強調されれば、当然、それは人為的・社会的に変更可能ということになり、マジョリティへの同化を強制するプレッシャーの根拠として機能しうる。またマジョリティへの同化が、諸個人の能力と努力に基づく獲得的業績だとみなされれば、近代社会ではその到達度・業績に基づく差別は、正当化される。さらにその上、そうはいっても諸個人は、社会・文化環境を選択して生まれることはできず、いわばそれは諸個人にとって生得的な「宿命」でもある以上、他文化を習得し、自文化を変更するには時間がかかる。そこでマイノリティは、マジョリティに「まだ到達し得ていない」、「未開人」として差別されるのである。

　以上のように、環境決定論は、環境を変更する人間の主体性を軽視し、宿命論に陥りがちだ。そこで、環境決定論に基づく多くの人文・社会科学は、現状の解釈はできても変革には無力になる。また、主体と環境（社会）の相互作用は指摘できても、環境（社会）の客観的分析に比べ、主体的・創造的な変革の解明はつねに立ち遅れる。さらに様々な主体形成論や方法的個人主義の試みも結局、身近な日常的社会関係の解釈の域を出なくなる。総じて、今日の人文・社会科学もまた「世界をただまざまに解釈しただけ」であり、「肝腎なのは、それを変えること」（マルクス）であり続けている[14]。

＊マルクス（1963-a）[15]は、環境決定論を批判する。「環境と教育の変化にかんする唯物論的教説は、環境が人間によって変えられ、そして教育者自身が教育されねばならぬことを忘れている。それゆえこの教説は社会を二つの部分——そのうちの一方の部分は社会を超えたところにある——に分けざるをえない。環境の変更と人間的活動または自己変革との一致はただ革命的実践としてのみとらえられうるし、合理的に理解されうる」。
　環境決定論者は、一方で、環境による規定性を主張する。しかし他方で、自らはその環境による規定性を見抜き、相対化し、環境の改善・変革が可能だと主張する。そうした自分自身を含む主体的な人間が、環境の規定性をいかに免れ、一体どのように生まれ出てくるのか／きたのかは、全く明らかではない。結局、それは人間や社会を「二つの部分」——環境の単なる産物である大多数の受動的人間、及び、環境を主体的・自覚的に認識して変革しうる少数の自由な人間——に分けざるをえない。そして後者が生まれてくる社会的基盤は全く不明確で、それは「社会を超えたところにある」としか、言いようがない。
　なお、環境決定論ではなく、人間を創造的・変革的な主体と捉える人文・社会科学の

一例として、前述のソシュール、チョムスキー、ビッカートン等の言語研究がある。特にソシュールのランガージュ概念は、単に人間の言語能力の普遍性だけでなく、それが人間の主体性であることを物語る。すなわちヒトは、客観的に存在する事物の反映として言葉を作るのではない。逆に言語能力があって初めて、事物を認識できる。言語は対象を指示する静的なものではなく、既存の記号的意味を突き崩し、新たな意味体系と世界認識を構築していく主体的なディスクール活動だ。その意味で、人間の普遍的な言語活動は、ヒトが主体的にヒトになっていく過程である。

しかも環境決定論は、遺伝決定論を主観的には批判しつつ、客観的には支持する。それは、遺伝的要素をブラックボックスに入れ、事実上、「どうしようもない宿命・暗黙の前提」と認める点で、最も典型的な遺伝決定論だ。現実にはヒトゲノムは、環境の中で主体的に生きる人間によって創造・変革されてきた。人間は自らの生存をかけて環境を変え、その一環である自らのゲノムも変え、「初めに行いありき」[16]の中で、現在のヒトになってきた[17]。このように、人間が自己のゲノムを主体的に形成してきた事実をふまえれば、たとえ遺伝的要素を視野に入れても、「遺伝決定論＝宿命論」に決して道を開かない。

＊栗山（1995）によれば、アミノ酸が変化するDNA突然変異はチンパンジーに比べ、ヒトの方が多く、いわばヒトは多少、不利な突然変異があっても生きてこられたという[18]。こうした生存環境の人為的改変、すなわち自然や社会への目的意識的働きかけ、いいかえれば労働が、ヒトのDNAに影響を与えてきたことは自明だろう。

マルクス（1982）は述べる。「労働は、まず第一に、人間と自然とのあいだの一過程、すなわち人間が自然とのその物質代謝を彼自身の行為によって媒介し、規制し、管理する一過程である。人間は自然素材そのものに一つの自然力として相対する。彼は、自然素材を自分自身の生活のために使用しうる形態で取得するために、自分の肉体に属している自然諸力、腕や足、頭や手を運動させる。人間は、この運動によって、自分の外部の自然に働きかけて、それを変化させることにより、同時に自分自身の自然を変化させる。彼は、自分自身の自然のうちに眠っている潜勢諸力を発展させ、その諸力の働きを自分自身の統御に服させる」[19]。

エンゲルス（1968-c）[20]も指摘する。「労働は人間生活全体の第一の基本条件であり、しかもある意味では、労働が人間そのものをも創造したのだ、と言わなければならないほどに基本的な条件なのである」。直立歩行に伴う手の自由の確保は、「手をさまざまな作業に適応させることを習得」させた。「手は労働の器官であるばかりか、手は労働がつくりだした産物でもある。労働によって、またつぎつぎに新しくなってゆく諸作業への適応をつう

じて、またそれによって獲得された筋肉や靭帯の特異的発達、いやもっと長年月をかければ骨にまで及ぶ特異的な発達を遺伝的に伝えることによって、そして遺伝的に受けついだこのような精巧さをますます複雑化してゆく新しい作業にたえずあらためて適用してゆくことによって、そうしたいっさいをつうじてのみ、人間の手はラファエロの絵画、トルヴァルセンの彫刻、パガニーニの音楽を魔法の杖さながらに世に生みだしうるあの高度な完成をかち得たのである」。「しかし手は手だけでひとりだちしているものではなかった。それはきわめて高度の構成をもつ生物という全体の一分肢でしかなかった」。そこで、「人間の手がしだいに精巧なものとなり、それと歩調をあわせて足が直立歩行に適するように発達していったとすれば、そのことは疑いもなくそうした相関をつうじて身体の他の諸部分に反作用したはずである」。しかも「労働の発達は必然的に社会の諸成員をたがいにいっそう緊密に結びつけることに寄与した。すなわち労働の発達によって相互の援助、共同でおこなう協働の機会はより頻繁になり、社会成員各個にとってのこのような協働の効用はいよいよはっきりとしてきたからである。要するに、生成しつつあった人間は、たがいになにかを話あわなければならないところまできたのである。欲求はそのための器官をつくりだした。すなわち猿の未発達な咽頭は、音調を変化させることでいっそう音調変化を向上させることにより、ゆっくり、だが確実に改造されてゆき、口の諸器官は区切られた音節を一音ずつつぎつぎと発音することをしだいに習得していった」。「はじめに労働、その後に、そしてこんどは労働とともに言語——この二つが最も本質的な推進力となって、猿の脳はその影響のもとに、猿のものと瓜二つではあってもそれよりはずっと大きく、ずっと完全な人間の脳へとしだいに移行していった。ところが脳の持続的発達と手をたずさえて、こんどは脳の最も直接的な道具である感覚諸器官の持続的な発達が生じた。ちょうど言語の漸進的発達には必然的にその発達に見合うだけの聴覚器官の改良がともなうように、脳全般の発達には感覚諸器官全部のそれがともなう」。「脳とそれに隷属している諸感覚の発達、ますます明晰さを増していった意識と抽象および推理の能力の発達は、労働と言語にこんどは反作用して、この両者にたえず新しい刺激をあたえてそれらのよりいっそうの発達をうながした」。そして労働・道具の発達による食物の多様化に伴い、人間は「どんな気候のもとにも生活してゆくようになった」。

　ゲノムの変化は、個人の人生という「時空（Time = Space）」でも起きている。しかし、歴史・社会的な主体形成、及び、生物種としての人類進化の時空では、それはさらに大きな意義をもつ（本書第Ⅲ部Ⅲ参照）。

　現存する遺伝的な差異・多様性の大部分——現人類が有意義とみなす多様性の大部分——は、社会的な序列・差別化のための根拠でもなければ、抹殺すべき異常でもない。そしてそれらは、「押し付けられた烙印・宿命」でもない。そ

れらは、人類（及び、その祖先の生物種）が苛酷な環境の中で獲得してきた貴重な遺産であり、それゆえ今後の苛酷な環境の中で人類（及び、その子孫の生物種）の生存と尊厳を実現する上で有意義な、尊重すべき価値といえよう。

3．「決定論」の破綻／実践論の必要

　遺伝決定論・環境決定論の双方の破綻は、「遺伝か環境か」との二者択一を破綻させ、「遺伝も環境も」という、ごく平凡な結論を導き出す。ただしこれは、細分化された既存の自然科学や社会・人文科学にとって恐るべき結論だ。
　2つの決定論の破綻の意義はそこにとどまらない。それは、遺伝であれ環境であれ、あるいはその双方であれ、「決定論」そのものの破綻だ。「環境の変更と人間的活動または自己変革との一致はただ革命的実践としてのみとらえうるし、合理的に理解されうる」（マルクス）[21]ことが一層明らかになる。
　遺伝と環境の双方が人間のあり方を規定するのは自明だ。どの世代の人間も、過去の世代によって創出された遺伝と環境を、自らの出発点として受け入れるしかない。人は皆、自ら選択・自己決定して生まれてこない。「みんな泣きながらこの世にやって来た」（シェイクスピア）[22]。しかしそれにも関わらず人間は、自らに与えられた遺伝と環境の双方を創造的に改変し、後世代に伝える。「人間は、自分で自分の歴史をつくる。しかし、人間は、自由自在に、自分でかってに選んだ事情のもとで歴史をつくるのではなくて、あるがままの、与えられた、過去からうけついだ事情のもとでつく」り、しかもそうして「人間は、自分自身と周囲の事物とを変革する」（マルクス）[23]。
　その意味で、現在のヒトゲノムには「人間はどこから来たのか、人間とは何なのか」が刻印されている。しかしそこには「人間はどこに行くのか」は未だ書き込まれていない。正確にいえば、「（現在の）人間がどこに行こうとしているのか」はある程度書かれていても、「（未来の）人間がどこにいるのか」は現在のヒトゲノムからは読み取れない。「人間は、この宇宙における、有機物、無機物を問わず、ほかのどんなものとも違って、自分の創り出すものを越えて成長し、自分の考えの階段を踏みのぼり、自分のなしとげたもののかなたに立ちあらわれるものなのだ」（スタインベック）[24]。

＊デネット（2000）は、人間が遺伝子に挑む力・反旗を翻す力をもっていると述べる。蛾は遺伝子のために身を犠牲にして明かりに突っ込む。鳥は、自分の身を守るために卵がいっぱい入った巣を捨てることもありうるが、しかしこれは次の卵を産むための本能ということもできる。これらに対し、人間は、何らかの理由で子供を生まないという選択もできる。つまり人間だけが「利己的複製者たちの専制に対して謀反を起こせるのである」[25]。

　これは不可知論ではない。人間は自らの遺伝的要素を含め、自由に未来を選べる。しかしその選択は、過去の世代が歴史的に創出した遺伝と環境によって規定・制約されている。そして未来に向けた選択の実践は、見果てぬ遠い未来ではなく、つねに「今、ここ」でしかなされない[26]。

4．主体と環境／「宿命論」の克服

　現状から原因を振り返るのではなく、過去と現状を踏まえて未来を展望するには、「遺伝－環境」より「主体－環境」という認知枠の方が有効だ[27]。
　「主体－環境」の認知枠においては、遺伝も主体にとって環境の一部だ。遺伝を含む環境を創造・選択・変革する主体性も捉えられる。そしてここでの主体はさしあたり人間だが、人間自体の形成・揺らぎ（進化）を射程に入れることも可能だ。さらに「主体－環境」の認知枠では、決定論ではなく、宿命論の克服が重要になる。重要なことは決定そのものではなく、誰がいかに決定するか、だ。つまり環境であれ、遺伝であれ、その両方であれ、それらによって決定づけられた宿命をただ遂行するのでなく、その宿命に抗い、自ら運命を決定し、切り拓く主体とその形成を、いかに科学的に把握するか、である[28]。

＊主体的「決定」の把握をめざす社会学理論は少なくない[29]。ウィリアムズ（1983）は、構造主義の重層的決定概念を評価しつつ、しかし構造主義とは逆に、そこに支配的イデオロギーへの屈服ではなく、主体的創造・変革の可能性を見出そうとした。トムスン（2003）も、「生きられた文化」と主体的経験を重視し、主体による実践・文化創造の歴史を、合意形成よりむしろ闘争の局面に焦点を当てて把握した。アップル（1993）もまた、社会的階級を単に文化的に維持・再生産されるだけでなく、様々な対抗的契機を孕んだ民衆の「生きられた文化」のレベルから捉えた。ジルー（1996）の抵抗の意義を重視した批判的教授学も、そうした試みの一つだ。そしてウィリス（1985）は、一方で、イギリスの労働

者階級の子供達の一見、反抗的な「反学校の文化」が、実は資本主義的階級関係を自発的に再生産していくプロセスを明らかにしたが、しかし同時に、これが決して予定調和的でなく、資本制の変革に連なりうる「洞察」とそれを押しとどめる「制約」、支配への「同化」とその「異化」のせめぎあいに満ちた動的・生産的過程であることを明らかにした。

宿命論に立てば、主体的決定・選択は幻想にすぎなくなる。いくら主体的に決定・選択しているつもりでも、それ自体が宿命でしかないからだ。しかし、それを「宿命にすぎない」と認識しているのは、奇妙なことに宿命論者の主体性にほかならない。その意味で、宿命論は本来、全く無意味な言説だ。

それにも関わらず宿命論が一定の影響力を保ち、ときには真理であるかに見えるのは、最も根本的には、自然の無限性の前で人間・人知がつねに有限だからだ（本書第Ⅰ部Ⅱ参照）。人間には宿命と受け取るしかない様々な制約が厳然としてある。個としての人間にも、種としてのヒトにも、動かしがたい宿命はある。「私たちの人生には、私たちが統御できないもの、『責任を負う』ことさえできないもの、恩寵と受けとめるか、非運と嘆くしかしようのないもの、ふつう……は考えないようにしようとしているもの——そういったものがたくさんある。つまるところ、私たち自身は……目的そのものではありえない。私たちはもっと大きな全体の一部にすぎない」[30]（ベラー）。

ただし、ここで考慮すべきことは、次の2つの事実だ。

第1に、自然の一部であるのは、人間だけではない。あらゆる生物も、また物質も自然の一部だ。したがって、ただ一定の状態や推移を「宿命」とみなすだけなら、そこに人間に固有の主体性が入り込む余地はない。

第2に、宿命論は、一方で「自然の無限性＝人知の有限性」、すなわちある種の予測不能性（偶然性）を前提とする。ところが他方で、宿命論は何らかの現象をつねに後追い的に説明し、それがいかに「宿命的」、すなわち必然であったかを説明する。つまり宿命論によれば、未来は偶然的で予測不能だが、過去は必然的で説明可能ということになる。

したがって、宿命論を真の意味で克服するには、一つには、宿命に抗い、目的意識的に未来を予測し、自らを含む自然を変革する人間の主体性とその発達をいかに把握するか、もう一つには、予測不能性（偶然性）と選択不能性（必

然性）という、宿命論の矛盾する 2 側面をいかに統一的に把握するかが、重要になる。このことはまた、人間の主体的な意識性と「自然の無限性＝人知の有限性」をいかに統一的に捉えるか、という問題でもある。人間の目的意識性は、もちろん人間の活動全体を統制する。しかし人間は、実際の作業の経過の中で、当初の目的そのものを反省・変更したり、作業が終了した後に初めて目的を明確に自覚することもある[31]。これらは究極的には「自然の無限性＝人知・人間の有限性」に基づく。しかし同時にこれらはまた、人間の重要な意識性でもある。人間は、あくまで無限の自然に埋没・一体化することなく、むしろ逆に自然の無限性を基盤として、自らの意識性・実践性を（生命としての人間が存続する限り）「無限」に発達させていく主体だ。人間は、アプリオリに人間なのではなく、こうして人間になっていく。

　　＊宿命論の克服の手掛かりとして、決定論的カオス研究が、しばしば注目される[32]。なぜならそれは、未来の予測不能性（偶然性）を、人間の認知・認識という主体性との関連で論じているからだ。決定論的カオス研究によれば、ある時点での初期値が決まればその後の状態が原理的にすべて決定されるという決定論的法則に従っているにも関わらず、非常に複雑で不規則・不安定なふるまいをして、遠い将来における状態が予測不可能な様々な現象が実在する。また比較的単純な決定系でも、ある作用が次の作用の開始条件に影響を及ぼし、ほんの些細な作用が巨大な変化の原因となるため、カオス的なふるまいをすることもある。そして現実の自然・社会現象の多く——株価指数、天気予報、海岸線の形状等——は、カオス的・非線形的であることの方がむしろ常態で、線形的システムとして理解できる事象の方が例外的だ。ここには、偶然と必然、カオスと秩序の奇妙な共生、とりわけ多くの小規模なカオス的事象の結合を通して、大規模な秩序が発達するあり様が、人間の認識との関連で示されている。

　ただし、決定論的カオス研究は、本質的な意味で、宿命論を克服していない。ここで前提される人間の主体性は、あくまで認識的なそれにとどまる。またここで想定される宿命は、他の生物・非生物と異なる人間に固有のそれではない。さらに、ここで強調されるのは、未来の予測不能性（偶然性）であって、過去の説明可能性（必然性）と必ずしも十全な接合面を有していない。

　人間にとっての予測不能性は、最も本質的には「人間の有限性＝自然の無限性」に基づく。それこそが、人間にとっての宿命の最大の現実的根拠だ。これをふまえれば、予測不可能性を正面から認める決定的カオス理論は、最大の宿命論といってもよい。言いかえれば、確かにそれは、人間（人知）が自然の一部であり、その逆ではないことの、人知による明晰な自覚ではある。しかし同時にそこには、そうした無限の自然にアプローチする人

間（人知）、すなわち未来の予測不能性を知りつつあえて予測とそれに基づく目的意識的な変革に挑む人間に独自の主体性は、必ずしも明確に位置づけられていない[33]。

宇宙・生命・人間の発生は必然ではない。それは様々な偶然の産物だ。しかし、奇跡とも思える偶然の中で、それは実際に起きたのである。そこには、一定の法則――ある範囲内でのみ妥当する主観的・主体的認識――がある[34]。人間は、そうした法則を意識的に創出し、それに基づいて自然に働きかけ、認識と実践の範囲を少しずつ拡大することによって、自然を改造するとともに、人間になってきた。それが人間の宿命だとすれば、人間にとっての宿命とは、決して予測不能性（偶然性）に尽くされない。

偶然には、必ず原因がある。偶然の事象は、何らかの原因に基づき、因果的に引き起こされる。その意味で、偶然は必然と同様、一種の因果関係だ。いいかえれば、すべての事象は因果的だが、しかし必然とは限らない。個々の現象の原因は極めて多様かつ重層的で、決して一つではない。この多様な原因の中には、本質的原因と副次的原因がある。このうち、本質的原因が大きく作用した現象が必然であり、主に副次的原因に基づくものが偶然だ。例えば、自動車による交通事故のうち、スピードの出し過ぎや前方不注意、自動車の故障等、直接、移動という目的に関わる事柄を主な原因とする事故は、必然性が高いとみなされる[35]。これに対し、走行中、上空から落下してきた自殺志望者や看板と衝突した場合、すなわち移動という目的にとって副次的な原因による場合、少なくとも自動車（ドライバー）側から見れば、偶然性が高い事故とみなされる。しかし、必然か偶然かは、つまり何が本質的原因で何が副次的なそれかは、人間の主観‐主体性によって決まる。現に見方をかえれば、ビルの屋上から下の道路に飛び降りたら、自動車にはねられることは必然であり、偶然ではない。そして何より、事故を意味のある現象とみなし、その発生の本質的原因と副次的原因を分析しているのは、人間自身だ。また人間は、副次的原因をも認識することで、必然であれ偶然であれ、事故の再発防止に向けて行為することができる。

そこで、宿命論を克服し、人間の主体性を解明する試みの一つとして、次のような思考が現れる。すなわち、未来の事象の中から、予測可能（必然的）なものと、予測不能（偶然的）なものを分け、後者の偶然性のうちに、人間の選択可能性という主体性をすべりこませようとする試みだ[36]。その場合、一般に、より大きな「時空（Time = Space）」の事象は人間にとって予測可能（必然的）で主体性を発揮する余地がなく、逆により身近な時空の事象は予測不能（偶然的）で選択の余地もある、との発想が生まれやすい。例えば、人間が、いつか食事をとり、排泄するのは必然で、予測可能だ。しかし諸個人が、いつ、どこで、誰と、どのようにそれらをするかは、様々な偶然に左右され、予測不能だ。だからこそ人間は、いつか必ず食事をとり、排泄する宿命からは逃れられない

が、いつ、どこで、誰と、どのように食事をし、排泄するかは、主体的に選択・判断できる。さらに、より大きな時空での予測可能性（必然性）もまたそれ自体、それを認識する人間の主体性の現れだ、ということになる。

しかし、こうした2つの時空の使い分けは、所詮便宜的なものにすぎず、明らかな限界がある。実際それは、より大きな時空では予測可能性（必然性）としての宿命論に囚われ、逆に身近な時空では予測不能性（偶然性）としての宿命論に囚われざるを得ない。それは、人間の主体的選択・目的意識的行為を、比較的身近な時空でのそれに限定し、しかもそれさえも様々な偶然性に支配されたものと捉える。しかし前述の如く、進化という比較的大きな時空においても、ヒトは主体的にヒトに「なってきた」。しかもそれはつねに、「今、ここ」での目的意識的な「生命－生活」の主体的再生産の積み重ねだ。こうした日々の主体的選択・主体性の発揮が、いかに大きな時空での主体形成・進化に繋がるのかを解明しなければ、真の意味で宿命論を打破したことにならない。

人間は、無限の自然の中で、主体性だけではどうにもならない制約、すなわち宿命をもっている。しかし人間が、そうした宿命の克服を通して人間に「なってきた」ことも事実だ。宿命論の最大の限界は、現実の宿命を認識し、受けとめ、苦闘し、克服して行く人間の主体性を十分に捉えていないことにある。また現実には克服可能な問題さえも、自然の無限性としての宿命であるかのようにすり替え、その克服に向けた人間の主体性の発現の可能性を見ないことにある。それは決して、2つの時空の便宜的な使い分けや、人間以外のものも含めた複雑系の一般的考察によっては、克服されない。

＊人間の主体性は、偶然性の余地にすべりこむ脆弱なものだけではない。宿命を克服する人間の自由・主体性は、決して、必然性を無視して恣意的にふるまうことではないのである。それは、必然性を洞察し、それに基づいて目的意識的に働きかけることだ[37]。したがって自由や主体性は、既存の必然性の克服であると同時に、それ自体、つねにより大きな必然性への服従でもある。

人間は、自然・肉体の制約を受ける。歴史・社会的制約も受ける。ただし人間は、自然や社会の因果関係を認識し、目的意識的に働きかけ、それらを制御・変革しうる。そこにこそ、人間の自由・主体性がある。必然性の認識・洞察は、人間の自由の不可欠の条件だ。ただし必然の認識は、それだけでは人間の自由とはいえない。自由とは実践的なものであり、可能性を現実性に転化させる人間の能動的実践において成立する[38]。

しかもこうした人間の自由・主体性は、個々人の意識的選択・自己決定というより、むしろ多くの人間の個別意志の葛藤・合成力として現れる。そこで、個々人にとっては自由・主体性の余地など存在しないと感じられることもある。この点についてエンゲルス（1975）は述べる。「歴史のつくられ方というのは、多くの個別意志の葛藤のなかから最終結果がいつでも生まれてくるものであり、しかもそれらの個別意志はそれぞれまた多くの特殊な生活条件によってそのような個別意志になっているのです。つまり無数の、たがいに阻害し合う力、すなわち力の平行四辺形の無限の集まりがあり、そのなかからひとつの合成力——歴史的結果——が生まれるのであり、それ自身はまた全体として無意識に、また無意志にはたらく力の産物としてみなすことができるのです。なぜならば、個々の一人ひとりの者がもとめるものは、他のそれぞれの者によってはばまれ、そして出て来るものはだれもが求めなかったものということになるのです。こうしてこれまでの歴史はひとつの自然過程のように経過していますし、また本質的には同じ運動法則にしたがっています。しかし、個々の意志が……そのもとめることを得られず、溶け合って全体の平均、すなわち共通の合成力が生まれるからといって、個々の意志イコール・ゼロとみなすべしなどと考えてはなりません。それどころか、個々の意志はそれぞれ合成力に寄与するのであり、そのかぎりでそのなかに含まれているのです」[39]。

そして人間の自由・主体性の究極的目的は、意識的選択・自己決定それ自体ではない。あくまで「生命－生活」の発展的再生産だ[40]。この観点を欠いた、単なる個々人の選択可能性・自己決定としての「自由・主体性」——「必然の洞察」を伴わず、個人主義的で、「生命－生活」の発展的再生産という停泊点をもたない「自由・主体性」——は、現実の宿命の前では、孤独・不安・無力感を増幅させ、自由の自発的放棄や、「生命－生活」の自発的疎外を招く。こうした現実を、フロム（1951）は、ワイマール共和制下での大衆の自発的投票行動による全体主義の選択に見出し、「自由からの逃走」と定式化した[41]。ベラー（1991）もまた、第2次大戦後のアメリカ社会において、ラディカルな個人主義（自己決定論等）が、一方で孤立した自己の正しさの確証を他者に求める順応主義・「権威への渇望」を招き、他方で孤独と不安を癒す親密な私的内面性の世界へと回帰していく実態を明らかにした[42]。

食事や排泄、有性生殖といった宿命は、人間以外の多くの生物にもあてはまり、人間だけの特徴ではない。恋愛や革命、犯罪や芸術、差別や戦争といった複雑な人間行動、そこでの歴史的規定性と主体的創造性の関連を、2つの時空の使い分けで理解するのは、やはり無理がある。一人一人の人間は一生の間に3つの生を生きる。個人の人生、歴史的社会変動の担い手としての生、そして人類進化の担い手としての生だ。こうした多様な時空の統一的把握の中で、人

間の「生命－生活」やそれに基づく主体性・創造性、さらにそれらの発達の道筋を考えることの重要性は、ここでもまた明らかだろう。

　　「あたし、ここからどっちの方角にいったらいいんでしょう？」
　　「どこにいきたいか、それによるんじゃないのかね？」
　　　　　　　　　　　　　　　　　ルイス・キャロル『ふしぎの国のアリス』[43]

#　第Ⅲ部　人間発達の学をめざして

第1章

科学の細分化と人間発達の課題

1．学問の細分化と無力さ

　人類は今、巨大な転換期に遭遇している。人類が直面する危機は自然環境破壊や南北格差等、国境を超えた「地球的問題群（global problematique）」として立ち現れ、その克服は人類の生存をかけた共同の挑戦となっている。（本書第Ⅰ部Ⅶ参照）また、ポスト・ヒトゲノム時代における人類の生物種としての単一性の揺らぎ、すなわち【人間の揺らぎ】もまた、地球的問題群の現れ方・受けとめ方において、巨大な転換を迫りつつある。

　こうした地球的問題群や【人間の揺らぎ】は、現代資本主義、より具体的には多国籍化した巨大資本の利潤増殖の営為を共通の土台として、相互に密接に関連しあいながら、地球大で増幅しつつある[1]。【人間の揺らぎ】の最大の推進力も、現時点ではやはり利潤増殖であり、それだけに地球的問題群を克服するどころか、逆にそれらを加速・拡大する方向で機能している。

　さて、こうした危機に際して、既存の経済学・政治学・社会学・歴史学・地理学、そして人間を直接、研究対象としている教育学・心理学・人類学、さらに自然諸科学は、解決の展望を明確に示し得ているとはいいがたい。むしろそれらは、人間や社会に関わるトータルで目的論的な課題設定を「非学問的・非科学的」とあらかじめ放棄・排除し、個別の学問分野内部での限定的論争に埋没しているようでもある[2]。既存の細分化された諸科学が、人類の直面する現実的危機とほとんど無関係な内部論争に終始する姿はまるで、沈没しつつある船の中で座席配置をめぐって論争しているかのようだ。

　細分化された諸科学が無力である原因の一つは、それらがあまりに貧弱な人

間像を前提としていることにある。現実の諸課題に対応しうるのは、既存の諸科学の枠組みに沿って細分化された人間ではない。トータルな人間そのものだ。また、現実の諸課題に向かう実践も、諸科学の枠組みで細分化された人間の行為・活動・反応ではない。生きた人間の実践そのものだ。

＊セン（1989）[3]は述べる。「経済学理論は、……人々は正直であるための経済的誘因がある限りにおいて、その程度まで正直であるにすぎないと考えがちである（ホモ・エコノミクス）。この仮定は真ではありえない。いかなる社会も何らかの行動の規範と規則なしには存立しない。このような規範と規則はまさに経済的な動機づけが不在で、しかも創出できないような領域にとってこそ、その社会にとって不可欠なのだ」。またセンは同書で、「『純粋な経済人』は事実、社会的には愚者に近い。しかし、これまで経済理論は、そのような……合理的な愚か者に占領され続けてきた」と指摘する。さらにセン（2002）は、「市場メカニズムが大きな成功をおさめることができるのは、市場によって提供される機会をすべての人々が合理的に分かち合う条件が整備されている場合のみ」であると、経済学の市場への視野狭窄を批判する[4]。

また、武田（2001）[5]は、人間が「自然性（生命）、意識性（理性性）、社会性（共同性）の三位一体的存在でありながら、その三側面はトリレンマを構成」し、そこで「そこから抜け出そうとする多くの論者は、そのいずれかに人間を還元しようとする」と述べる。この区分はおおむね、自然科学、人文科学、社会科学によって分割された人間像と対応する。そして武田はこうした試みを批判し、「今、人間の自然性－理性性－社会性すべてにわたるトータルな理解」、「大統一理論」が求められていると主張する。

ただし、こうしたトータルな人間像は、19世紀のマルクスやエンゲルスの思考の中に、すでに示されている。

マルクスは人間を、自然を改変し、歴史をつくる中で、自己を産出・形成する主体と捉えた。その人間像は、ホッブスやベンサム、スミス等が想定した「万人の万人に対するたたかい」に永遠に携わる競争的個人でもなければ、利己的快楽主義者でもない。マルクスによれば、ホモエコノミクスは普遍的な人間ではなく、特定の歴史的産物にすぎない。人間が「生命－生活」を発展させ、いいかえれば自らの自然や社会を変えなければならない時、人間は新たな人間像を必要とし、「自己変革＝社会変革」を遂げる[6]。

エンゲルス（1975）も次のように述べる。「唯物論的歴史観によれば歴史において最終的に規定的な要因は現実生活の生産と再生産である。それ以上のことをマルクスも私も今までに主張したことはありません。さて、もしだれかがこれを歪曲して、経済的要因が唯一の規定的なものであるとするならば、さきの命題を中味のない、抽象的な、ばかげた空文句にかえることになります。……そうでなければ、ある任意の歴史上の時代への理論の適用は、簡単な一次方程式をとくよりもやさしいことになるでしょう」[7]。

2．諸科学の細分化の歴史と現状

　自然科学が物理学・化学・生物学・天文学・地質学等に細分化され、"sciences" と複数形で語られ始めたのは、18世紀後半から19世紀にかけてだ。自然科学の特定分野の専門家を示す「科学者（scientist）」という言葉は、19世紀半ばに造語された[8]。細分化された自然諸科学が、目的論・主体論を排除することにより、自らを立ち上げた経過については、既に述べた（本書第Ⅰ部Ⅳ参照）。自然諸科学は、目的論を目的意識的に排除することで——いいかえれば目的論を目的意識的に排除した当の主体である人間やその営みである自然科学自身を視野の外に置き、あたかも主体と客体の二分法を前提とした客観的認識が可能であるといった非現実的な仮定に立って——、自らを成立させたのである[9]。こうした自然諸科学から、人間にとっての目的論、及び、対象を客観的に把握しようとする人間の主体性論が、内在的に導き出されるはずがない。しかもこうした認知枠に疑義をもたない「自然科学者」であればあるほど、自らの人間観の喪失に無自覚だったり、人間像・人間観に左右されない客観的認識こそが「科学的」で正しいとの誤謬に陥るのも、また当然だ。彼／彼女らは、諸科学が主体論の喪失と引き換えに、客観主義的な「真理」探究を独占したことに——いいかえれば、人間のための科学ではなく、諸科学のための諸科学であることに——十分満足しているのである。

　直接、人間を研究対象とする人文・社会科学でも、時期的にはやや遅れたが、やはり細分化は進み、トータルな人間や生きた実践を捉える視野は切り刻まれ、失われていった。経済学・政治学・社会学・歴史学・教育学・心理学・人類学等への分割は、19世紀〜20世紀にかけて完了した[10]。

＊ウォーラーステイン（2001）によれば、「マキャヴェリやスピノザ、あるいはモンテスキューでさえも、……自分のことを社会学者とはよばなかった。それどころか、『社会学者』などというような概念自体が存在しなかったのである。さらに『哲学者』と『科学者』というような、もっと広いカテゴリー間の区分も、いまだ判然とは存在しなかったのである。この『哲学』と『科学』との区別は、……もともとは、デカルト主義的な人間と自然の二元論に基づいて案出されたものであり、18世紀の末になって初めて全面的に具体化された

ものでしかない。社会科学は、科学と哲学の中間の第三の学問領域として、……後から付け加えられた概念的カテゴリーであり、19世紀にはじめて現れた。さまざまな社会科学の間に区別を設けた大学の個別の諸学部が登場したのは、やっと1880年から1945年の期間のことであり、世界の多くの地域で完全にその体裁が定まって制度化されたのは、1950年代および1960年代のことでしかない」[11]。

丸山（1961）[12]も、社会諸科学の専門分化・細分化を19世紀後半に見出す。すなわち19世紀前半には、ヘーゲル、シュタイン、マルクス、ベンサム等、「法律学とか、経済学とか、社会学とかいったような、個別科学の分類からいうとどこへ入るのだかわからないような、非常に包括的な総合的な学問体系が続々と輩出」した。ところが、19世紀後半には、「the social science が崩れてもろもろの social sciences にな」り、「個別科学が非常に発達して、法律、政治、経済、心理というような学問の各分野における専門化、独立化が進」んできたのである。

人文・社会諸科学を細分化した分割基準は、近代主義だ[13]。すなわち近代国民国家を前提として政治学と法律学が、近代資本主義・市場経済を自明視して経済学が、近代市民社会・近代家族の成立をふまえて社会学が、そして近代的自我を前提として心理学が成立した。さらにそうした近代社会の「必然的」な成立過程、及び、近代と過去の相違を歴史学が説明し、近代人・国民としての陶冶・発達を教育学が担った。そして最後に、近代文明から取り残された特殊な、または今後、近代化されるべき未開の人間・社会の事象は、人類学や東洋学が「専門」として囲い込んだ。

近代主義は、人間の認識に次のような枷をはめた。

まず第1に、「近代化」は、それ自体が「正常」で普遍的・一方向的な変化の過程とみなされる。個人の心理・行為レベルでも功利主義が、普遍的・必然的なものとされる。「何のための、誰のための近代化や功利主義か？」という目的論は排除され、近代化や功利はそれ自体が疑うべからざる目的となり、必然的に進む自明の過程となる。こうして社会諸科学においても——自然諸科学と同様——目的論が排除され、その結果、「道徳的にかかわりあうことに躊躇して、その重要性を認め」ず、「現実主義が失われ」[14]た。

第2に、「近代化」は、西欧をモデルとした一国単位で進む変化とみなされる。それは決して、同時期に植民地・半植民地化された諸地域の特徴ではない。「近代化」には西欧文明の優越性が厳然として刻印される。またそれぞれの近代

国家は、歴史必然性をもって形成されてきたものとされ、過去のあらゆる歴史は現在に結実する形で編纂し直される。歴史は、ありのままの過去ではなく、現在で完結して初めて歴史となり、現在が過去を規定する。歴史上の様々な選択肢・揺らぎは捨象され、歴史に「もし（if）」はなくなる。過去を生きた人々に選択肢がなかった以上、現在を生きる我々にも選択肢はないことになる。近代を生きる人々にとって、ただひたすら西欧諸国をモデルとした近代化の推進のみが、許された唯一の宿命であり、かつ主体性の発揮となる。

第3に、「近代化」は一国単位での諸変化とみなされ、近代社会諸科学の大部分が、一国単位の社会構造変動の把握、またはそれを前提とした国際比較という手法をとるようになる。信頼に足る統計の多くは、国家単位で集計されている。現実の法・教育やそれに基づく生活や社会構造も、一国単位で把握されるとき、最もリアリティを担保される。日本とアメリカ、日本と北欧福祉国家、日本と中国等、多様な比較研究は、ますます各国民国家の差異を浮き彫りにする。こうして、国民国家内部での地域的・階級的な多様性、及び、国民国家の枠を超えた人類社会の普遍性は、ともに視野の外に追いやられる。「未開」や低開発の原因も、また逆に「近代化」や開発が進んだ要因も、それぞれの国民国家単位の政治・経済・社会・文化的諸特徴に探し求められ、世界資本主義システムそれ自体の格差・支配構造は看過される。

第4に、近代主義の分割基準に基づき、人間のトータルな「生命－生活」過程は、政治（公共的領域）、経済（半公共的領域）、社会（私的領域）、心理（内的領域）の4領域に分割して把握される。この4領域は、それぞれ固有の自律的法則性をもつ実体とみなされ、それぞれの内部を詳細かつ客観的・専門的に研究すれば、それらが理解できるという、大いなる誤謬が立ち現れる。時間を扱う歴史学、空間を扱う地理学に対しては、それらが「科学」であろうとする限り、政治・経済・社会・心理（文化）のどの領域を扱ったものかが厳しく問われ、さらなる細分化・専門分化が迫られる。政治・経済・社会の分割に抵抗した国家学はアカデミズムの中で制度的に排除され、自然と社会を含む空間に固執する地理学には「独自の方法論がない」との非難が浴びせられる[15]。しかし実際には、政治・経済・社会・心理の4領域は——そして自然も含めて——密接な相互連環をもち、相互規定的だ。それらは人間の「生命－生活」過程という単一の実体の

構成要素である。したがってそれらを切り離してそれぞれの内部に自律的な構造や論理を見出そうとした瞬間から、真の構造や論理は見失われる。

　第5に、こうした専門の分割は、方法上の二極分化を招く。経済学・政治学は法則定立的認識として「社会科学」となり、歴史学・人類学・東洋学等は個性記述的認識として「人文科学」(あるいは「科学」の名に値しない人文学) となる。残余の諸領域を扱う社会学、及び、独自の方法をもちにくい地理学は、法則定立的認識と個性記述的認識を、したがって「社会科学」と「人文科学」をその内部に併存させ、またはその双方に引き裂かれる。法則定立的な科学の正確さへの最も直截な道は、数量化・計量化だ。計量化できない要素を切り捨てれば切り捨てるほど、科学的実証は厳密になる。しかも数量的データ・統計は、「先進」諸国の最近の限定的事象に視野を限定すればするほど、厳密になる。こうした法則定立的科学は、個性記述的方法に対して、理論なき素朴実証主義、特殊な事象に固執する例外主義という批判を浴びせ、一部の地理学・歴史学・社会学もその批判を受け入れて「計量革命」を図り、視野狭窄に陥っていく[16]。しかし、こうした動きに反発して個性記述的方法に固執しても、同じことだ。個性記述的な科学が正確さを確保しようとすれば、記録文書やフィールドワークを重視しなければならず、それもまた「先進」国の最近の限定的な現象に視野を限定すればするほど、厳密になりやすい。法則定立的認識と個性記述的認識の方法上の二極分化、したがってまた社会科学と人文科学(人文学)の分裂は結局、双方の視野狭窄を招き、人類・人間の「生命-生活」にとって重要な問題への知的アプローチを制約する[17]。

＊丸山 (1961)[18]によれば、ヨーロッパでは、19世紀前半まではヘーゲル、マルクス、ベンサム、コント等の「包括的で総合的な学問体系」があり、その後、ミル、スペンサー等を分水嶺として学問の専門分化・個別化が進んだ。いわば個別の社会諸科学が、共通の根源をもつこと——「ササラ型」であること——は、自明だった。しかし日本では19世紀後半、ヨーロッパで学問の細分化・専門分化が進んだ時期に近代科学を「輸入」し、また日本政府のイデオロギー(「和魂洋才」)にとってその方が適合的だったため、「初めから非常に個別化された、専門化された形態で近代の学問が入ってきた」。そこで、「ヨーロッパの学問の根底にあって、学問を支えている思想あるいは文化から切り離され独立に分化し、技術化された学問のワクのなかに、はじめから学者がスッポリはまってしまった」。そして「おのおのの科学をほり下げて行くと共通の根にぶつからないで、各学

科がみんなタコツボになっている」。そこで、「日本の『総合』大学というものは、およそ université の名に反して、西欧の学問のそれぞれの専門の学科を個別的に輸入する形で成立したために、学部学科の密室化が早くから進行し、したがって学部間の壁は、欧米の大学よりずっと厚い」のである。

この丸山の指摘は示唆に富む。しかし同時に、19世紀後半以降、学問の細分化がヨーロッパで進み、その背後に近代主義があったことこそ、より普遍的・本質的な問題だろう。何より、ヨーロッパ（諸国）を基準として日本の「特殊性」を浮き彫りにする丸山のまなざしそのものが、上述した近代主義であることはいうまでもない。

こうして近代的な人文・社会諸科学は、いずれも直接に人間を研究対象としているにも関わらず、人間のトータルな「生命－生活」やその発達、及び、現実の社会構造やその変動・発展を捉える視野を喪失していった。既存の人文・社会科学における人間像の貧弱さは、19世紀後半以降の、こうした人文・社会諸科学の分断・細分化の必然的所産といえよう。

3．さらなる専門分化としての環境・生命研究とその限界

人文・社会科学の分断・細分化は、そこにとどまらない。政治学・経済学・社会学等の内部でも、さらなる細分化・専門分化が進む。

例えば社会学では、産業労働社会学、都市社会学、農村社会学、家族社会学、教育社会学、政治社会学、歴史社会学等、いわゆる連字符社会学が派生する。経済学や政治学でも同様だ。自然環境破壊の深刻さが注目を集めれば、直ちに環境社会学、環境法学、環境経済学、そして環境倫理学が次々に生まれる。もうひとつ新たな連字符・「専門分野」が追加されたわけだ。環境社会学の成立が、単に新たな連字符社会学の追加ではなく、従来のすべての社会学に内在する人間中心主義を否定する「パラダイム転換の学」[19]だとする主張もある。しかし、こうした主張の問題・限界は、すでに指摘した（本書第Ⅰ部Ⅰ参照）。また環境社会学（及び、環境経済学、環境法学等）が、いわゆる自然環境の人為的破壊や保全に対象を限定することによって独自性を主張し、他の連字符社会学との差別化を図ること自体、「人間（社会）－自然」の二元論に陥ったものであることも、すでに述べた（本書第Ⅰ部Ⅶ参照）。総じて既存の環境社会学

(environmental sociology)は、それが社会学（sociology）の一分野である以上、比較的最近になって追加された連字符社会学の一つ以上のものではない。

＊飯島（1993）は、環境社会学を「従来の社会学の理論的枠組みに従って、人間社会に関わる環境問題（公害問題）の実態把握」を行う環境問題の社会学と定義し、それを「近代社会学の連字符社会学」と位置づけている[20]。また同（1998-a）は、環境社会学を「人間社会が物理的生物的化学的環境（以下、自然的環境と略）に与える諸作用と、その結果としてのそれらの環境が人間社会に対して放つ反作用が人間社会に及ぼす諸影響などの、自然的環境と人間社会の相互作用を、その社会的側面に注目して、……研究する社会学分野である（傍点筆者）」[21]と定義している。

海野（2001）[22]もまた、「環境社会学は『社会学の一分野』である。既成の専門分野に固執するのは、しばしば不毛な態度であるが、根無し草もまた、学問の発展にとって好ましくない。環境社会学は、第一義的には、社会学の蓄積を踏まえて対象に接近し、その成果はまず社会学に還元すべきである」と述べる。

長谷川（2003）[23]も、環境社会学が、環境に関する法学的でもなく、経済学的でもない、多様なアプローチと問題意識による社会・人文科学研究の雑多な寄せ集め、根無し草的なものに堕することを危惧している。いわば、環境社会学が社会学としてのアイデンティティを明確にすることを重視するのである。

これらはいずれも、環境社会学を、あくまで社会学の一分野とみなし、その上で他の社会学分野（連字符社会学）や社会諸科学（経済学・政治学等）との差別化・棲み分けを図ろうとするものだ。なお、かつて環境社会学を、既存の連字符社会学と同列視しえない「パラダイム転換の学」だと主張したダンラップもまた、後には「環境社会学を環境に関するテーマを扱う社会学研究の一部と考える立場に同意」している[24]。

そして環境社会学の実証研究には、行為論、集団組織論、システム論、コミュニケーション論、メディア論、公共性論等、社会学の既存のテーマの素材として、また社会学の既存の概念・方法をほぼそのまま援用して、自然環境問題を論じている場合が少なくない。

これに対し、吉岡（1996）[25]は、核エネルギー問題を例にとり、現代社会の重要問題の大部分は、環境問題に解消できるほど卑小な問題ではないと述べる。すなわちそれらは総合的問題であり、その中で環境問題としての側面は必ずしも重要ではない。その意味で、核エネルギー問題を環境社会学の観点から扱うこと自体、問題の矮小化だ。

また堀川（1999）[26]は、環境社会学は、環境に関わる社会的問題についての学（環境社会−学）であるべきで、環境問題についての社会学（環境−社会学）であってはならないと主張する。満田（1995）[27]も、「環境問題の社会学」と環境社会学を区別・対比し、環境社会学は社会学を超えるべきだと述べる。ここでは、社会学という視野狭窄を乗り越えるべきことは強調されているが、「環境社会・環境問題」という視野狭窄は必ずしも十分に問い直されていないようである。

環境経済学でも、事態はあまり変わらない。寺西（1996）・野上（1996）によれば[28]、今日の環境経済学は、確かに市場価格では評価できない各種の「環境財」や「環境サービス」に関する経済評価の手法をめぐる議論を含む。しかしその経済評価の手法は、多くの場合、新古典派経済学が基礎に据える効用価値論・選好理論に基づく。そこでは、近代的な個人的・功利的合理主義が前提とされる。こうした制約条件つきの最適化理論の下では、環境問題も基本的には制約条件の下で、効用またはその集計としての社会的厚生を最大化する効率性の観点から、環境利用権も汚染者の汚染権も等価のものとして扱われる。環境経済学も、あくまで経済学の枠をはみ出るものではない。

社会学・経済学・政治学等のさらなる細分化（＝連字符化）は、その視野をさらに近代主義の枠内に封じ込める。本来、人間の主体性は、究極的には「生命－生活」の発展的再生産を目的として展開・発現する。その目的に沿って諸個人は、環境保護運動の積極的担い手になることもあれば、逆にそれに距離をおいたり、敵対する場合もある。すなわち自らの当面の生活にとって、環境保護運動への参加が悪影響を及ぼすと判断したり、または環境保護運動への参加よりもっと切実・必要な課題がある場合、人々は環境保護運動に参加しないこともある。これらは、環境保護運動への消極的態度も含め、すべて主体的な選択・行為だ。自然環境の保全・保護は、人間の「生命－生活」にとって必要条件だが、十分条件ではない。また現実の人間は、自然環境を保全・保護するために生きているわけではない。あくまで「生命－生活」の発展的再生産のために、その目的と必要に応じて、自然環境の保全・保護にも関わるのである。ここに、人間の主体性がある。

しかし、狭義の「環境社会学者（環境経済学者・環境法学者等）」の目には、自然環境の保全・保護に無関心・消極的な人々は、十分に目覚めてなく（「未開」で）、主体形成されていないように映る。それは、地域組織・地方自治に無関心な住民が、地域社会学者・地方行政学者の目には十分に主体形成されていないように映ったり、エスニシティ・ジェンダーの問題に無関心な人々が、それらの専門の研究者の目には「目覚めていない人々」のように見えるのと同じだ。ある特定のテーマに無関心にみえる人々が、たとえ自らの現実の「生命－生活」をいかに主体的に生きていても、その特定のテーマを専門とする研究者にとっては、その人々の主体性は「専門外」のこととして視野の外に置かれる。

ゴミの分別収集について論文を書こうとしている環境研究者にとっては、住民のゴミの分別収集への協力の程度だけが重要なデータになる。住民は、ゴミの分別収集への協力の程度によって、最も主体的な人から最も無関心で目覚めていない人まで序列化される。そこでは、住民が消費する生活物資の総量や質、それらの物資の生産・流通様式、職場での生産－労働過程や余暇を通した自然環境との関わり等、ゴミ分別以外のあらゆる状態や主体性はすべて無視される。そして、こうした専門研究の中で生きている限り、研究者はつねに「正義の体現者・啓蒙家」となる。環境問題を専門とする研究者自身、自らが環境問題だけに視野を閉ざし、階級問題、家族問題、民族問題、平和問題、そして何より現実の生きた人間のトータルな「生命－生活」の問題に目覚めていないのではないかと自省する契機は、極めて少ない。

こうした中で、細分化された専門家がなしうることは、自らの狭隘な専門性の範囲内で言える「正しい」知見を広めること――たとえそれが人々の現実生活の中で、いかに非現実的で、また些細なことであっても――しかない[29]。現実の主体は、そうした専門家の提言に対して、無知ゆえというより、むしろそれが、ある一定の視野の中で間違いでないとしても、実際の「生命－生活」問題の解決にとって現実性・意義が小さいことを認識・直感しているからこそ、無関心であることも多い。そこで専門家によるせっかくの啓蒙は伝わりにくく、実をあげにくい。しかしそうであればあるほど、「まだ啓蒙が不十分」であることが「実証」され、ますます啓蒙を担う専門家の役割の重要性が強調される。こうした循環の中で、専門家の側の視野狭窄が問い直される機会は少ない。そして何より、現実の問題が解決される機会も極めて少ない。

こうした認知枠の中では、「主体的な人間」とは、しばしば研究者自身をモデルとした人間像になる。つまりそれは、自然環境破壊の危険を理性的・客観的に認識し、自立した個人として主体的・自覚的に解決を志し、コミュニケーション能力を駆使して連帯・共同・運動をする近代的市民像だ。近代的市民の形成のために、教育の大切さが強調される。教育の成果の典型的体現者こそ、まさに知識人・研究者自身だ。「生きるのに精一杯」でなく、学習や運動を組織するだけの「ゆとり」のある、研究者自身を含む「先進」諸国のミドル・クラスが最も「主体的」な人間とみなされる[30]。そうした「ゆとり」と条件のない下

層階級の人々は、主体性のない人間、またはせいぜい環境破壊の被害者、救済されるべき「対象＝客体」とされる。こうしてしばしば最も深刻な環境破壊の被害を受ける下層階級の人々による、「生きるため」（「生命－生活」の維持のため）の自然環境保全・改変に向けた主体性は看過される。また彼／彼女らの自然環境保護・保全に向けた主体性と、階級・貧困・エスニシティ・ジェンダー等の多様な諸矛盾の克服に向けた主体性も別々のものとして切り離され、後者は環境問題と無関係なものとして視野の外におかれる。

　＊マーチャント（1994）[31]は、既存の環境保護・保全運動が、しばしば先進諸国の中産階級の観点の表現であり、下層・マイノリティにとっては「自分たちの問題だという気がしないような仕方で」なされてきたと述べる。自らの生死をかけて有毒物質に反対するマイノリティの環境運動の多くにとって、人間の健康と福祉の問題は、産業中心の資本主義的開発に伴う悪影響にその源がある。下層階級の経済的利益の増進と環境保全は一体だ。
　グーハ（1995）[32]もまた、中産階級中心の環境保護主義を批判する。「環境の悪化に最も重大な影響を受ける社会層（土地を持たない貧しい農民、女性、部族）にとっては、環境問題は生活の質を向上させるという問題ではなくて、生存そのものにかかわる問題である」。またそのため、下層階級にとっての環境問題の解決策は、「経済と政治の再分配のみならず、公平の問題と深くかかわっている」。そしてこうした下級階級の環境保護の伝統は、「環境問題と生活や労働を更に統合させようとしている」のである。

　自然環境の保全・保護を担う主体形成は、自然環境の保全・保護に視野を閉ざしては逆に見えてこない。その主体形成は、諸個人のトータルな「生命－生活」の発展的再生産として捉えられなければならない。またこうした広い視野をもって初めて、中産階級と下層階級の自然環境保護・保全の運動は連帯しうる。さらに一見、自然環境問題に無関心・消極的な人々も含め、トータルな人間の「生命－生活」に根ざす広範な主体性の文脈に、自然環境保全・保護の運動を位置づけることもできる。つまり自然環境保全・保護の運動が、「貴重だが少数の事例」の紹介・列挙の繰り返しから脱することができる[33]。

4．人間発達の学の成熟基盤

　科学の細分化・専門分化は、今もなお着実に進行している。

　しかし20世紀後半、特に1960年代末以降、細分化された学問分野の無力さが露呈し、その崩壊が始まった[34]。人文・社会諸科学の領域でも、カルチュラル・スタディーズ、女性学、エスニシティ研究、地域主義研究、世界システム論、環境科学[35]、構造主義・ポスト構造主義、アナール学派（歴史の人間学・人間の歴史学）、オリエンタリズム、内発的発展論、様々な人間科学、潜在能力論、身体論、コミュニケーション理論、システム理論等、既存の近代主義的な学問分野の枠組に収まらず、むしろそれを崩し、越境する多様な研究が展開されてきた[36]。それらは相互に密接に関連し、論争や自己革新を繰り広げつつ、当初は既存の学問分野の周辺部門として生まれ、次第に独自の学会・学部・研究科を組織・制度化してきた。これらの新たな理論諸潮流が歴史的意義を全うする方向で収斂するとすれば、少なくともその一つの地平は人間のトータルな「生命－生活」とその発達・変化の解明、すなわち人間発達の学であろう。

　＊20世紀後半、近代主義的な学問分野への最初のインパクトは、マルクス主義の台頭とその大学・アカデミズムへの制度化にあった。
　　マルクスやエンゲルスの思想の機軸が、人間の「生命－生活」の発展的再生産とそれに伴う社会変動・変革にあること、そしてそこには「主観と客観／人間（社会）と自然」といった二分法を克服する視点が含まれていることについては、本書の随所で指摘してきた。もちろんマルクス自身、自らの理論体系を、個別科学としての経済学・政治学・社会学・歴史学のいずれか、あるいはそれらの組み合わせとはみなしていなかった。その意味で、20世紀後半にマルクス主義が大学・アカデミズムに制度化されたことは、既存の細分化された学問分野に対する異議申し立て・解体要求の可能性を孕んでいたといえよう。
　　しかしアカデミズムは、マルクス主義を取り込むにあたり、その全体性を否定し、近代主義的な学問分野へと分割した。またマルクス主義者（特に知識人）も、マルクスの死後、マルクス主義を近代主義的な学問分野へと分割し、それらの複合・組み合わせと捉える風潮を強めた。こうしてマルクスの思想は、マルクス主義経済学、政治学、社会学、歴史学、そして哲学等に細分化され、各学部・研究科に配置された。マルクスの思想は切り刻まれ、換骨奪胎され、現実に対する批判力を失っていった[37]。
　　マルクス主義社会学に即していえば、1960～70年代、「マルクス主義社会学は可能

か？」という論争があった。一方に、コント以来の「社会学」はブルジョア科学であり、マルクス主義とは相いれず、マルクス主義社会学は存立しえないとの主張があった。他方で、市民社会や行為・集団・社会意識等、社会学が分掌する領域に関するマルクス主義的知見、すなわちマルクス主義社会学は存立しうるとの主張もあった。後者は、近代主義的な学問の細分化を受け入れるものだった。しかし前者もまた、社会学のみならず、経済学・政治学・歴史学・哲学等の学問の細分化が近代主義的な分割基準に基づき、その意味でブルジョア科学だと見抜いていたわけではない。現に「マルクス主義経済学（政治学・哲学）は可能か？」という論争はごく部分的にしか起きず、それらが存立することはマルクス主義者の中でも自明視されてきた。

　コントは、百科全書的知見をふまえ、社会学を立ち上げた。いわば全体的視野をふまえ、その上で他の諸科学とは異なる社会学を分離・独立させた「最後の哲学者＝最初の社会学者」だ。以降、「社会の学」ではなく、経済学・政治学と区別された独自の対象と方法をもつ社会学が始まった。マルクス主義社会学が、その方法や概念をめぐっていかにコント以降の近代社会学と対決・対峙しても、それが既に「社会の学」でなく、政治学や経済学と区別された社会学の発展を指向する以上、近代主義に取り込まれている。

　同じ限界は、マルクス主義経済学・政治学・哲学・歴史学も抱えている。むしろそれらは、マルクス主義社会学以上に、自らの拠って立つ基盤がいかにマルクスの思想に反するものであるかに反省的契機をもたなかった分、一層、非マルクス的であったともいえよう。

　こうした限界は、現在のマルクス主義、特に「マルクス主義社会学」においても、完全に克服されてはいない。近年のポストモダニズム的なマルクス主義社会学でも、経済的規定性・経済一元論に対抗して、文化・市民社会の自律性を強調してこと足れりとする傾向は皆無ではない。ウォーラーステイン（2001）は、「客観構造の抑圧に口やかましい非難を浴びせ、主観的主体を体現する『文化』の立場を唱導」するポストモダニズムが、結局は、近代主義の3分割（国家・市場・市民社会）を受け入れ、その上でただ「市民社会の領域が、国家および市場の領域に優先するという議論に訴えている」にすぎず、その意味で、「モダニズムの最新版に過ぎない」と指摘している[38]。

　20世紀後半に開花した多様な理論諸潮流は——人間発達の学も含めて——、学問分野のさらなる多様化・専門分化の一環でしかなく、既存の専門分野のリストに新たな専門分野を追加するだけのようにも見える。

　しかし、そうではない。新たな理論的諸潮流に共通した特徴は、それらの研究対象とテーマが、人間の「生命－生活」にとっての意味を、直截に問う形で設定されていることだ。したがってそれらは、主観と客観の二分法を自明としていない。少なくともそれらは、主体と切り離された客観的認識を指向する近

代諸科学とは、明らかに性格を異にしている[39]。

＊20世紀の自然諸科学の進歩も、主体と客体の二分法を破綻させた[40]。量子力学は、観測という行為を通して、不確定性原理も含め、主体と客体の分離が不可能であることを明らかにした。宇宙・地球システムの中に人間が発生・進化したことは、客体の中に主体が生まれたことを意味し、自然科学を含めて科学は主体による営みにほかならない。ポストヒトゲノムの知見もまた、人間が主体であると同時に客体でもある事実を、より鮮明にした。こうした「主体と客体／主観と客観」の二分法の破綻は、客観主義を前提とした既存の自然諸科学の根底を揺るがす。そこで、物理学・化学・生物学・地質学といった既存の「近代的＝古典的」な分割基準は、その意義を希薄化させつつある。

しかも新たな理論的諸潮流は、個々バラバラの諸専門の派生・乱立ではない。確かに近代主義批判の初期には、多元主義・相対主義が活性化した。中には、社会変動や人間発達に一定の「歴史的法則性（大きな物語）」を見出そうとすること自体を、「近代主義」として批判するポスト・モダニズム理論も生まれた。しかし、こうした試みは、多様な価値・感性を「ありのままに認める」だけに終わり、構造化された「近代」の止揚の道筋を示し得なかった。また多元主義や相対主義では、近代的普遍主義に十全に対抗し得ない現実も露呈してきた。そこで、世界社会や人間の普遍性に着目した批判的普遍主義ともいうべき新たな理論潮流――世界システム論、潜在能力アプローチ等――が、様々な歴史的限界・制約を伴いつつ模索されている。そこにはすでに、新たな学的統合への方向性が示唆されているのである。

＊ウォーラーステインは、近代主義的に細分化された学問分野・専門性を批判し、単一の史的社会科学の構築を提唱する。その一環としての世界システム分析は、従来の社会科学が陥りがちだった近代主義――西欧「先進」諸国の一国単位で進む近代化を必然的・普遍的過程とみなす歴史認識――に対する、最も明確な批判・異議申し立てだ。同時にそれは、多元主義・文化相対主義を超えた、新たな普遍的認識の模索でもある[41]。

ただし、ウォーラーステインの世界システム分析は、あくまでシステム論であり、人間の主体形成・発達を捉える観点は希薄だ。もとよりウォーラーステインによれば、システムの危機・移行期には、人間の道徳的選択が避けられない。また1968年以降は、まさに移行期にあたり、新たな反システム運動（対抗文化、エコロジー、反人種主義、反性差別等）が活性化している[42]。ただしそれらの運動は、意識的に制御された「革命」をもたらすと

は限らない。システム自体の衰退の中で、その行方は混沌であり、予測不可能とされる。

またウォーラーステインは、資本主義世界システムの危機と終焉の展望を、環境と市場の限界に見出す（本書第Ⅰ部Ⅵ参照）[43]。しかし現実の資本主義は、地理的・人口的拡大を伴わずとも、既存の空間を絶えず再商品化し、新たな周辺を創出する。また人間が自然の一部でしかない以上、自然は人間にとって無限だ（本書第Ⅰ部Ⅱ参照）。そこで100％商品化・プロレタリア化は永遠にありえず、その漸近線への接近もない。環境破壊を資本主義システムの必然的結果・不可欠の構成要素とみるウォーラーステインの指摘は正しい。しかし環境破壊は、資本主義の存続にとっての「環境」破壊ではなく、人間の「生命－生活」の存続にとってのそれだ。だからこそ人間は、自らの「生命－生活」をかけて、資本主義システムを主体的に克服せざるを得ないのである。

さて、世界システム論と対称的に、センやヌスバウムが提唱する「潜在能力（capability）」アプローチは、人間の「生命－生活」の発展的・主体的再生産に焦点を当てる[44]。潜在能力とは、価値ある様々な「機能」、つまり生活そのものを達成・実現しうる実質的自由である。また潜在能力には、実際に達成された機能だけでなく、達成されなかった機能も含まれる。こうしてセンは、自由の手段（資源、基本財、所得等）や心理的満足（効用）にとどまらず、「潜在能力＝自由」それ自体を基準とした平等観の確立、及び、潜在能力の発達に結びついた援助・政策の必要を主張する。

潜在能力アプローチは、人間の「生命－生活」の発展的再生産過程を基礎に据える。したがってそれは、客観的であると同時に主体的であり、物質的生活の再生産を基礎としつつ精神的生活を含む。またそれは、労働、消費、教育、生殖、健康等の個別分野に切断・細分化しえず、一人の人間のトータルなそれとして把握しうる。人間のあらゆる社会関係・観念・行為とその矛盾を、究極的には「人間の生活の必要」を根拠として説明・理解する。さらに潜在能力アプローチは、人間生活の個別性（多様性）と普遍性（平等性）の両立の洞察でもある。潜在能力は、文化的、地域的、歴史的、個人的に多様な発現形態をとる。しかし異なる文化的背景や個性をもつ人々が共通の価値に合意しうる潜在能力をもち、その発達を欲求する点で、人間は普遍的・平等だ。

ただしセンは、資本主義的な階級搾取の意義を相対的に軽視し[45]、貧困・不平等の基礎にある資本蓄積の問題に十分に踏み込まない。センが言及する不平等はあくまで格差・差異、使用価値における不平等であり、人間労働・価値の搾取・収奪やそのための支配ではない。そこでセンは、潜在能力の発達が向かうべき方向を示せず、一般的な主体性や道徳・良心への期待にとどまらざるを得ない。また、資本主義の枠内での社会福祉・厚生政策によって不平等が解決（改善）可能と捉えるか、またはそれで解決・改善可能な範囲の不平等に視野を限定する。階級的搾取の廃止という明確な社会的照準がない以上、センのいう潜在能力の内実は、自己決定と普遍的理性、人間の普遍性と多様性の狭間で漂流せざるを得ず、つねに曖昧になる。財と人間との関係を、価値でなく、使用価値の側面から把握する以上、多様な、正確にはたえず変化する無限の「平等／不平

等」がありうる。しかしセンは、潜在能力・機能の評価に際して、明らかに一定の（セン自身の）道徳的基準を有している。しかし同時に彼は、自らの暗黙の道徳的基準の具体的提示を禁欲せざるを得ない。なぜなら機能・潜在能力は、外部から持ち込まれた基準ではなく、諸個人の現実生活の中で定義されるものであり、個人の自由な選択・多様性はその不可欠の構成要素だからだ。センとともに潜在能力アプローチを提唱するヌスバウムは、非相対主義の立場から、具体的な潜在能力のリストを提示した[46]。しかしこれも結局、階級的搾取の廃止という社会的照準を明確にしないため、多元主義・相対主義を含む多様な道徳的信念・倫理的主張との間で、十分な収束点を形成しえていない。

以上のようにセンは、資本主義の克服との関連を明確にしないまま、様々な代替的機能を達成する潜在能力を重視する。彼が尊重する潜在能力・機能は、私的所有、識字能力、理性、人権等、多くの場合、近代的価値と重なる。そこでセンに対してはしばしば、近代化論者だといった批判が向けられ、またその批判が妥当と思われる局面も少なくない[47]。

しかし一方、市場・交換価値の論理では把握しきれない人間生活の必要や主体性、特に労働市場から排除された人々の生活や主体性の把握において、潜在能力アプローチは一定の意義を有する。自らの「生命－生活」を対象化し、その発展的再生産を目指す、人間の普遍的な潜在能力の概念は、「弱者＝救済の対象・客体」とみなされがちな人々の生活に実在する主体性を把握する上で、有効だ。またセンは、潜在能力を近代化の枠内に限定しているわけではない。むしろ資本主義的矛盾を含む諸課題を克服する主体性を、人間の普遍的な潜在能力に見出すのである。そして何よりセンが目指すのは、「能力に応じてではなく、必要に応じた分配」を射程に入れた平等の実現にほかならない。

センが重視する人権・私的所有・識字能力等が、近代的な国家・市場・市民社会によって構築・担保されたものである以上、それらの歴史的制約は明白だ。しかし、近代的人権論を根拠とした「弱者＝客体」のパターナリスティックな救済と、「ともに生きる人間としての普遍性」に基づく語りや共生は、同一視されるべきではない[48]。他者の援助ではなく、他者の存在（交通関係）を不可欠にしている点で、強者も弱者も変わりはないのである。識字教育は、国境・民族で分割された近代的ラングの強制であるだけでなく、人間の普遍的なランガージュに依拠した発達保障でもある[49]。私的所有も、無限の資本蓄積の手段としてのそれと、最低限の生存を維持するためのそれは同じではない。階級、特殊能力、人種、民族、国籍、性別がいかに異なろうと、種としての人間の「生命－生活」の必要と発達の要求の担い手として、人間は平等・普遍的だ[50]。こうした人間の普遍的可能性を「近代化論」の一言で切り捨てるのは、産湯を流して赤子を流すことになる。

西欧近代の人権思想は、植民地支配という特殊な歴史的条件に支えられたものであり、決して普遍的ではない。しかしそれは、人類史のあらゆる時代に様々な形で顕在化してきた批判的普遍主義・「生命－生活」の発展的再生産の論理の発現形態の一つである限りで、普遍性をもつ。だからこそ近代人権思想は、国境・性・民族を超えて現代的に適用され、植民地支配の克服にも活用された。それは「西欧の歴史の物語」から、世界大の批判的普

遍主義へと換骨奪胎された[51]。平和的生存権・環境権・発達権等を含め、現代の人権思想はもはや「近代化＝反封建」ではなく、「現代化＝反近代」としての批判的普遍主義だ。

　人間発達の学は、まず人間の「生命－生活」とその発達を機軸に据え、自然－社会－文化をトータルに把握する統一的視野をもたねばならない。すなわち19世紀後半～20世紀前半の細分化された学問分野の枠組を前提として、そこでの方法・知見を単に持ち寄ったり、あるいは既存の学問分野が単独ではカバーしきれない「境界」領域（既存の学問からみれば周辺的テーマ）に固有の課題を設定するといった「学際（inter disciplin）」・「複合（multi disciplin）」研究にとどまってはならない。むしろ人間発達の学は、既存の学問の領域・境界を打破し、近代主義的な学問の細分化、及び、それを前提とした知見や方法を根底から見直す「代替的学（alternative scholarship）／批判的方法（alternative disciplin）」を目指す必要がある[52]。「鳥は卵からむりに出ようとする。卵は世界だ。生まれようとする者は、ひとつの世界を破壊せねばならぬ」（ヘッセ）[53]。

＊自然科学と人文・社会科学の融合は特に困難かつ必要な課題だ。それは、人間の意識性・社会性・自然性を統一的に把握するユニバーサリズムである。現代の人間疎外としての生態系破壊、様々な人体汚染・破壊、そしてそれらをもたらす産業・労働の現実は、ユニバーサリズムの再確立が焦眉の課題であることを物語る。
　ロック（1998）は述べる。「自然の領域と社会の領域とを切り離して概念化してしまうと、両者の間の媒介過程が見えなくなってしまう。……自然を、社会的構成物、言説の媒体、あるいは記号論的な自己反省の場として理解しようとするのは適切ではない。物質的なものは、きちんとした形で取り上げられねばならない。社会もまた、科学、テクノロジー、および自然と無関係に構成されたものと解釈することはできない。……『物質－言説－自然－社会』から組み立てられているというハイブリッドの本質を正しく認識すること、……その絡み合った網の目を緻密に追って、それを描き出すことに最善を尽くすべきだ……。近代社会は、自然と社会とが事実上切り離されていないということを覆い隠しているがゆえに、自己欺瞞に陥っている。……『物質的なもの／文化的なもの』という二項対立——これこそ、自然の秘密という領域に『侵入する』ことを許してきた奸計だと私たちは信じている——に挑み、それを解消することである」[54]。
　マルクス（1975-a）[55]も指摘する。「哲学は、自然諸科学が哲学にとって余所ものであり続けたように、自然諸科学にとって余所ものであり続けた。……歴史記述ですらも自然科学をただ事のついでに、啓蒙、有効性、個々の大きな発見の契機として、顧慮する

だけである。……歴史そのものは、自然史の、自然の人間への生成の、一つの現実的な部分である。自然科学はいずれ他日、人間にかんする学問を、あたかも後者が前者をそのもとに包摂するであろうように、包摂するであろう。一つの学問が存在することになるであろう。……人間は自然科学の直接の対象である。なぜならば、人間にとっての直接的な感性的自然はとりもなおさず人間的感性……であって、直接的にはそれは感性的に彼にとって現存するところの、彼ならぬ他の人間として存在するのだからである。けだし彼自身の感性は彼ならぬ他の人間を介してこそ始めて人間的感性として彼自身にとって存在するからである。しかし自然は人間にかんする学問の直接の対象である。人間の第一の対象——人間——は自然、感性であって、特殊な人間的感性的な本質諸力は、ただ自然的諸対象においてのみ自らの対象的現実化を見出しうるように、ただ自然物一般の学問においてのみ自らの自己認識を見出しうる。……自然の社会的現実性と人間的な自然科学または人間にかんする自然的な学問というのは同じことの表現である」。

したがってまた、人間発達の学は、既存の学問分野での知見や方法を前提とした実用的・応用的研究にとどまってはならない。人間発達の学は、人間を中心に据えるという意味で主体的・実践的だが、同時にそれを「根底的（radical）」に解明するという意味で基礎的だ。「ラディカルであるとは、ものごとを根本からつかむことである。ところで、人間にとっての根本は、人間そのものである」（マルクス）[56]。

人間発達の学の不可欠の構成要素としての人間環境研究も同様だ。環境とは、主体（人間）にとって何らかの意味をもつ事象の総和だ（本書第Ⅰ部Ⅰ参照）。そして宇宙・世界に、人間にとって無意味なことは存在しない。なぜなら宇宙・世界の進化・発展の一産物が人間だからだ。従来、「環境」という概念はしばしば、自然の人為的な破壊や保全、または人間生活上のアメニティといった、極めて狭い範疇で捉えられ、そこで「環境科学」も実用的・応用的研究とみなされがちだった。しかし、人間にとっての環境の変化は、人為的とは限らない。また環境は、いわゆる"環境問題"として顕在化しなくても、つねに現存し、主体（人間）それ自身を構成している。人間を主体とする環境の基礎研究の重要性は明らかだ[57]。

総じて人間発達の学は、人間の「生命−生活」とその発達をトータルかつ基礎的に研究するからこそ単一的・普遍的な方法を確立しなければならない。逆にまた単一的・普遍的な基礎研究を重視するからこそ、「人間と発達」という集

約点を明確にする必要がある。

> 「希望とは、もともとあるものだともいえぬし、ないものだともいえない。それは地上の道のようなものである。もともと地上には、道はない。歩く人が多くなれば、それが道になるのだ」
>
> 魯迅「故郷」[58]

第2章

人間発達のディシプリン

1．人間発達の学の核

　20世紀後半、特に1960年代以降、学問世界の再構築は急激に進みつつある。しかし、そこには多くの困難が山積している。諸科学への細分化を批判し、融合・統合を目指した少なくない共同研究が、一時的・臨時的な「学際」の域を出ず、新たなパラダイムを見出せないまま終息してきた。せっかくパーマネントな学際的・総合的な研究教育組織を作っても、融合・統合が進まず、結局、既存の学問分野の"寄り合い所帯"に安住する傾向も皆無ではない[1]。異分野の専門家・研究者が交流・共同すれば、新たな研究・教育が自動的に進み、人間発達の学が必然的に成熟するわけでは決してない。
　こうした限界を打破するには、まず何より、融合・統合の核・集約点を明確にする必要がある。そしてその集約点の一つが、人間の「生命－生活」とその発達にあることはいうまでもない。

2．認識論と暗黙の世界観

　融合・統合は、既存の各分野の専門知をただ接合すれば進むわけではない。また既存の専門知をただ外在的に批判しあっても、同じことだ。むしろ、いったん専門知の前提にある暗黙知のレベルに降りて、初めて相互の内在的批判が可能になる。そこでは、認識や認知、各種のメタ理論、相互主観とコミュニケーション、オートポイエシス、民衆知と学問知の関連等、人間の知に関わる独自のディシプリンが必要になる。これらのディシプリンは、人間発達の学その

ものではないが、その確立に不可欠な理論的基礎だ。「認識論と生命論とはたがいに分離できぬものらしい。……このふたつの探求はまた合流しなければいけない。そして、循環過程を描きながら、たがいにどこまでも推進しあわなければならぬ。このふたつが組むならば、哲学の設ける重要な諸問題はいよいよ確実でいっそう経験に密接した方法で解けるにちがいない」（ベルクソン）[2]。

　＊ユングは、自我の発生・形成の前提をなし、それより遥かに広大な、また人類共通の無意識の領域を包摂する「自己」の存在を想定した[3]。自我は、つねに「自己」と相互補完的に機能しつつ、外界に対応している。もとより「自己」を心的構造に限定することの問題、及び、無意識を含む「自己」がいかに認識可能かといった疑問は残る。しかし少なくとも自覚化された形式知が拠って立つ基盤、あるいは自我が湧き出ずる泉の存在を自覚することは、新たな対話を可能にする契機として重要だ。
　ラカンもまた、自我が人間主体の氷山の一角にすぎず、つねに分散・散逸しようとし、無限に引き伸ばされる主体の機能あるいは効果でしかないと述べる[4]。合理的で主体的な統合力をもつ意識された自我の領域のみを捉える方法では、人格・人間主体形成のダイナミクスを捉えきれない。複数の異なる主体的な知・自我を前提とし、その拠って立つ基盤のレベルに降りることは、相互の境界を崩すと同時に、自己の存在そのものの散逸性・可塑性を自覚することでもある。

　既存の細分化された学問知の基底には、専門性毎に異なる暗黙の世界観・コスモロジーが横たわっている[5]。
　物理・化学の専門家の多くは、世界をユニバーサルな実在と捉えている。世界は単一の客観的・普遍的真理に支配され、その真理にどこまで迫れるかが人間の主体性だと考えている[6]。
　生物学・農学の専門家にとって、世界はエコロジカル（生態学的）な地域性（バイオ・リージョン）のアンサンブルだ[7]。世界は地域毎・個体毎に個性的で、諸要素（気候・地形・地質・生物種等）間の複雑な連関の中でたえず変化している。もちろん人間もその一部で、自然による「制約」は自明だ。
　工学の専門家は、世界を人間のための使用価値と捉え、目的意識的な自然改造・制御、人間にとっての有用性・アメニティの実現（環境の技術的保全を含む）こそが人間の主体性だと受けとめがちだ。
　経営学・経済学の専門家は、世界をグローバルな同質的空間と考えがちだ。

それは普遍的・同質的だが、しかし客観的真理に支配されるユニバーサルな空間とは異なり、等価交換とゼロ・サム的な競争という近代人の相互主観的な合意・普遍性によって構築されている。またそれだけに実際には、文化的・社会的・地域的な多様性（言語・技術・労働意識・経済的格差等）を孕む。

　人文・社会科学、特に語学・政治学・人類学・社会学等の専門家は、世界を、諸国家・諸民族・諸文化の複合体、すなわちインタ・ナショナルまたはマルチ・カルチュラルな空間と捉える。多様性はそれ自体が価値であり、国家間のパワー・ポリティクスにせよ、一国内の文化的差異にせよ、異質性・複数性を前提とする。安易な単一化・普遍化は政治的独裁や文化的抑圧を意味し、人間の主体性とは差異を承認・尊重した共生関係の構築にある。

　最後に芸術表現の専門家は、世界を、自己（またはコスモポリタンとしての人間）が個性を表現し、共感しあう舞台と捉えている[8]。個性的で差異があるからこそ、世界は共感しうる。世界は人間の外部にある客観的真理や人間相互の単なる合意ではなく、人間の普遍性に裏打ちされた個性によって初めて構成される。世界は同質的空間ではないが、国境がないという意味で普遍的だ。

　以上の記述は、極めて単純化した類型化にすぎない。実際には、各専門性の基礎にある暗黙の世界観は、ずっと複雑だ。しかも一人ひとりの現実の専門家の内面では多様な世界観が輻輳し、時と場合によって異なる位相が表出される。ただ、多様な世界観が現存し、しかもそれが各学問分野の専門的知見・方法と一定の親和性をもつことは明らかだ。こうした世界観は、ごく大まかには真・善・美と括りうるが、実際にはもっと細分化され、輻輳している[9]。

　個々の専門家が個別の学問知を深める過程で、特定の暗黙の世界観に疑問を抱く場合もある。しかしその疑問にこだわり続けることは、既存の学問知の前提を疑うことになりかねず、個別の専門性の枠内では難しい。そこで、無意識のうちに自らの専門性と親和的な特定の世界観の自明視が進む。また、異なる分野の専門家の間でも、専門の枠を超えた、しかも自らの世界観を根底から揺さぶる対話や相互理解は困難になりがちだ。既存の学問知の前提にある「常識的」世界観こそ、人類の知の革新にとって大きな障害の一つになっている。

3．人間発達の学の構築に向けて

この困難を実践的に打破するには、次の3点が必要だろう。

第1は、真・善・美を超える究極の目的——人間発達の目的——を、率直に議論することだ[10]。つまり誰のため、何のための真・善・美かを問い、人間の「生命−生活」の発展的再生産の内実をより豊かに語ることである。もちろんその問いは、安易な実用性の強調とは無縁だ。むしろ「無知の知」に基礎づけられ、「無用の用」を徹底した問いとして、基礎的・「根底的（radical）」に、ゆえに実践的に議論される必要がある（本書第Ⅰ部Ⅳ参照）。

第2は、さしあたり多様な世界観の併存を尊重し、その間の矛盾や対立を寛容に受容し、さらにそれらの間を軽やかに往来しうるフットワークを身につけることだ。特定の専門性や固定した世界観に囚われない民衆は、したがって民衆の一人としての専門家は、実は日常生活の中で無意識のうちにこれを実践している。そうした方法そのものを独自の知として洗練・定式化することが必要だろう。「人や銀河や修羅や海胆」（宮澤賢治）[11]。これほどに懸け離れた諸事象を一息で語りつくせるイマジネーションを、あるいはノマドの越境する知[12]を、我々は身につける必要がある。

＊イリイチは、人間生活の自律・自存を志向する活動をヴァナキュラー、それに基づく自己と他者との共生をコンヴィヴィアリティという概念で表した[13]。それは、専門家によって制度化された諸価値ではなく、民衆自身による自律的共働生活だ。もとよりこれは、専門知と民衆知の二分法、及び、民衆知の一面的賛美に傾斜しがちではある。近代社会において、専門知が疎外されたものであるのと同様、民衆知もまた疎外されたものでしかない。専門知の側に求められる人類的責務は、自己否定による責任放棄（民衆知への迎合）ではなく、まして民衆知への啓蒙でもなく、自らのたえざる自己革新だろう。その限りで、イリイチのいう民衆の自律的共働概念は一定の有効性をもつと思われる。レヴィ＝ストロースも、科学精神が、最も近代的な科学精神のみに予見しえた出会いにより、「野生の思考の原理の正当化とその権利の回復」に貢献しうると述べる[14]。

そして第3は、既存の学問分野の枠内での業績や自明性に囚われず、自由な知的冒険や試行錯誤、したがって失敗を許容し、萌芽的な挑戦を短期的視野で

つぶさない知的環境を創出することだ[15]。それは、大学・研究者の努力だけでなく、社会全体の協力と支援を抜きに成立しない。

　以上の3点は、別々のものではない。なぜなら人間発達の学の構築は、「人間の人間による人間のための環境形成」（本書第Ⅰ部Ⅰ参照）の一環だからだ。そこで、アカデミズム・学問知にとどまらず、民衆知を含むトータルな人間の知の組み替えという射程を問われる。

　　＊ここでいう知の組み替えとは、現実の人間の「生命－生活」過程そのものの組み替えである。それを欠いた「知の組み替え」——単なるものの見方・発想の転換——は無意味だ。現実の「生命－生活」過程とそれが織り成す世界の分裂・疎外は、決して「ものの見方」の転倒ではない。人間が「知の組み替え」に挑まねばならないのは、現実の生活そのものの分裂・転倒を克服するためだ。逆に、現実そのものが分裂している世界において、その分裂を理論・知の内部で和解させようとすれば、研究の意図がどうであれ、つねに現実のうちにある変動・変革の潜在的契機を看過し、現実主義を見失う。
　　マルクスは述べている。「ものの見方の上での諸対立そのものの解決はただ実践的な仕方でのみ、ただ人間の実践的エネルギーによってのみ可能であり、それゆえにそれらの解決はけっしてたんに認識の課題にすぎないのではなくて、かえって現実的な生活課題なのであって、この課題を哲学が解決しえなかったのは、哲学がそれをたんなる理論的な課題と解したからにほかならぬことがわかる」[16]。そして学的な専門知という形での意識も含め、「意識が生活を規定するのではなくて、生活が意識を規定する」[17]。「人間的思惟に対照的真理がとどくかどうかの問題はなんら観想の問題などではなくて、一つの実践的な問題である。実践において人間は彼の思惟の真理性、すなわち現実性と力、此岸性を証明しなければならない」[18]。

4．暫定的な方法論的模索

　以上、人間発達の学の構築に向けたいくつかの予備的な方法的考察をしてきた。ただし、人間発達の学に至るアプローチはおそらく多様で、一つではない。既存の細分化された諸科学の多様性はそのまま、人間発達の学に至る多様なアプローチの登山口だ。

　とはいえ人間発達の学は、人間の現実の「生命－生活」とその発達の過程に直接、焦点を当てなければならない。またそれは、現実の人間の「生命－生活」の総過程で実証されなければ意味がない[19]。

＊こうした人間発達の学にとって、マルクス＆エンゲルス（1963）の「根源的な歴史的諸関係の 4 つの契機」の指摘は、示唆的だ[20]。

すなわちまず、「あらゆる人間的存在の、したがってまたあらゆる歴史の、第 1 の前提」は、「人間たちは『歴史をつくり』うるために生きることができなければならない」ということだ。「生きるためにはなにはさておき飲食、住、衣その他、若干のことがなくてはかなわない。したがって最初の歴史的行為はこれらの必要の充足のための諸手段の産出、物質的生活そのものの生産であり、しかもこれは、今もなお何千年前と同じように人間たちをただ生かせておくだけのために日々刻々、果たされなければならぬ一つの歴史的行為であり、あらゆる歴史の一つの根本条件である」。

「第 2 は、充たされた第 1 の必要そのもの、充足の行動およびすでに獲得された充足のための用具が新しい諸必要を生みだすということであって、——そして新しい諸必要のこの産出は最初の歴史的行為である」。

そして「そもそものはじめから歴史的発展へはいりこんでくる第 3 の事態は、彼ら自身の生活を日々新しくつくるところの人間たちが他の人間たちをつくり、繁殖しはじめるということ——男と女、親と子の間柄、家族である。この家族ははじめは唯一の社会的関係であるが、のちに、増加した諸必要が新しい社会的関係をつくりだし、そして増加した人口が新しい諸必要をつくりだすようになると、……一つの従属的な社会的関係となる」。

以上の 3 つの契機は、「3 つの別々の段階と考えられるべきではなくて、歴史のそもそもの始まりから、そして最初の人間たち以来、同時に存在し、今日なお歴史のなかでその力を効かせているまさに 3 つの側面」である。

そして第 4 に、「労働における自己の生の生産にしても、生殖における他者の生の生産にしても、およそ生の生産なるものはとりもなおさず或る二重の関係として——一面では自然的関係として、他面では社会的関係として——現れる。ここで社会的というのは、どのような条件のもとであれ、どのような仕方においてであれ、そしてどのような目的のためであれ、ともかく幾人かの諸個人の協働という意味である。したがって、或る特定の生産様式……はつねに或る特定の協働様式……と結びついているということ——そしてこの協働様式はそれ自体、一つの『生産力』である、——人間たちの利用しうる生産力の総体は社会的状態を条件づけ、したがって『人類の歴史』はつねに産業（工業）および交換の歴史とのつながりのなかで研究され論じられなければならぬということになる」。

最後に、実証的アプローチ——ただし、極めて不十分で暫定的な試み——の一つとして、社会学から出発した筆者自身のフィールド・ワークにおける方法的特徴を、ごく簡単に要約しておこう[21]。

まず第 1 に、諸個人をとりまく客観的諸条件の把握にとどまらず、諸個人が、それらの諸条件を自らのトータルな「生命－生活 (life)」の発展的再生産

過程にいかに主体的に位置づけているのかを把握する。諸個人の生活過程は、いうまでもなく一定の自然－社会的諸条件（身体、性、年齢、階級、民族、国籍等）に基礎づけられている。そこにはそれぞれ固有の、また多くの矛盾・苦痛・制約・疎外（障害、疾病、差別、貧困、絶望等）がある。我々はまず何より、諸個人が直面する現実の矛盾・苦痛に焦点を当て、それらを可能な限りリアルに捉えなければならない。しかし同時に、諸個人は単なる「受苦」の客体ではない。自らの「生命－生活」の維持・発展的再生産を意欲し、それに向けて行為する主体でもある。諸個人の生活過程は、彼・彼女ら自身が主体的に選び取り、自ら築き上げてきた諸成果でもある。この両側面を統一的に把握する際、諸個人が、自らをめぐる客観的諸条件をいかなる意味として受けとめ、その後の主体的な営為・選択を促す動因としていかに内在化しているのかという点の把握が不可欠になる。なお、こうした視点を貫くためには、諸個人の生活過程を、労働、消費、家族関係、あるいは差別や貧困、疾病や障害といった特定の局面に限定して切り取ってくるのではなく、「生命－生活」過程としてトータルに把握することが不可欠になる。そうすることで初めて、各過程や各局面を統一せしめている主体とその発達の把握が可能になる。

　第2に、諸個人の現時点の生活過程を、過去の生活史の帰結として、また将来展望への橋頭堡として、史的文脈に位置づけて把握する。諸個人が経験する客観的－主体的な諸事実や、それらを内在化する道筋は、いうまでもなく史的・時間的に変化する。たとえ客観的には同一の変化や事象であっても、いかなる時代に、また人生のいかなる段階でそれに遭遇するかによって、その意味は、決して一様ではない。自然－社会的諸条件（身体、性、階級等）のもつ意味も、史的・類重的に変化する。諸個人の身体は「発達－老化」を続け、新たな資質・力能・価値を獲得し、かつてのそれらを喪失する。その中で諸個人は、既存の「生命－生活」を単に再生産するのではなく、つねに新たな「生命－生活」を生産せざるをえない。そしてこうした生活史における多様な諸体験の類重とその主体的総括、その中で培われた身体こそが、彼・彼女らの今／ここでの「生命－生活」過程を基礎づける。また現時点での矛盾の受けとめ方も、将来展望如何で大きく変わる。総じて、諸個人の現時点での生活過程は、過去と未来を繋ぐ生活史の歩みの中で、形成－展望論的にしか把握しえない。

第3に、諸個人の生活過程における自然-社会的な「多様性／異質性」（身体、性、階級等の違い）、及び、それらを通底する人間としての「普遍性／同質性」の相互連環を把握する。客観的-主観的な生活過程は、当然、個人毎に多様だ。しかもその多様性は単なる個別性ではなく、自然-社会的文脈の中で一定の階層制をもち、互いに矛盾・対立することもある。その矛盾・対立は、「生命-生活」の再生産を賭けた切実なそれであればあるほど深刻化する。しかし一方、そうした生活過程は、人間・類としての同質性をもつからこそ、様々な異質性を超えて相互に理解可能だ。また異質性が自然-社会的文脈の中で立ち現れるからこそ、同じ階層の中で、あるいは質は異なっても「生命-生活」にとっての矛盾・制約・苦痛・疎外の感覚というレベルで、共有・共感が可能になる。こうして、一方で同質性をふまえた異質性の認識に基づく差別化・無関心・対立が、他方で異質性をふまえた同質性に基づく相互理解・協働が生まれる。既存の自然-社会的差異をありのままに承認・尊重する多元主義と、既存の差異が拠って立つ基盤としての自然-社会的分裂を直視し、その境界を乗り超えようとする批判的普遍主義が輻輳する。

第4に、諸個人の客観的-主観的な生活過程を、彼・彼女らの行為やその交織からなる社会諸関係・集団、及び、組織・機関・機構——総じて協働様式——との関連で明らかにする。ただしそれは、諸個人の生活過程を、単なる行為や関係性、組織やコミュニケーション、総じて広義の社会関係として捉えることを意味しない。生活過程は、あくまで自然-社会的な「生命-生活」の発展的再生産過程だ。主体にとっての意味、すなわちあらゆる環境は、関係性、特に社会関係のみから生じるのではなく、「生命-生活」の生産・再生産に基づいて生成する。社会が可能なのは、相互主観性やシンボルの操作・文化が共有されていること以前に、まず人間が「生命-生活」を生産・再生産しなければならないからだ。社会諸関係は、諸個人の「生命-生活」を実現する協働様式として初めて意味をもつ。そして諸個人の「生命-生活」の生産・再生産は、無意識レベルを含めた広義の協働の中で、しかも自然-社会的階層制に規定された形でしか実現しない。さらにつねに変化する協働様式の全貌を完全に認識・制御することが不可能である以上、諸個人の行為・態度にはつねに無意識あるいは意図せざる不確定な要素が含まれ、それもまた協働様式のさらなる変化を促す契機となる。諸個人の社会

諸関係・集団・組織・機関・機構に対する行為や態度も、こうしたレベルを含めて把握する必要がある。

　第5に、諸個人が「生命－生活」の発展的再生産を目指すという前提以外の、研究者側のあらゆる主体性をいったん保留する。諸個人の「生命－生活」の主体性は、決して研究者が用意した理論や仮説に沿って、まして専門性の枠内で、発揮されるわけではない。民衆知を学問知で裁断せず、現実の民衆知の豊かさによって学問知の革新を図ることこそ重要だ。

　ただしこのことは、現実の民衆知をそのまま肯定・賛美するものではない。民衆知もまた、学問知と同様、人間の「生命－生活」の発展的再生産を疎外する役割を果たしている。そこには、人間環境を破壊する世界資本主義システムを前提とした上昇志向・利己的防衛・諦観・逃避・物神崇拝・「労働力商品」としての自己認識と相互認識・排他的民族主義・性差別等が含まれる。多くの諸個人にとって必要なことは、世界資本主義システムの変革ではなく、自らの「生命－生活」の維持・発展だ。諸個人は、社会システムの変革が実際に「生命－生活」の発展的再生産に資する展望があれば、その変革に立ち上がる。しかし既存のシステムの中で「生命－生活」の発展的再生産の余地を見出し、また抵抗することが一層の生活悪化をもたらすと判断しうる局面では、むしろしたたかに既存の社会システムに適応する。そこには明らかに主体的な判断・選択の余地があり、それゆえ葛藤もある。

　したがって、たとえ外在的には「実践の二重性」（再生産と変革）にみえようとも、それは諸個人にとっては「生命－生活」の発展的再生産という、あくまで一つの究極の目的に基づく、したたかな直感・判断・選択の結果であることも多い。そして一見、維持・再生産とみえる判断や選択を含め、それらはあくまで「生命－生活」の発展的再生産を可能とするための戦略であるという一点で、資本蓄積・価値増殖それ自体を目的とする論理とは異質だ。資本・支配階級は、こうした諸個人の生活や主体性を正確に把握し、適確に活用・コントロールすることでしか、資本蓄積・利潤増殖や支配を円滑に展開しえない。

　資本・支配階級もまた、自らの目的を実現するためにはあらゆる論理を駆使する。物象と人格、業績主義と属性主義、グローバリズム・ナショナリズム・ローカリズム、フォーディズムとポスト・フォーディズム等、ありとあらゆる

論理を利潤増殖・支配貫徹の手段として活用する。そうした使い分けの中で、最も根底にあるものの一つが、本書でしばしば言及した、自然と社会（自然と人間）の二元論だ。資本・支配階級は、一方で自然と社会（自然と人間）を分離・対立させ、自然を支配・征服の対象とみなす。しかし他方では、両者を一体化させ、自然を人間が従うべき「本質的宿命」とみなして社会統合に活用する。こうした中にあって、資本・支配階級が活用する様々なダブル・バインドを前提として、その一方の立場から他方に対する二者択一的批判をいくら繰り返しても、それはつねに資本・支配の論理に組み込まれるだけだ。

むしろ重要なことは、資本・支配階級が提示する、こうした二者択一的な選択肢に幻惑されず、その根底にある「生命－生活」の発展的再生産、及び、資本蓄積・支配の間の対立点・齟齬をこそ明らかにすることだろう。いわゆる対抗的価値・オルタナティヴな諸要素も、こうしたレベルの諸個人の広範な主体性の裾野の上にのみ成立し、またそう位置づけられて初めて「貴重だが少数の萌芽」の事例の列挙から脱することができる。そして何より世界資本主義システムの矛盾やその克服の展望は、人類・諸個人の「生命－生活」の発展的再生産における矛盾とその克服の営為のうちに把握されなければ無意味だ。

以上の視点は、あくまで人間主体と社会環境を対象としたフィールド・ワークのための、暫定的な試論でしかない。それだけに、社会的「主体－環境」の把握に重心が偏り、自然的「主体－環境」としての人間の発達を十全に射程に収めていない。また社会的「主体－環境」の把握に限っても、発達の内実やそれと能力・私的所有との関連等、未整理な部分が多い。こうした限界の克服は、最終章である次章において、可能な限り試みたい。

>「われわれは、ここに真理がある、ここでひざまずけというふうに、新しい原理をふりかざして空論的にたちむかうことはしない。……われわれは世界にむかって、おまえの戦いをやめよ、それはばかげたことだ、われわれがおまえに戦いの真の合言葉を呼びかけてやろう、などといいはしない。われわれはただ、世界がなぜ戦うかを、世界にしめすだけである」　マルクス「ルーゲへの手紙」[22]

第3章

人間発達の時空

1. 人間発達の学とその時空

　人間発達の学は、「人間はどこから来たのか、人間とは何か、人間はどこへ行くのか」という、人間にとって最も根源的かつ実践的な問いに、直接かつ自覚的にアプローチする。そこでは、3つの「時空（Time = Space）」における人間の「生命－生活（life）」の発展的再生産の統一的把握が求められる。すなわち①諸個人の生活－人生、②歴史・社会的な主体形成、そして③生物種としてのヒトの進化だ。この3つの時空は個別に論じられがちだが、現実の人間において統一され、相互規定的で、究極的には統一的視野の中でしか、いずれの時空も解明され得ない。諸個人の生活にとって、歴史・社会的主体としての人間、及び、生物種としてのヒトであることは、最も基底的な制約条件であるとともに、主体的実践の前提であり、自己変革の対象でもある。歴史・社会主体としての人間、及び、生物種としての人類も、その実体は生きた諸個人の生活以外にない。そして、この3つの時空の統一である人間的時空は、人間にとって究極の環境でもある。環境とは、つきつめていえば時空だ。
　以下、こうした3つの時空、及び、それらの統一としての人間的時空の成り立ちを、できるだけ根底的に考察して、本書のまとめとしよう。

2. 時空の一体性と相対性

　まず、時空に関する基礎的考察から始める。
　時間と空間は独立したものではなく、時空という単一のカテゴリーの2つの位

相だ。またそれらは一定の特殊な基準系に依存した相対的なものでしかない[1]。

時空は、相対的に独立した複数の現象を関係づける際、初めて成立する。したがって、時空が生成するには、二つの条件が必要だ[2]。一つは、複数の独立した現象の存在、すなわち宇宙の発生である。もう一つは、複数の現象を関係づける主体の存在、すなわち生命の発生だ。

以上の事実は、一見、相矛盾する様々な時空の存立根拠をなしている。

すなわちまず時空は、普遍でありながら特殊でもある。宇宙的時空は、その内部では最高の普遍だ。宇宙のあらゆる事物・生命は、宇宙的時空に規定・制約される。例えば、宇宙の発生と終焉の条件が完全に対称ではないことに基づき、宇宙的時空には一定方向への不可逆的な流れ・「時間の矢」があり、そこから逃れられるものは、この宇宙にはない[3]。しかし同時にこの宇宙は、一定の時空で発生し、不断の生成−変化の途上にあるという意味で、特殊な宇宙の特殊な局面にすぎない[4]。まして、宇宙内部の、ある特殊な生命(人間を含む)が捉えた時空は、極めて特殊なそれだ。

また時空は、主観的でありながら客観的でもある。宇宙的時空は、生命が発生する遥か以前から存在するが、それを認識する主体がなければその存在を問われない。「宇宙は見つめられることによって初めて存在する」[5]。また宇宙的時空は、それを認識する主体がおかれた特殊な基準系に依存するが[6]、しかしそれにも関わらず、それは単なる主観ではない。なぜならそうした主体・主観そのものが客観的に実在・変動する宇宙の一環であり、宇宙の生成−展開という不可逆的な「時間の矢」に規定されているからだ[7]。

＊佐藤（2001-b）[8]は、この宇宙が膨張しなければ、知的生命は発生せず、「なぜ宇宙が膨張したのか」という問いも生まれなかったと述べる。この宇宙の膨張の結果として、我々人間がいる。したがって、「なぜ宇宙が膨張したのか？」という問いは、「なぜ我々がここにいるのか」という問いと同じだ。もちろん、知的生命を孕まなかった宇宙も無数に存在した（している）だろう。様々な偶然の中で、知的生命体を孕んだ宇宙だけが、その内部の知的生命体によって、意味を付与され、成り立ちを問われる。宇宙の時空は、生命が意味を与えなければ、本来、無意味だ。

そこで時空は実体であり、関係であり、認識でもある。宇宙的時空は客観的

に実在すると同時に、流転する事物の継起の順序、すなわち関係でもある。そしてそれは生命主体による認知としてのみ意味をもつという意味で、認知・認識による構築物でもある[9]。実体論・関係論・認識論は、どれも間違いではないし、またどれも単独では完全ではない。

＊梅林（2000）[10]は、実体論的時間論をニュートンやロックに、関係論的なそれをライプニッツやアインシュタインに、そして認識論的時間論をカントに見出す。ただし梅林自身は、認識論を一部取り入れつつ、基本的には関係論の立場に立つ。また複数時間主義の立場から、単一時間主義を批判する。しかし、ここで重要なことは、実体・関係・認識の三者択一ではなく、むしろそれらの統一的把握だろう。また単一時間主義と複数時間主義の二者択一でもなく、普遍でありながら特殊でもある時空の統一的把握だ。例えば、アインシュタインの時間論を、梅林は関係論と理解するが、物理学者の菅野（1983）は実在論、哲学者の廣松（1986）は認識論を、そこに読み取っている[11]。

そして宇宙的時空の不可逆性は、「意味」の発生の最も根底的な根拠だ。過ぎ去った時間は取り戻せないし、取り消せない。ある事物が生成した以上、必然的にそれを前提とした次なる生成・展開へと連鎖せざるを得ず、その事物が発生・存在した事実はもはや消せない。「あったこと」は「なかったこと」にできないという時間の不可逆性に基づく事物の永遠性により、どんなにささやかな事物も「根源的に、そして永遠に、それがなかった世界とは異なる」[12]。

以上のように、時空は、普遍と特殊、主観と客観、そして実体・関係・認識等、様々な乖離の可能性を孕みつつ、しかし究極的にはそれらの統一である。

3．宇宙的時空と生命的時空

本章の冒頭でも述べたように、人間の発達は、①個人の人生、②歴史・社会的主体、そして③種としての人類という3つの時空の統一たる人間的時空で展開する。この人間的時空は人類の発生によって成立し、宇宙の発生に伴う宇宙的時空、及び、生命の発生に伴う生命的時空の中で生まれた。

＊宇宙的時空、生命的時空、そして人間的時空の関係は、20世紀、複数時間主義として考察されてきた[13]。ソローキン（1943）は、社会文化的時間、形而上学的時間、物理数

学的時間、生物学的時間、心理学的時間を区別した。フレイザー（1984）も、非時間性（混沌・カオスの状態）、原始時間性（宇宙のごく初期の段階）、物理的時間性、生物的時間性、精神的時間性をあげた。これらの多様な時間は、①宇宙的時空、②生命的時空、③人間的時空のいずれか、またはそれらを通底する何らかの位相の時間といってよい。ただし複数時間主義では、しばしば各時間の差異・独自性・自律性が強調され、相互の連関や相互規定性、普遍性の認識は希薄になりがちだ。

　生命の発生は、いうまでもなく宇宙的時空の存在を前提とする。まさにこの特殊な宇宙的時空だったからこそ、この特殊な生命が誕生した[14]。また生命の誕生——複数の現象を関係づける主体の発生——は前述の如く、宇宙的時空を含む時空の発生の一つの前提条件だ。
　しかしそれにも関わらず生命の発生は、宇宙的時空と生命的時空の分裂・乖離の出発点でもある。
　すなわちまず生命の発生は、「生きること」という意味・目的の発生であり、主体的な関係認識の発生でもある。生命は、環境世界のイベントを巧みに捉え、タイミングよく対応しなければ、自らを維持できない。そこで、時空の中で「今／ここ」の卓越的・特権的意義が生まれる[15]。生命は、主体的に環境世界（体内環境を含む）の時間を同調させ、空間を統合し、「今／ここ」を生きる。その場合の「今／ここ」は、瞬間－昼夜－季節－生態系の大きな変化や循環等、多様で重層的だ[16]。またそれは、宇宙的時空とそれに即した生命的時空の変化の中で進化・変化する。先カンブリア紀初期の地球の自転周期は21時間、1年は420日だったとされ[17]、50億年後には地球の自転の停止が予想される。生命は生存を許される範囲内で、それに合わせて「今／ここ」を進化させ続ける。

　＊ベルグソン（1990）は、生命的時空の創出を、決定論・因果論との対決と捉えた[18]。すなわち事物の変化の秩序をもっぱら保存の法則（エネルギー保存、運動量保存、慣性等）に基づく因果関係で捉える決定論に対し、新たなものを創造する時間秩序を生命的時空に発見し、それを「持続」と呼んだ。過去が現在を決定し、現在が未来を決定する決定論に対し、「持続」という創造的な時間秩序として生命を捉えたのである。

　生命的時空における「今／ここ」の卓越的・特権的意義の発生は、それと対称される過去や未来の発生でもある[19]。過去や未来の明晰化・拡張が進めば進

むほど、分岐点としての「今／ここ」の卓越性・特権性は増す。
　しかも生命的時空は、宇宙的な「時間の矢」にとどまらず、発生・誕生から死・滅亡に至る独自の「時間の矢」を創出する[20]。「さかさまに行かぬ年月よ。老いは、え逃れぬわざなり」(紫式部)[21]。さらにまた生物種毎に固有の、多様な生命的時空を生み出す[22]。いいかえれば、時空的な棲み分け・共生を実現し、多様な体内時計を形成して適切な時期に適切な行動をとることによってエネルギー効率を高め、生物種は多様化してきた。
　宇宙的時空と生命的時空の分岐点は、いうまでもなく生命の誕生にある。「無生物から生物は生まれない」ことは生命的時空では真理でも、宇宙的時空では真理ではない[23]。ただしこのことは、宇宙的時空が、生命誕生と無関係な客観的実在であることを意味しない。宇宙的時空は、生命によって初めて意味を付与され、存在を問われる。宇宙的時空と生命的時空は、相互規定的だ。

4．生命的時空と人間的時空

　生命的時空の中に、さらなる独自性をもって人間的時空が生まれる。
　他の生物と異なる人間の特徴は、意識性にある。人間は時空を意識的に統合し、改変・制御する[24]。人間は意識性によって、より広大で複雑な時間・空間調整(「時間あわせ／場所あわせ」)を可能にし、自由な時空を飛躍的に拡張する。人間は、過去・現在・未来の明晰な認識に基づき、記憶を蓄積し、意識された過去と未来に基づいて現在を生きる[25]。また個人の死後にも世界が存続することを認識し、世代を超えた累重的発展を可能にする[26]。さらに人間は共時的にも、相互に時間同調することで協働を飛躍的に発展させ、一方で人類の一員としての、他方で他者とは異なる独自な自己・自我を、飛躍的に成熟させる[27]。こうして人間は、生命的時空の中で、独自な人間的時空を形成し、その中で人間になってきた。人間的時空は、意識性を基礎とした飛躍的拡張性、及び、累重的発展性によって特徴づけられる。
　こうして人間的時空は、独自の普遍性と多様性を併せ持つことになる。人間は、1日・1年・1世代、数千年、数万年といった多様な時間秩序を意識し、それらの統合の中で普遍的な「今」を生きる。また人間的時空には、一方で類

的な普遍性が、他方では社会的分業に基づく多様性が、同時に立ち現れる。

＊ベルクソン（1965）[28]は生物世界の時間の多様性を認めつつ、人間については「唯一普遍の時間に対する信念」の存在を、人間の創造性（「持続」）として重視する。セン（1989）等[29]が重視する人間の潜在能力も、人間的時空の多様性の基底にある普遍性を捉える概念だ。一方、リッカルディ（1996）は、性・年齢等によって異なる時間の多様な社会的構成を重視する[30]。ノヴォトニィ（1992）も、人間の多様な社会的時間が併存するという複数時間主義が、実証的社会科学で広く認められていると述べる[31]。そしてウォーラーステイン（1993）もまた、社会的に構築される多様なスケールの時空の重層構造を重視する[32]。これらはいずれも、人間的時空の社会的多様性に言及したものだ。一般に、時間の多様性を強調する論者は、その社会的構築性、したがってそこでの分業・協業に即した時間秩序を重視する。これに対し、普遍性を強調する論者の多くは、人間の意識性・類的本質に基づく時間秩序を重視する。これらはいずれも、人間的時空に独自の普遍性と多元性を捉える重要な試みだ。ただし、人間的時空の普遍性と多様性の把握は、しばしば二者択一的認識へと陥りがちだ。重要なことは、普遍性と多様性を、人間の意識性・社会性が創造した人間的時空として統一的に把握することだろう。

人間的時空の生成・発展において、暦や時計、地図等の発明・使用は大きな役割を果たした[33]。ただしこれらもまた、人間の意識的行為、すなわち労働の産物にほかならない。時計や暦それ自身が人間的時空を創出したわけではなく、あくまで人間の意識性（及び、それに基づく社会性）こそが人間的時空を、そしてそれをさらに発展させる道具として時計や暦を創出したのである。

＊マルクス（1968-b）[34]は、時空の意識的統合、改変・制御としての、労働の意義を重視した。労働過程では、労働対象（外的自然）、労働手段（半ば人間化された自然）、そして人間自身（一つの自然力）の運動と相互作用が、一つの目的に基づいて意識的に統合される。また人間の労働力は、自らの単純再生産にとどまらず、それを超える価値——人間的時空に累重的発展性をもたらす剰余価値——を創造する。

人間が創出した剰余価値は、他者または次世代のために提供しうる。剰余価値は、同時代の他者や後続世代の人類を制約すると同時に、さらなる発展の基盤となる。こうして、諸個人は社会・歴史の、すなわち人間的時空の一員となる。マルクス（1960）は指摘する。「この簡単な事実、つまり、すべての後続世代は、先行世代によって獲得された生産諸力を自分のまえに見いだし、この生産諸力がこの世代のためのあらたな生産の原料として役だつという事実によって、人間の歴史のうちに一つの関連が形成され、人類の一つの歴史が形成され、この歴史は、人間の生産諸力が大きくなり、したがってまた

彼らの社会的諸関係が大きくなるにしたがって、ますます人類の歴史となるのです。このことの必然的な帰結は次のようになります。すなわち、人間の社会的な歴史は、彼らがそのことを意識しているかいないかにかかわらず、つねに彼らの個人的な発展の歴史にほかならない、というのがそれです。彼らの物質的諸関係は、彼らのすべての関係の基礎をなしています。この物質的諸関係は、人間の物質的個人的活動がそのなかで実現される必然的諸形態にほかならないのです」[35]。また、マルクス・エンゲルス（1963）は、「歴史のなかで、それぞれの段階において、各世代にその前の世代から伝えられる一定の物質的成果、生産力の或る総量、或る歴史的につくられた対自然の関係と諸個人相互間の関係が存在するのがみられ、生産諸力、諸資本および諸環境の或る総体の存在するのがみられるのであって、この総体はなるほど一面においては新しい世代によって改変されはするものの、他面またそれはこの新しい世代にそれ特有の生産諸条件を指定し、それに或る特定の展開、或る特殊な性格を与える。——したがって環境は、人間が環境をつくるのと同様に、人間をつくる」[36]とも述べる。

ただし、こうした人間的時空は、宇宙的時空や生命的時空の存在を否定したり、それらを「征服」して置き換わるものではありえない。むしろ宇宙的・生命的時空の存在を前提とし、その中で生成−発展−消滅していく。人間的時空はあくまで、人間という生物種の生命的時空であり、人間はどこまでいっても自らの生命性を「克服」できない。人間的時空は、宇宙的・生命的時空の中では有限で、寿命も限られている。人間的時空からみれば、宇宙的・生命的時空はつねに無限で、それらはたえず予期せぬ結果・意図せざる結果をつきつけてくる。人間は、意識的・社会的な試行錯誤を通してそれらに対処し、自らの生命・生活を発展的に再生産する中で、初めて主体として形成され、人間になっていく。いわば人間の意識性・社会性そのものが、自然（宇宙的・生命的時空）に支配された中で形成される。

＊人間が意識的・社会的に創造した時計や暦、地図が、自然を支配・征服するための手段であるかに見えることもある。また人間に外在する客観的尺度・独立の実体として立ち現れ、人間を拘束・支配・統制する局面もある。しかしそれにも関わらず暦や時計時間は、人間が自然と向かい合い、自らの生命・生存の必要に応じて作り出した道具だ。またそれらは人為的産物であると同時に、地球や月の自転・公転、生態系の周期や変化、そして自然としての人間の生活や体内時計によって規定・支配されている。しかも人間は、暦や時間といった記号だけでは生きられず、逆に生命を維持しなければ、記号も生

産できない。ここでは、人間と自然の単純な二分法に立った「人間による自然の『征服』」といった見方は通用しない。時計や暦時間は、人間と自然を引き裂くだけでなく、むしろ両者をつないでいる[37]。

　また、人為的（特に近代的）な時間を「直線的」と捉え、これと自然の回帰的・循環的な時間を対置する議論も少なくない[38]。しかし、こうした対置にも、明らかに限界がある。なぜならまず、宇宙的・生命的な時空にもそれぞれの「時間の矢」があり、その意味で直線性を備えている。いかなる時空も同一平面上での回帰・循環ではなく、その循環自体がある方向に螺旋的に変化している。そうでなければ、循環的・回帰的時間は、なお一層予測可能な（すなわち人間によって認識的に「征服」された）ものでしかない。人為的な「直線的時間」と自然の回帰的・循環的時間を対置する認識は、それ自体、自然と人間の二分法を脱していない。

　人間的時空は、宇宙的・自然的時空に支配される。そこで人間は、その意識性ゆえに自らの有限性を認識し、ある種の虚無感・無力感に襲われることもある。無限の宇宙的時空の中で人間、まして個々人はほんの一瞬ともいえる小さな存在だ。他の事物や生物のように、自己意識やそれに基づく自己超越能力がなければ、宇宙・自然の一部であることに自足し、虚無感に襲われることもない。ところが自己が自然の一部であると同時に、自己を含む自然が意識的に変革しうるものであることを自覚し、人間的時空が生成した瞬間から、人間には生きることの虚しさの感覚が生み出される[39]。

　しかし同時に、人間の意識性は、人間や諸個人のかけがえのなさを認識する根拠でもある。前述の如く、宇宙的時空の不可逆性において、無意味なものはない。あらゆる事物は、それが発生・存在した事実を消し去ることはできない。生命的の時空における死も、その個体が存在した事実は抹消しえない。どんなささやかな生であっても、「根源的に、そして永遠に、それがなかった世界とは異なる」。まして人間の生は、その意識性と社会性に基づき、人間的時空に固有の意味と価値を刻印する。「人は、自分がしたことによって起こったことが起こらなかったとする自由はない」（ジャンケレヴィッチ）[40]。それゆえ人間や諸個人は、自らのかけがえのなさを意識せざるをえない。人間が襲われる虚無感や無力感それ自体、特別な何者かでありうる／あらねばならないという、人間に固有の意識性の一発現形態にほかならない。

5．人間的時空における疎外

　さて、こうした人間的時空は、人間の最も根底的な疎外条件だ。
　人間は、その意識性・社会性に基づき、「今／ここ」での自らの生命活動を、他者や自らの他の時空（未来等）のための単なる手段に貶めることができる[41]。また時空を同調・統合させるだけでなく、意識的に切断・分断もできる。「日曜祭日に一ばんおもしろいのは、戦争やときの声の話をすることですな。それが、はるか遠いトルコで国民が打ち合っているというのであればね」（ゲーテ）[42]。人間は、社会的文脈に応じて多様な時空を生き、時空を意識的に分断できるので、私生活主義や社会的無関心が蔓延した社会という逆説も実現しうる。自らを自然と社会に切断し、生物種としての人類に不可欠な性差等を、社会的な差別・抑圧の契機として活用することもできる。他者の生命活動やその成果を自己の生活手段として搾取・収奪することもできるし、分断された社会（国家・共同体等）の利益のために他者や自己の生命を奪うこともできる。「戦争や戦闘は野獣的な行為として、そのくせそれを好んで用いる点にかけては、人間にかなう野獣は一匹もいない」（モア）[43]。総じて人間は、その意識性と社会性に基づき、自然、自己や他者の生命、そして人類そのものさえ手段化しうる。人間は、その意識性・社会性ゆえに最も非人間的になれる。人間を疎外するものは神でも自然一般でもなく、ただ人間だけだ。
　人間の疎外は、生命性・意識性・社会性という3要素間の乖離・対立として現れることもある。その結果、人間の生命性・意識性・社会性はどれも一面的になり、人間的統合が失われる。①生物種としてのヒト、②意識的個人、③歴史社会的な人間としての「生命－生活」も分離・対立し、一面化される。
　そこで、こうした疎外を揚棄し、本来の人間を回復しようとする理論・実践も、しばしば3要素――生命性・意識性・社会性――のいずれかを強調し、それのみに依拠してなされがちとなる。ある場合には人間の生命・自然性が、またある時には近代的理性や科学が、そして別の時にはコミュニケーションや共生といった社会性が、それぞれ人間を解放する契機として注目される。
　これらの戦略はいずれも、一定の実践的有効性をもつ。しかし最終的には、

人間の本質は3要素の統一であり、1つの要素だけに依拠した他の要素の「克服」によっては、真の解放や回復は果たせない[44]。しかも現実の3要素は、ただ相互に乖離・対立しているだけでなく、いずれも疎外され、人間を支配する疎遠な力として現れている。したがって、生命性・意識性・社会性の三者択一的なオルタナティヴはつねに空想的・非現実的になる。重要なことは、自然本質主義・主意主義・社会構築主義のいずれでもなく、それらの統一としての人間主義に基づく理論・実践だ。

＊マルクス（1975-a）[45]は、こうした人間本質の各要素間の乖離や対立、及び、各要素それ自体の疎外を、4つの重層的連関として示している。

まず第1は、自然からの疎外だ。人間は、自らの労働生産物のみならず、直接的生産手段としての外界、感性的自然からも疎外される。人間が労働を通して自然に働きかけ、生産すればするほど、獲得された自然つまり生産物や自然環境は、逆に人間に敵対する疎遠な力として立ち現れる。

第2は、生産的活動そのものの疎外、つまり人間の生産行為における自己疎外だ。労働が人間にとって自己の本質の実現ではなく、逆に自己の本質に外在するもの、不幸、自己否定、強制として立ち現れる。また労働は、必要の満足そのものではなく、他の諸必要を満足させるための単なる手段と化す。

第3は、類的本質からの疎外だ。人間の類的本質は、意識的活動によって対象的世界を変革し、自らの「生命－生活」をも発展させるところにあるが、それが逆転した形で現れる。つまり人間は意識的存在だからこそ、あらゆる自然や社会、及び、類的な生命活動それ自体をも、単なる個人的生存のための手段へと貶める。また、手段化された労働の目的となる狭義の「生活」は、もはや人間的・類的なそれではなく、「動物的（一面的に自然的・生命的）」で「私的・個人的」な生活になる。諸個人の「生命－生活」の中で、社会と自然、個人と社会が乖離・対立し、一面的になり、人間的統合は失われる。

そして第4に、以上の直接の帰結として、人間が人間から疎外される。一人一人の人間は人間的なあり方から疎外され、また、人間に他の人間が対立する。人間の疎外されたあり方は、人間の他の人間に対するあり方のうちに現実化・表現される。

そこでマルクスは、疎外克服の展望を、人間の自然性・意識性・社会性の三者択一や、そのいずれかによる他の「克服」ではなく、それらの統一的実現に見出す。すなわち、「成就されたナチュラリズムとしてのヒューマニズムに等しく、成就されたヒューマニズムとしてナチュラリズムに等しく、人間と自然との、また人間と人間とのあいだの相克の真の解決、現存と本質とのあいだの、対象化と自己確証とのあいだの、自由と必然とのあいだの、個と類とのあいだの、抗争の真の解消」、「人間と自然との本質的一体性の成就、自然の真の復活、人間のナチュラリズムの貫徹または自然のヒューマニズムの貫

徹」である[46]。それは、社会的な人間の意識的になされた自然的自己への環帰であり、人間と自然、人間と人間、個と類の間の相克・対立の真の解消である。

さて、こうした疎外を克服する原動力もまた、人間本質のうちにある。人間は、自らの自然性・意識性・社会性、つまり人間本質に基づき、疎外を克服する。この営為こそが人間の進化・発達であり、逆にその営為が途絶えたとき、人類は滅亡する。それが、意識性（脳の発達）に基づく進化を遂げてきた、社会的にのみ生存しうる特殊な生物種としての人間の宿命だ。人間は、どんな疎外状況の下でも、自然の一部であること、意識的主体であること、社会の一員であることから逃れられない。人間本質は疎外の下で失われるのではなく、ただ疎外された形で現れる。そして人間は、自らの疎外を意識的に対象化し、社会的に克服することでしか、自らの生命（自然）を全うしえない。人間本質、特に他の生物にはみられない意識性（対象性）は、人間に疎外を生み出す。しかし同時に意識性は、その疎外それ自体をも対象化し、揚棄する。意識性は、まず何よりも人間としての「生命－生活」を実現する類的本質だ。意識性がなければ疎外は発生しないが、しかしそれ以前に人間の生活もない。意識性は疎外を生み出すと同時に、疎外を克服する根拠であり、そのたえざる営みを通して人間は自己産出・発達していく。「自己疎外の揚棄は自己疎外と同じ道をゆく」（マルクス）[47]。

　＊マルクス（1975-a）は、人間の意識性（対象性）と疎外の関連について、ヘーゲルの疎外論を批判的に考察している[48]。それによれば、まずヘーゲルの偉大さは、「人間の自己産出を一つのプロセスと解し、対象化を対象性の除去として、外在化として、およびこの外在化のとりやめとしてつかむところ」にある。ただしヘーゲルは、人間を自己意識と捉え、対象化と疎外を混同した。自己意識の観点からみれば、対象化も疎外も、ともに外在化にすぎない。どんな対象性も、自己意識から区別される限りは「疎遠な現実」、つまり疎外として現れる。そこでヘーゲルは、対象性と疎外を同一視する観念論的展望を導き出す。疎外の揚棄は、「ヘーゲルにとっては同時に、いやそれどころか主として対象性を揚棄する意義をもっている。なぜなら、対象性の或る特定の性格ではなくて、対象の対象的な性格が自己意識にとっては妨げとなるものであり、疎外だからである」。
　これに対し、マルクスは、人間を自己意識ではなく、現実生活と捉え、その観点から対象化と疎外を明確に区別した。マルクスによれば、ヘーゲルもまた、労働（対象性）を人間の本質と捉えたが、ただし彼は「労働のただ肯定的な側面だけを見、その否定的

な側面を見ない。労働は外在化の内部での、あるいは外在化された人間としての、人間の対自化である」。マルクスは、対象性と疎外を峻別した上で、「どのようにして人間は彼の労働を外在化し、疎外するようになるのか」、また「どのようなかたちでこの疎外は人間の発達の本質のうちに根拠をもっているのか」を問うのである。

以上に述べてきた人間本質——自然性・意識性・社会性——は、決して理想的人間像や形而上学的な理念ではない。人間の、ごく当然の現実規定だ。またそれは、私的所有制や資本制等の特定の歴史段階ではなく、すべての人間社会を貫通する人間の本質規定だ[49]。こうした人間本質に基づく疎外とその揚棄の歴史の中で、人間は人間になってきた/なっていく。現実のうちにあって現実を超える、生成論・発達論的な人間像がそこにある。それはまた、与えられた権利としての人権論ではなく、人間の自己産出論・発達論でもある。

6．私的所有・資本制と人間発達

さて、人間の疎外は人間本質に基づき、したがって人間的時空に普遍的だ。それは、私的所有・近代資本制等、特定の歴史段階だけの現象ではない[50]。むしろ私的所有や近代資本制は人間の疎外の原因ではなく、疎外された人間による産物・結果である。私的所有や近代資本制の批判にとどまり——前近代・前私的所有の社会を賛美することは——、人間本質に基づく疎外の無視ないし過小評価だ。特定の歴史段階における疎外の諸形態とその克服の展望を考察する際、まず前提的に必要なことは、人類という特定の歴史段階にある生物種に固有の本質とそれに基づく自己疎外に関する唯物論的な把握であろう。

＊マルクス（1975-a）は述べている[51]。「私的所有は……、外在化された労働、すなわち外在化された人間、疎外された労働、疎外された生活、疎外された人間の概念から生じるのである。……たとい私的所有が外在化された労働の根拠、原因のようにみえるとしても、それはかえってそのような労働の帰結である」。マルクスにとって重要な課題は、「疎外された労働の結果として生じてきた私的所有の普遍的本質を、真に人間的かつ社会的な所有にたいしてそれがどんなあり方をしているかという点で、規定すること」にある。

そして、ここ数千年の——おそらく農耕・牧畜の開始とともに——人類社会を特徴づける私的所有は、人間本質に根差すものであり、したがって人間にとって巨大な疎外の発現形態だ。

すなわち私的所有はまず、一面では個々の人格的本性と使用価値に基づく占有、つまり人間的本性の実現だ。人間は、諸個人毎に異なる生活様式と生活の必要をもつ。私的所有は、多様な人間の個性に根差す、人間の意識的・社会的実践の産物だ。

しかし他面で私的所有は、それがいったん生み出されると、人間的・人格的占有という意味を喪失する。例えば交換は、人間にとって不可欠な類的活動——共同性・社会性の発現——だ。しかし私的所有の下では、交換は人間相互でなく、私的所有相互の抽象的関係として、非人間的・非社会的関係として発現する[52]。そこでは、人間の現実生活の必要としての使用価値ではなく、抽象的関係としての価値（交換価値）に基づいて交換がなされる。さらに私的所有の下での交換を前提とした労働——直接的な営利労働——も、疎外された労働になる。こうして私的所有は「疎外された私的所有」として現れる。いわば、私的所有それ自体の疎外——外在化された私的所有——が生起するのである。

＊私的所有がこうした両義性をもつ以上、私的所有の一面的否定は、人間的・人格的所有の否定であり、非人間的だ。個を否定した類は、類を否定した個と同様、非人間的である。そこでマルクス（1975-a）は、私的所有の肯定的側面を無視した粗野な共産主義を批判した[53]。粗野な共産主義は、「私的所有として万人によって所有されえないものはことごとくぶちこわしてしまおうと」し、「強引に才能等々を度外視しようとする」。それはまた、「人間の人格をいたるところで否定することによって、——まさに、この否定にほかならぬところの私的所有の整合的な表現でしかない」。ここでの人間は、「私的所有を越え出ているのではなくて、逆にまだそこにすら到達していない人間」であり、「労働者という規定は廃棄されずに、かえってすべての人々へ広げられ」る。

また、マルクスは、「私的所有のポジティヴな本質をまだつかみとっておらず、また必要の人間性を理解してもいないので」、「なおもまだ私的所有、換言すれば人間疎外にとらわれている」、未完成な、あるいは政治的な共産主義をも批判した。私的所有のポジティヴな本質をつかみとることは、人間的・人格的な所有としての私的所有の本質に基づき、人間疎外としての私的所有を克服することである。

こうしてマルクスは、廃止された私的所有の肯定的な表現としての共産主義を構想する。それは、人間的自己疎外としての私的所有のポジティヴな廃棄、したがってまた人

間による、人間のための人間的本質の現実的獲得としての共産主義だ。

　近代は、実質的な世界社会・人類社会が成立した時代だ。近代諸科学は、人間の3つの時空——①個人・自我、②歴史・社会的主体、③生物種としてのヒト——のそれぞれに関する知見を豊富に蓄積した。局所時間はほとんど解体され、標準時間帯と時計時間が採用され、人類は地球大で「時間あわせ／場所あわせ」をしながら生活するに至った[54]。したがって生活物資の流通も、それを統治・制御する社会システムも、地球大で展開している。
　しかし近代の人間的時空は、いかに人類を一つに統合するものであっても、人間の類的本質の完全な実現ではない。それは疎外された私的所有の極限形態であり、様々な階級・階層構造を内包し、分断されている。グリニッジ標準時や西暦の普及も、近代西欧による覇権主義・植民地支配の残滓でしかない。
　近代資本制の下、人間の類的本質とそれに基づく疎外の双方が極めて先鋭的に発現する。そこで近代的な世界社会の成立は、人間の疎外が世界規模で、すなわち人類の生存の危機として発現することを意味する。自然と人間、社会と個人、労働と生活が乖離し——その乖離はしばしば「自立」や「自由」という近代的概念で賛美され——、それぞれ一面化され、本来、それらの統合である人間に対して、疎遠で外在的な支配力として立ち現れる。世界社会・人類社会が成立すればするほど、それは疎遠な支配力として人間に対立してくる。
　現在、こうした人間疎外は、①核汚染・環境破壊・飢餓・過労死等、人間的自然の根底的破壊、②グローバルな階級格差（南北格差を含む）、人種・性・「能力」差別、戦争とテロ等、世界大での疎遠な人間関係・社会関係、そして③精神的ストレスや病理、自殺の増加、カルトの蔓延等、人間の精神・意識の軋みとして現れている。特に20世紀後半以降、こうした疎外、特に核戦争や自然環境破壊は、人類を絶滅させかねない規模で顕在化してきた[55]。しかし同時に、こうした危機の認識は、人間の意識性の発達の証でもある。こうして「時空の圧縮（time‒space compression）」（ハーヴェイ）[56]に伴って、世界史的な人間（文字通りの「人類」）を否応なく登場させてきたことこそ、現代資本制の最大の意義だろう。疎外とその克服は、もはや個別の文化・地方の特殊な問題ではなく、人間本質に根差す普遍的課題であることが、可視化している。

このような人類社会と人類的規模での疎外をもたらした近代資本制は、交換価値としての剰余価値生産それ自体を至上目的化する点で、それ以前の私的所有の社会とは異なる。近代資本制の下では、前近代とは異なり、市場経済が全面開花し、剰余価値生産の極大化への衝動とそれを実現する「勤勉＝産業（industry）」が飛躍的に発展する。「資本は唯一の生活本能を、すなわち自己を増殖し、剰余価値を創造し、その不変部分である生産諸手段で、できる限り大きな量の剰余労働を吸収しようとする本能を、もっている」（マルクス）[57]。そしてこの剰余価値は、人間の「生命－生活（life）」の発展的再生産に資する限りでは生産力であり、新たな創造的価値だ。しかし同時に剰余価値は、それが私的所有の下で利潤に転化する限りでは、人間にとって疎外の深刻化、「生命－生活」への破壊力として作用する。

近代資本制下における、一方での人類の生存を脅かす疎外の深化、他方での剰余価値生産の飛躍的発展とそれに支えられた類的本質の発展・文字通りの「人類」の成立は、必然的に疎外の克服を目指す人間本質の顕在化、人間発達を進めざるを得ない。資本制に基づく疎外は、人間本質に基づいて必然的に克服される。もちろん人類が資本制的な疎外形態（核戦争・自然環境破壊等）によって滅びない保障はない。その意味で、資本制の止揚は客観的には必然ではない。しかし、人間が現下の疎外を対象化・克服して「生命－生活」を発展的に再生産させようとする限り、人類は資本制にとどまることはできないし、とどまる必要もない。なぜなら資本蓄積・利潤増殖と人間本質の実現は同じでなく、矛盾するからだ。

人類が近代資本制を克服するプロセスの解明には、人間の意識性・社会性・自然性の三者を統一的に把握する知が不可欠だ。それはまた、①諸個人の人生・成長、②歴史社会的な主体形成、そして③生物種としての人類の進化という、人間発達の3つの時空を統一的・実践的に把握する人間発達の学、及び、それと相即した実践の確立でもある。そしてそれらを可能とする究極的な根拠は人間本質それ自体だが、それを顕在化させる現代的条件は近代が創出した剰余価値の飛躍的発展（生産力と破壊力の飛躍的発展）にほかならない。「我々はどこから来たのか、我々とは何なのか、我々はどこに行くのか」。それを考える際、近代は、諸個人の日常生活から人類の進化までを一体のものとして捉えることを不可欠かつ可能にする「生産力＝破壊力」を、人間が獲得した時代とい

えよう。近代批判もまた当然、そうした射程をもたねばならない[58]。

7．ポストモダニズム／ポストヒトゲノムの「人間」発達

　近代資本制とそれに基づく疎外の克服は、前述の如く、人間が生存する限り必然だ。しかし同時に、その克服の彼方が、疎外のないバラ色の未来ではありえないこともまた、自明だ。疎外が人間の普遍的本質に根差す以上、人間が生存する限り、疎外は永遠に続く[59]。資本制的な疎外形態の揚棄は、疎外一般の揚棄ではない。人間本質が実現すればするほど、疎外もまた拡大・深化する。私的所有・資本制的な疎外形態の克服は、新たな、おそらく一層深刻な疎外状況への突入であろう。そこでは、人間本質に基づく疎外が、近代的な階級・私的所有・国民国家に媒介・調整されず、より直接的に巨大な規模で顕在化すると思われる。資本制・私的所有を揚棄しさえすれば、疎外なき千年王国が宇宙の終焉の日まで――あるいはその後も――続くなどと考えるのは、全く非現実的だ。しかしそれがわかっていても、人間は生きようとする限り、資本制・私的所有の下での疎外形態にとどまることはできない。それは、諸個人がいつか必ず死ぬことがわかっていても、「今／ここ」での生命力を発現し、疎外を克服しようとするのと同じだ。

　宇宙・自然の中で、人類の生命は有限だ。生物種としてのヒトは、いつか必ず滅ぶ。その滅亡が、直接の人為による結果か、意図せざる結果かはともかく、人間自身や人間の直接的生存手段としての外界・感性的自然が、人間にとって疎遠なもの、敵対的なものとして立ち現れる中で、つまり人間自身の疎外によって、人間はいつか滅亡せざるを得ない。また、宇宙・自然の中では、人間の意識性・対象性も有限だ。人間の知の拡張は、つねに新たな無知の拡張でもある。人間の意識性・類的本質・生産力の発展は、自由の発展であるばかりでなく、つねに未知の領域、予期せぬ結果、意図せざる結果の拡大再生産でもある。そして人間は、自らの意識の有限性それ自体を克服することは永遠にできない。意識性それ自体の揚棄も、人間が人間である限り、ありえない。人間に可能なのは、ただ意識性・対象性のさらなる発展によって、「今／ここ」での特殊な疎外形態を揚棄し続ける無限の（ただし人類が存続している限りという意味では有限の）人間本質の発達と発現、世界と自己のたゆまぬ変革でしかない。

したがって、人間本質（自然性・意識性・社会性）の矛盾なき統一が「完成」することは、永遠にありえない。人間本質の実現は、「次の未来の必然的形態と力動的原理ではあるが、しかし……それ自体が人間的発展のゴール（Ziel）——人間的社会の形態——なのではない」（マルクス）[60]のである。

そして20〜21世紀の世紀転換期、分子生物学における「生産力＝破壊力」の新たな進展があった。いわゆるポスト・ゲノム時代の開幕だ（本書第Ⅱ部参照）。近代資本制下での人類は、自らの数万年単位の生物的進化という自然性への直接的な意識的・社会的介入に向け、ついにその第一歩を踏み出した。

従来の様々な疎外現象は、人間の現実生活を基準として定義しえた。またそうだからこそ、普遍的「人類」が実質的に成立した20世紀後半には、「ヒトの権利＝人権」を基準として、疎外の有無をおおむね判定しえた。

しかしポスト・ゲノム時代、人類は生物種としての「人間＝ヒト」そのものを意識的・社会的に揺るがす能力を手に入れつつある。ヒトは今後も単一の生物種であり続けるか否かが、様々なレベルで問われる時代の入り口に、人類は立っている。「自己決定によるヒトの生物的進化は是か非か」、「多様な環境の変化に適応しうる人類の進化・分裂は是か非か」、「ヒトの遺伝子操作や他の生物種との遺伝子的交配を、どのレベルまで認めるか」。これらの判断如何では、ここ数万年続いてきた、ヒトが単一種である時代が、したがって一つの類的本質でありえた時代が、人為的に終焉を迎える可能性もある。こうした人間それ自身の揺らぎの中では、疎外と対象化を区別する基準を、人間の現実生活における意味とそれを意識化する類的本質に求める人間疎外論も、最終的に問い直される日が訪れるだろう。人間は果たして、いつまでヒトでありつづけるのか。近代資本制の克服・揚棄（ポストモダンの実現）が、人間本質に基づく人間の主体的実践としてなされるのか、それとも人間本質そのものの克服・揚棄によってなされるのか。それは、自明ではなくなりつつある。

最後に、マルクスから次の一文を引用し、本書のまとめに代えよう。「人間はただたんに自然物であるだけでなく、人間的な自然物である。ということは、己れ自身にたいして存在するものであり、それゆえに類存在ということである。人間はそのような類存在として己れを己れの存在においても己れの知においても証し示さずにはいない。……そして自然的なものはすべて生成しなければな

らないように、人間もまた彼の生成活動、つまり歴史をもっている。しかしこの歴史は彼にとっては意識的な生成活動であり、したがって意識をもってする生成活動として、̇自̇ら̇を̇揚̇棄̇す̇る̇生̇成̇活̇動̇なのである（傍線筆者）」[61]。

　　「時間とはすなわち生活なのです。そして生活とは、人間の心の中にあるものなのです。人間が時間を節約すればするほど、生活はやせほそって、なくなってしまうものなのです」　　　　　　　　　　　　　ミヒャエル・エンデ『モモ』[62]

補注

第Ⅰ部　人間環境と自然・社会

第1章　環境・主体・人間

1) 自然物の法的権利については、ストーン（1990）、関根（1997）、山田（1997）、尾関（2001-a）5～8頁、入江（2001）34～36頁、鬼頭（1999-b）157～158・163～167頁、ナッシュ（1993）。動物の権利論については、黒川（1997）195～196頁、シンガー（1993）、同（1999）、レーガン（1995）、フォックス（1995-a）。全生物の生命中心主義として、テイラー（1995）。人口抑制を求める環境保護運動については、ネルキン＆リンディー（1997）249～250頁、高田（2003）27・31～33・36頁、ラヴロック（1984）217頁。ガイア論については、ラヴロック（1984）、同（1989）。利己的遺伝子論については、ドーキンス（1991）、同（1987）21～22頁、ピヒト（2003）60～61頁。人間中心主義批判内部での多様な論点整理として、谷本（2003）229～300頁、鬼頭（1999-b）157～158・163～167頁、高田（2003）27・31～36・101～102頁、キャリコット（1995）。
2) 加藤（1991）1・2・13頁。環境倫理学が人間中心主義批判として形成されたことについて、谷本（2003）71～73・156～157・174頁。
3) 飯島（1995）10頁、同（1998-a）15～16頁、同（2001）7頁、鳥越（2001）67頁、満田（2001）119～123頁。このパラダイム論争については、満田（1995）、谷口（1998）、飯島（2001）7～8・67・119～123頁等。ただし谷口（1998）174～182頁は、アメリカ環境社会学がこの論争だけでなく、多様な諸潮流を孕んでいたと指摘する。
4) 飯島（1995）10頁、同（1998-a）15頁。
5) ネス（1995）、同（1997）、デヴァル＆セッションズ（1995）、ドレングソン・井上（2001）第4章。生命中心主義思想については、テイラー（1995）。ディープ・エコロジーにおける人口抑制の主張については、ネス（1995）121頁、同（1997）41～42・50・224頁。
6) 「自然の権利」論批判として、高田（2001）43頁。鬼頭（1999-b）157～158・163～167頁によれば、日本の「自然の権利」論は、「自然と人間のかかわりそれ自体の価値や権利」を問題としている。ただしアメリカにおける自然の権利論も、その主張者の主観的意図はともかく、それ以上のものではありえない。尾関（2001-a）5～8頁も参照。
7) ブラッドフォード（1995-b）249頁。小池（2001）163頁も参照。
8) ネス（1997）271・339～340頁。
9) 佐倉（1992）83～84・113～114頁。
10) 人間中心主義の提起として、佐倉（1992）34～36・83～84頁、岩槻（1997）160～161頁、同（1999）2～3・155・184～186・205頁、湯浅（1992）218頁。なお、1972年の「ストックホルム宣言（人間環境宣言）」も、環境は「人間の生存を支えるともに、知的、道徳的、社会的、精神的な成長の機会を与えている」とし、「人間の福祉、基本的人

権ひいては生存権そのものの享受」に不可欠であると述べている。木村（2002）8頁。
11）「人間中心主義と自然中心主義の対立」といった認知枠そのものが近代的な二元論に制約されたものでしかないことについては、尾関（2001-b）150頁。
12）湯浅（1992）202〜204頁、榊（2001-b）200〜202頁、斎藤（2001）182〜184頁、福澤（2000）72〜73頁、デネット（2000）447頁。斎藤（2001）182頁によれば、従来はヒト上科は、テナガザル科（小型類人猿）とオランウータン科（大型類人猿）、ヒト科に区分されていたが、近年はヒトを特別扱いせず、オランウータン科とヒト科を合体してヒト科とする分類が主流になりつつある。また、リドレー（2000）42頁によれば、ヒトとチンパンジーのゲノムの相同性は、チンパンジーとゴリラのそれより高い。
13）斎藤（2001）183頁、ポラック（2000）245〜247頁、福澤（2000）73頁、小野（2000）5〜6頁、ウィルソン（1995-a）83〜85頁。
14）上村（2003）53〜54頁。受精卵は2週までいくつの個体になるかになるか未確定だ。
15）立山（2002）102〜103頁。
16）立山（2002）102〜109頁、柳田（1999）238〜239頁、斎藤（2002）161〜167頁。
17）エンゲルス（1968-a）201頁。なお同様の記述は、同（1968-b）21頁にもある。死の主観性・主体性については、アリエス（1983）、柳田（1999）。
18）宮崎（1997）78〜79頁。

第2章　自然としての人間・人間としての自然

1）マルサス（1985）、同（1962）29〜31頁。
2）メドウス・他（1972）8〜13・71〜72頁、メドウス・他（1992）Ⅳ〜Ⅶ・10・18・265〜266・273〜275頁。マルサス主義への肯定的評価として、室田他（2003）2頁。新マルサス主義の典型として、エーリック（1974）。ストックホルム会議で採択された「人間環境宣言」も、地球の容量には限界があり、それをふまえて産業活動・人口増加をコントロールする必要があると主張する。地球環境法研究会編（1993）、松本（2001）181頁。
3）加藤（1991）8・14・68頁。経済学・社会学における自然の有限性の認識として、ポンティング（1994-a）253〜254頁、中村（1995）208〜209頁、谷口（1998）175〜176頁。
4）見田（1996-a）3〜4頁。
5）ウォーラーステイン（1993）39〜47・86・162〜177頁、同（2001）150〜163頁。
6）佐倉（1992）94頁。
7）安田（1997）66〜67頁、栗原（1998）56〜60・65〜66頁、相田・永倉（1997）8〜9・157〜159・211〜212頁、吉川（1995）、山本・山本（1997）148〜161頁、ウィルソン（1995-a）207〜209・325頁。
8）岩槻（1997）15〜18頁、湯浅（1992）209〜212頁。
9）ラブロック（1984）14・56〜57・61・65・134〜136・138〜142・288頁、同（1989）16・51〜52・120・156頁。カーソン（2000）258〜159頁も参照。

10) 金谷（1997）28頁。
11) リドレー（2000）185頁。
12) 「共生」は、寄生、片利共生、相利共生を含む。ウィルソン（1995-a）271〜273頁。もちろん3種以上の生物が介在した間接的共生もある。高田（2003）79頁。
13) ダーウィン（1963）86〜87頁。
14) エンゲルス（1968-c）609頁。類似の記述として、同（1974）138〜139頁。
15) 丸山・磯崎（1998）258〜261頁、湯浅（1992）。
16) 生物種の大量絶滅については、丸山・磯崎（1998）35〜37・148〜149頁、ウィルソン（1995-b）47〜52頁、木村（1988）76〜77頁。
17) 丸山・磯崎（1998）62〜64・136頁、松井（1998）、アルバレス（1997）、ウィルソン（1995-a）40〜48頁、野本（1998）24〜25頁。
18) ボールディング（1975）。石（2000）212頁。
19) エントロピー論からみた資源の有限性については、ジョージェスクレーゲン（1993）、小池（1999）220〜221頁、ポンティング（1994-a）32〜33頁、高田（2003）82〜83頁。
20) 福澤（2000）72〜73・82〜83頁、桜井（1987）。
21) 岩槻（1999）221頁、同（1997）40頁。
22) マルクス（1983）304〜305頁。内山（1988）50〜57・135頁。
23) エンゲルス（1968-c）489〜491頁。類似の記述として、同（1968-c）506頁。
24) 岩槻（1997）12〜15・119〜120・164〜167・183〜187頁、同（1999）59・71・105〜111頁、ウィルソン（1995-a）281〜292頁、藤倉（2003）168〜169頁。日鷹2000）197〜199頁によれば、「多様性＝安定性」のドグマも十分に検証されていない。なお金久（2001）80頁によれば、現在知られている生物種は200万程度、何らかの遺伝子配列が知られている生物種は約5万にすぎない。ウィルソン（1995-a）207〜209・225〜226頁、同（1995-b）538頁によれば、生物種はおよその桁数さえ見当がつかない。
25) コルボーン他（1997）258・294・342〜354頁、井口（1998-a）91〜93頁、同（1998-b）64〜75・106〜107頁、中下（2003）202〜203頁、松井（2002）2・66〜67・118頁。
26) 井上（2001）Ⅰ・37頁、根本（1992）40〜49頁は、地球温暖化の主要因を太陽活動の変化にあるとする。温暖化の原因の検討については、亀山（2002）42〜53頁。
27) 「暗黙知」については、下條（2000）66頁、ポラニー（1980）。
28) エンゲルス（1968-b）88〜90頁。
29) エンゲルス（1968-c）354〜355頁。
30) ブレヒト（1979）129頁。ポパー（1971）は、科学的言明とはできるだけ速やかに反証されるべき仮説と述べる。ただしそれは科学に限らず、人間の知全般の特質であろう。
31) エンゲルス（1968-b）118〜119頁。
32) イギリスの丘陵地については、湯浅（1992）134〜135頁。アルプス等のお花畑につい

ては、岩槻（1997）40～42頁、同（1999）237頁。日本のマツ林については、佐原（2000）44～45頁。「農業生物」については、徳野（2001）105～106頁、宇根（1996）。無融合生殖型植物については、岩槻（1997）141～147・156～158頁、同（1999）177頁。

33) マルクス・エンゲルス（1963）40頁。
34) 岩槻（1997）4～5・38～42・159～164頁、同（1999）170～175頁。自然と人間の二元論批判は、鬼頭（1996）119頁、武田（2001）79～80頁、尾関（1998）70頁。
35) 細川（1998）261～262頁。同様の観点として、市川（1999）、速水（1999）215～216頁、細川（1999）185～187頁、岩井（2001）125頁。
36) 鷲谷（2001）149頁、港（1998-b）109頁。こうした諸点に関わる論争については、岩井（2001）114～115頁。細川（1999）178～179頁は、アボリジニの火付け慣習が、実に複合的な意味をもち、自然保護の観点からのみ捉えること自体、一面的だと述べる。
37) グーハ（1995）82～84、87～88頁。
38) エンゲルス（1968-c）491～492、353～354頁。
39) 相田・永倉（1997）203～205頁、フレイヴィン（2003）134～135頁。
40) 中村（1998）144～145頁。
41) ゲーテ（1965）309頁。
42) マルクス（1975-a）501～502、436頁。
43) 「持続的可能な発展・開発」については、環境と開発に関する世界委員会（1987）、環境庁（1995）48頁、青木（1998）、大久保（1997）152頁、太田（1999）3～7頁、竹本（1998）88～93頁、佐和（1997）30～32頁、鷲谷（2001）136～137頁、加藤（1990）15～22・50頁、桑子（1999）57～58頁、石（2000）223～224頁、同（2002）26～29頁、メドウズ他（1992）267～268頁、室田他（2003）49～50頁、高田（2003）192～196頁、マーチャント（1994）312～318頁。
44) もちろん経済・産業のあり方として、「どちらが、より持続可能か」という比較の観点では、重要な意味がある。佐和（1997）31～32頁。
45) 循環型・リサイクル社会の提言の例として、西山（1997）3・184～185・217頁、同（1999）45・248～250頁、メドウズ・他（1992）267～268頁。牛乳パック等のリサイクル活動の問題点については、谷口（2001）223～226頁、伊藤（1993）、槌田（1992）。
46) ロラン（1986）184頁。

第3章 【環境外在論】と【主体―環境系論】

1) ハイデッガー（1962）85頁。
2) マルクス（1975-a）462～463頁。
3) ミード（1973）、同（1990）34・43・78・91～93頁、ブルーマー（1991）。
4) シュッツ（1982）。
5) ゴフマン（1974）、同（1984）、ガーフィンケル他（1987）、ライター（1987）。

6) 堀川（1999）219頁は、「構築主義の問題構制では身体性が欠落してしまうのではないか」と述べる。
7) マーギュリス（1985）。
8) 「共進化」とは、複数の生物種間での相互作用が、それぞれの進化を促進し、また全体の関係の進化を生み出す現象を指す。ただし、生物と環境・物質・社会システムとの関係を含め、多義的に用いられる。「共進化」概念については、丸山（1996）175〜179頁、丸山・磯崎（1998）258頁、栗原（1998）20〜22頁、満田（2001）130頁等を参照。
9) 井口（1998-b）4・76・82〜83頁、同（1998-a）46・89〜91頁、同（1998-c）242頁、森（2002）70・75・77頁、コルボーン・他（1997）。
10) マーチン（1996）86・88〜89・138〜140・159〜172頁。雑賀（1998）188〜189頁。
11) 河本（2000）180〜182頁。
12) マルクス（1975-a）436頁。
13) 今西（1974）56〜57・67頁。
14) マルクス（1963）3頁。

第4章　近代の光と影

1) 東洋文明賛美の例として、加藤（1991）3頁、ナッシュ（1995）83〜84頁、同（1993）、シンガー（1999）451〜452頁。環境破壊の根底にユダヤ・キリスト教的な伝統・世界観の問題を見出す議論として、ホワイト（1999）87〜88頁、ナッシュ（1995）76・80〜82頁、メドウズ他（1992）92頁、ポンティング（1994-a）248〜249頁、ボウラー（2002-a）9・11頁。キリスト教とエコロジー思想の関連に関する論点整理としては、エバノフ（1995-c）204〜206頁。マーチャント（1994）118〜119頁は、ディープ・エコロジーの源泉にアメリカ先住民や東洋の思想・哲学が含まれると述べる。キリスト教における「神の似姿＝人間」については、上村（2003）149〜150頁。
2) 野家（1997）27〜38頁、米本（1996）169頁、竹田（2000）174〜175頁、丸山・磯崎（1998）264〜265頁、ホワイト（1999）50〜52頁、デネット（2000）28頁。万有引力については、佐藤（2001-b）206〜211頁。科学観の変遷については、都城（1998）。
3) 関野（1990）、エバノフ・阿部（1995）17頁、田中（1974）6〜11・249〜250頁、森岡（1994）44頁、ボウラー（2002-a）74〜79頁、関（1999）107頁、高田（2003）25頁。
4) ルソー（1962）23頁。
5) 現代憲法研究会編（1996）20頁。
6) エンゲルス（1968-c）492頁。
7) 野家（1997）20〜22・27〜30頁、中山（1998）8〜10頁、ウォーラーステイン（2001）271・316〜317・325頁、ボウラー（2002-a）138〜139・176〜177頁。
8) ボウラー（2002-a）48〜69頁。デカルトの思想が、必ずしも「人間中心主義」ではなかったことについては、高田（2003）54〜55頁、ネグリ＆ハート（2003）113〜114頁。

9) ボウラー（2002-a）101・175・221〜222頁、同（2002-b）234〜239頁。
10) 佐藤（2000）202〜203頁。
11) ビール（1995）220頁より。
12) ベルナール（1970）139頁。丹羽（1993）161〜162頁。
13) フォックス（1995-b）144頁より。
14) ウェーバー（1936）71〜72頁。ケラー＆ドニーニ（1998）201〜202・231・232頁、ボウラー（2002-b）401〜402頁も参照。
15) モノー（1972）23〜24頁。丹羽（1993）166頁。
16) ハーバーマス（1985）、同（1987）、同（1970）40・57・59頁。
17) エンゲルス（1968-c）485〜486頁。なおマルクス（1975-b）、同（1963）も、創造的活動として労働とともに交通をあげている。交通はコミュニケーションを含む。
18) ベーコン（1966）231頁。ただしベーコン自身は「自然は服従することによってでなければ、征服されない」と付け加えている。また「人間が技術によって自然物を生み出し、変化させると期待してはならない」、「人間ができることは、自然物を結合し、分離することのみである。その他のことは、自然が自分のなかで遂行する」等と述べる。
19) プラトン（1964）21頁。
20) エンゲルス（1968-c）491頁、湯浅（1993）、舩橋（1998-a）192頁、ポンティング（1994-a）15〜16・117〜129頁、同（1994-b）10〜11頁、鷲谷（2001）44〜54頁、小林（2000）58頁、ウィルソン（1995-b）386〜391頁、安田（1997）161〜165頁、丸山（1998）40頁、井口（2000）102〜104頁、安藤（1992）。
21) 野本（1994）、加藤（1996）118〜119頁、高橋（1998）38〜40頁。これらに対する批判として、鬼頭（1996）13・19・20頁、篠原（1994）、細川（1998）262〜263頁。徳川時代前期がエコロジカルな理想郷とは程遠い状態にあったことについては、斎藤（1998）133〜139頁。マーチャント（1994）163〜165頁は、今日のエコロジカルな意識と共鳴する（先住民の）言葉の多くは、本人によって語られた言葉ではなく、エコロジカルな理想主義とキリスト教に訴える言い回しや華麗な表現を含むと述べている。
22) ナンダ（1998）171〜172頁。山本（2000）も参照。
23) 雑賀（1998）185〜186頁。東洋礼讃への批判としては、グーハ（1995）84〜87頁、亀山（2001）111〜112頁。
24) プラトン（1964）21頁。

第5章　環境保全と人間の発達
1) グーハ（1995）82頁、ブクチン（1996）10頁。
2) ブラッドフォード（1995-a）263頁。
3) ブラッドフォード（1995-a）259〜262頁、岡田（1998）129〜130頁。「先進」諸国における不健康な食生活とライフスタイルについては、Assadourian（2003）154頁。

4) 中野（2000）258〜259頁。
5) スミス（1965）56頁。
6) 舩橋（1998-a）195頁、土屋（1999）205〜206頁。
7) 宮内（1998）164〜165・181頁、福家（1993）212〜229頁、鶴見・宮内編（1996）。
8) グリーンコンシューマーについては、谷本（2003）61〜62頁、室田他（2003）234〜235頁、本間（1997）。これへの批判として、太田（1999）7〜9頁、戸田（1995-b）252〜255頁、中山（1998）24〜25頁、稲生（2001）224〜226頁、池田（1995）29〜30頁。
9) 西山（1999）70〜73頁。
10) 森岡（1994）60〜62頁。南北格差については、戸田（1995-a）177頁、久保田（1994）、谷本（2003）80・82頁。食糧危機・飢餓の南北格差については、ジョージ（1984）。
11) ロラン（1986）69頁。
12) 飯島（1998-a）26・31頁、同（1998-b）、飯島・原田（1984）、宮内（1989）、鶴見・宮内編（1996）、吉沢・高柳編著（1995）、古川・稲村（1995）、細川（1997）、ホフリクター（1995）267〜268頁、エバノフ（1995-a）14頁、原口（2000）192〜193・197頁、同（1999）100頁、マーチャント（1994）221〜222頁、寺田（1998-b）19頁。
13) 石（1988）229〜252頁。発展途上国の環境破壊にみる多国籍企業の影響については、宮内（1998）176頁、ブラッドフォード（1995-a）258頁、戸田（2001）137〜141頁、コウ(1997)。公害輸出については、寺西（1992）64〜81頁、戸田（1994）、同（2001）141頁、日本弁護士連合会（1991）、平岡（1992）、横山（1990）、鷲見（1989）、諏訪（1996）。瀬戸（2002）152頁も参照。
14) 宮本（1996）37〜40頁。原田（1996）115〜116頁、戸田（2001）140頁、マーヨ・アンダ（1992）、寺西（1992）、吉田・宮本（2002）4頁、Renner・他（2003）21頁、Taylor（2003）110〜113頁。
15) 高木（1996）77〜79頁。豊崎（1982）、樋口（1981）、ヴァルラフ（1987）、舩橋（1998-a）200頁、同（1998-b）、同（2001）47〜48頁、長谷川（1996）、カーソン（2000）266〜267頁。各種廃棄物処分場については、寺田（1998-a）148〜149頁、関口（1996）。
16) 佐和（1997）4〜5頁。
17) 吉川（1995）63頁。
18) 舩橋（1998-a）196〜198頁、同（1995）6頁、同（2001）43〜47頁、同（1989）、盛山・海野（1991）、海野（2001）166〜167頁、谷口（2001）208〜209頁、堀川（1999）。社会的ジレンマ論の原型的モデルとして、ハーディン（1993）。
19) 舩橋（2001）31頁は、環境問題の歴史的段階を「公害・開発問題期」と「環境問題の普遍化期」に区分し、1980年代中葉を分岐点としている。中澤（2001）86頁、樺山（2000）10〜11頁、舩橋（1995）5・6〜7・9・11〜13頁、同（1989）、堀川（1999）218〜219頁、中野他（1996）123〜124頁、メドウズ他（1992）296〜297頁。
20) 社会的ジレンマ論への批判として、大久保（1997）136〜138頁、池田（1995）21〜

37頁、井上（1995）、同（1996）、同（2001）11〜13・58〜64・75〜77・86〜87・167頁。関口（1996）151〜152頁は、環境問題には必ず加害者がいるとし、企業社会の問題を強調する。ハーディンに対する批判として、葉山（1999）181〜183頁、秋道（1999）190頁、ライアン（1993）152頁、池田（1995）21〜33頁、谷本（2003）18〜19頁、宮内（2001）28〜29頁、高田（2003）190頁、マーチャント（1994）91〜95頁。
21) 石（1994）6頁。
22) 井上（2001）62〜63頁、同（1995）182〜183頁。反論として、海野（2001）
23) 「社会主義」国の位置づけについては、浅野（1997）6頁、同（1998-a）8〜9頁、ウォーラーステイン（2001）41〜48頁。また「社会主義」国の環境破壊については七沢（1996）127〜128頁、吉田（1998）179頁以下、戴編（1996）、中国研究所編（1995）、戸田（2001）142頁、井村（2002）96頁、マーチャント（1994）38〜42頁。
24) ブクチン（1996）124頁。
25) 佐倉（1992）112〜113頁、太田（1999）4頁、高田（2003）193〜194頁。地球サミットの宣言は、「持続可能な開発では、人類はその環境の中心にある。人類には、自然と調和しつつ健康で生産的な生活を送る権利がある」と述べている。石（2002）28頁。
26) 宮本（1996）17〜18頁。毛利（2003）259頁も参照。
27) 小熊（1982）239頁。

第6章 ポスト・フォーディズム、脱産業

1) 西山（1997）112・144〜163・184〜223頁、同（1999）45・245〜247頁。
2) 見田（1996-a）2〜4頁、同（1996-b）1章。批判として、小池（2001）170頁。
3) リピエッツ（2000）91〜94頁。
4) 満田（2002）100〜102頁。
5) 中山（1998）26〜28頁、松下（1998）169〜170頁、ISO14000については、樫澤（2001）32〜34頁、室田・他（2003）225〜226頁、楢崎（2003）。
6) 文化資本についてはブルデュー（1989）、同（1990）、ブルデュー＆パスロン（1991）。知の偏在・従属・南北格差とその是正の重要性については、太田（1999）15頁。
7) 森岡（1994）66〜74頁、オコンナー（1995）192頁。リピエッツ（2000）14頁は、自らの理論が「極めてヨーロッパ的な性格」をもつことを自覚している。
8) 浅野（1997）10頁。
9) 英語の「世界語」化と大英帝国形成の関連については、中村（1999）67・75〜77頁。
10) 老舎（1981）229頁。

第7章 環境としての社会

1) 関（2001）215〜216頁。
2) 植野（1992）247頁、関（2001）215頁。

3) 相田・永倉（1997）5・158〜179・194〜212頁、吉川（1995）8・63・67頁、山本・山本（1997）、入來（1998）177頁。臓器売買についてはキンブレル（1995）。
4) 中村（2001）18〜19・21・34〜37・52〜53・214〜216頁。
5) 浅野（1997）5〜16頁、同（1998-a）2〜7頁。
6) 環境と開発に関する世界委員会（1987）41・27〜28頁、増田（1990）175〜176頁、吉岡（1996）74頁、高田（2003）200〜202頁。
7) 小池（2004）154〜158頁。
8) 日本物理学会編（1988）第1部1．2．、室田・他（2003）56〜57頁。
9) ライフ・サイクル・アセスメントの概要については、劉（2002）121〜122頁。
10) 内藤（1998）194頁。
11) ゴルバチョフ（1987）201・209頁等。
12) 浅野（1997）437頁。「平和的生存権」については、和田（1995）。
13) 宮澤（1967）155頁。

第8章　自然と社会

1) シェイクスピア（1973）129頁。
2) マルクス（1975-b）369〜370頁。
3) 人間生活に中心的価値をおく環境認識として、鳥越（1989）等の「生活環境主義」がある。ただしここでは、自然が必ずしも人間生活と親和的であるとは限らないこと、及び、人間生活自体が疎外されたものであることに関する考察は比較的希薄である。生活環境主義批判としては、井上（2001）頁、丸山（1997）152頁。
4) マルクス・エンゲルス（1963）23頁。
5) 竹内（1993）102・151〜153・163・172頁、同（1999）。
6) マルクス（1975-b）369〜370頁。
7) 小野寺（1982）274頁。
8) 性に関する自然本質主義批判として、椎名（1999）。
9) 青木（1983）、同（1994）、シヴァ（1995）152・160頁、高田（2003）183〜184頁。女性の環境問題に対する感受性の強さ・環境運動への積極的参加については、飯島（1995）196頁、青柳（1995）157頁、脇田（2001）191〜192頁、長谷川（1989）106〜107頁。もとよりここには、女性の社会的位置が環境問題への感受性を促しているとの解釈も含まれる。エコ・フェミニズムの内部論争については、萩原（2001）48〜49頁、森岡（1995）、マーチャント（1994）252〜266頁。エバノフ（1995-a）28頁、雑賀（1998）187〜192頁、脇田（2001）191〜192頁、満田（1995）63〜64頁。
10) 青木（1994）281〜282頁。
11) キング（1989）65〜66頁
12) 萩原（2001）45〜49頁、キング（1989）、マーチャント（1994）。

13) キング（1989）69頁。
14) キング（1995）186頁。
15) アドルノ（1979）23頁。
16) ナンダ（1998）153〜163頁。エコ・フェミニズム批判としては、アガンワル（1999）251頁。同様の批判が、ソーシャル・エコ・フェミニズムからなされてきたことは、萩原（2001）48〜49頁、キング（1989）、同（1995）173〜178頁、メラー（1993）。
17) 加藤（1994）。
18) バトラー（1999）27〜31頁。
19) スコット（1992）16頁。
20) バトラー（1999）22〜23頁。同（1999）23〜26頁も参照。
21) フックス（1997）。
22) Collins（1991）。
23) マルクス（1975-a）456頁。
24) 小島（1998）17〜18頁、井口（1998-b）68・242頁、同（1998-a）43〜46頁、湯浅（1992）151〜159頁、岩槻（1999）69頁、コルボーン・他（1997）。
25) 宮本（1996）19〜20頁。
26) 武田（2001）81頁。
27) モア（1957）144頁。

第Ⅱ部　「ヒトの境界」・人間的自然の揺らぎ

第1章　ポスト・ヒトゲノム時代とは何か

1) 柳川（1999）5・47〜48・137・146・162頁、金子（2001）97頁。
2) ネルキン＆リンディー（1997）19頁。
3) リドレー（2000）187〜188頁、ポラック（2000）97頁。
4) リドレー（2000）188〜189頁、ホー（2000）138・146〜164頁、榊（1995）15〜16・21〜22頁、金久（2001）22〜23頁、石館（1994）192〜199頁、木村（1988）118〜119頁。
5) 中込（1996）163〜165頁、ウィンガーソン（2000）271〜272頁、ケブルス＆フード（1997）385頁、ドーキンス（1987）297頁。
6) 金久（2001）12〜13頁。
7) リドレー（2000）76頁。
8) 榊（2001-a）108〜109頁、松原・榊（2001）。
9) ホー（2000）334頁、金久（2001）131〜137頁。団（1998）171〜172頁も参照。
10) 環境ゲノムプロジェクトについては、森（2002）80頁。
11) 金久（2001）20〜22頁、団（1998）177頁。
12) 木村（1988）110〜111・154・268〜271頁。

13) ホー（2000）139～146・161～163頁、金久（2001）5～7頁。
14) ポラック（2000）268～270頁。
15) ベルナール（1970）94頁。
16) 堂前・廣野（1998）78～88頁。また、ホー（2000）114～117頁、ブロード＆ウェード（1988）によれば、メンデルの遺伝法則が純粋な形で現実の自然の中に発現することは極めて稀だ。もとよりメンデルは実験結果を偽造したわけではない。彼は自分の遺伝理論にとって「ちょうど良い数値になったところで、マメを数えるのをやめた」のだ。
17) 井口（1998-a）43～46頁、小島（1998）17～18頁、井口（1998-b）242頁。
18) 木村（1988）54～56・195～196・213～214。
19) 団（1998）173頁は、生物学内部におけるDNA至上主義の行き詰まりを指摘している。
20) 金谷訳注（1963）33頁

第2章 2つのポストヒトゲノム：【DNA本質主義】と【DNA構築主義】

1) 寺園（2001）169頁が紹介しているプロテスタント神学者の見解。
2) こうした立場からのヒト・クローン反対論として、井上（1997）197～198頁、アンドルーズ（2000）303～308頁。一方、これを【DNA本質主義】とする批判として、国家生命倫理諮問委員会（1999）24頁、ブロック（1999）164～165・172・176頁等。
3) ネルキン＆リンディ（1997）10・60頁。
4) アップルヤード（1999）141～144頁、ネルキン＆リンディー（1997）170～229・268～269頁、ネルキン（1997）227～228頁、リドレー（2000）152～153頁。
5) Herrnstein & Murray（1994）pp.91、240～241、548～549。アップルヤード（1999）より。同書とそれに対する賛否両論の議論の紹介については、ネルキン＆リンディー（1997）24～258頁、アップルヤード（1999）153～161頁。
6) Ｉとmeについては、ミード（1973）。
7) ネルキン＆リンディー（1997）145～147・165～166頁。
8) 中村・中村（2001）117・174～175・224～225頁。
9) ケブルス＆フード（1997）403～404頁。
10) リドレー（2000）197～198頁。
11) 栗山（1995）93～94頁。
12) ホー（2000）第10章。
13) 福田（2001）124～131・178～180頁、中込（1996）213～222頁、粥川（2001）54～57・149～156頁、森（2001）74～76頁、岡田（2002）116～117・168～169頁。
14) シルヴァー（1998）290頁。
15) 金森（1998）127頁、井上（1997）80・84頁、アップルヤード（1999）56～57頁、ワトソン（2000）90～96・110頁、中村（1989）103～104頁。
16) ネルキン＆リンディー（1997）266頁より。元出所はBloor（1982）83.。

17）遺伝子操作等をめぐる意見対立・論争が、既存の「保守派」と「革新派」の境界線と一致しないことについては、広井（2003）16～17・182～184頁。
18）ネルキン＆リンディ（1997）16・58～59頁。
19）シェイクスピア（1960）132頁。

第3章 ポスト・ゲノムの課題と意義
1）岡田（2002）56～57頁は、生命保険加入時や就労者の定期健康診断義務等をあげる。
2）グリーリイ（1997）。
3）港（1998-a）116～118頁、米本（2000-a）268～270頁、堂前・廣野（1998）82～83頁。
4）ウィンガーソン（2000）399頁を参照。
5）ネルキン＆リンディ（1997）230頁。
6）ロック（1998）160～161頁。
7）栗山（1995）93～94頁。
8）「自己家畜化」論への批判も含め、江原（1971）、小原（2000）111～146頁。
9）小原（2000）133、145～146頁。
10）リドレー（2000）240～247頁、栗山（1995）89～92頁、ポラック（2000）252～258頁、中原（2001）106～110頁、ウィンガーソン（2000）474頁、佐藤（2002）。
11）榊（2001-a）191～193頁。
12）ウィンガーソン（2000）173～174・433・457頁、ポラック（2000）247～288頁。
13）ポラック（2000）235・257頁。岡田（2002）54頁も参照。
14）ネルキン＆リンディー（1997）76～77頁。
15）ゴーギャン（1897）。

第4章 【人間の確定論】と【人間の揺らぎ論】
1）ワトソン（2000）88～89・110頁は、種の壁の超越が自然に反するものではなく、人為的操作が自然界のそれ以上に危険とはいえないと強調する。一方、ホー（2000）80・96・148～149頁は、水平移動が種の進化に重要な役割を果たすのだから、一見、人間と無関係なものも含め遺伝子操作は行うべきではないと主張する。
2）斎藤（2001）182～184頁、榊（2001-b）200～202頁、湯浅（1992）202～204頁。
3）石（2002）12頁によれば、これまでに少なくとも17種のヒト科哺乳類が出現した。
4）リドレー（2000）249頁によれば、大多数の生物種は1000万年ほどしか生存できず、ヒトはすでに500万年ほど生存している。なお、こうした中で分子生物学に進歩に制約を設けるべきという主張として、テイラー（1969）16～17頁。
5）シルヴァー（1998）9～15・294～307頁。なお類似の指摘は、より早い文献としては、テイラー（1969）54・93・169～170・238～239頁にも見られる。
6）自然の無限性・人知の有限性については、浅野（2000）160～161頁、同（1998-a）6～

7頁、同（1998-b）3〜6頁。ヒトが、むしろ他の生物種との競争の敗北と生存の危機の中で進化してきた歴史については、リドレー（2000）39・45頁。なお、遺伝子の操作が種の変化をもたらすという認識そのものが、【遺伝子本質主義】の陥穽に陥っているとの見方もある。池田・金森（2001）104〜106・151〜152頁。
7）これらの実験の実施状況については、寺園（2001）102〜107・114〜115頁。
8）井上（1997）212頁。
9）テンニエス（1957）212頁。

第5章　法的・倫理的規範とその限界

1）ウィンガーソン（2000）301〜303頁。特にヒトゲノム計画の社会・倫理問題を考えるELSI運営委員会とヒト・ゲノム解析機構の対立、及び、ELSIの限界については、アンドルーズ（2000）234〜248頁、ウィンガーソン（2000）13章。
2）グリーリィ（1997）345頁。
3）臓器売買については、キンブレル（1995）、森（2001）128〜129頁、立山（2002）149〜150頁。金子（2001）174頁等は、完全なアンダーグラウンドの世界でアイドル・タレントなどの闇クローンが作られ、マニアに密売される可能性等にも言及している。
4）金子（2001）162〜163頁、岡田（2002）56〜57頁。
5）ケブルス&フード（1997）388〜391頁、粥川（2001）203〜204・229〜233頁、金森（1998）128〜129頁。また、グリーリィ（1997）346〜348頁は、雇用等での遺伝子差別の原因が、企業が医療費の負担を避けようとすることにあると指摘する。
6）米本（2000-a）244頁によれば、ELSIプログラムでも、結果的にヒトゲノム研究独自の倫理問題は飛び出してこず、従来の倫理の基本原則、つまり自己決定、インフォームド・コンセント、プライバシー権を厳格に適応することで対処できる、という結論になった。
7）ロック（1998）154〜161頁、ウィンガーソン（2000）412〜418・428〜432頁。
8）ロック（1998）160頁。
9）ネルキン&リンディー（1997）266頁。元出所は、Bloor（1982）p83.。
10）アンドルーズ（2000）234〜236頁、ウィンガーソン（2000）第13章。
11）ウィンガーソン（2000）317頁。
12）浅野（2000）158頁。
13）シルヴァー（1998）14頁は、核兵器の使用と生殖遺伝学の実践の大きな違いを、前者が国家に管理された高額で大規模な施設・設備を必要とするのに対し、後者が安価で小規模な設備で国家統制になじまない点に見出す。しかし今や、非国家的組織による核兵器の生産・使用の可能性は一概に否定しえない。
14）司馬遷（1975）33頁。

第6章　個と類／近代的人権と種としてのヒト

1) 堂前・廣野（1998）76・81頁、粥川（2001）86～87頁、上村（2003）116・121・132～133頁。ベイカー（2000）173頁によれば、ミトコンドリアDNA・発生初期の卵母細胞の違いによる影響等、クローンは一卵性双生児よりDNAレベルでの差は大きい。また上村（2003）26～27頁は、母胎の状態、誕生後の社会環境を含め、クローンは一卵性双生児に比べ、核内のDNAの中に含まれる遺伝情報が全く同じ仕方で発現する可能性は極めて低くなると述べる。

2) ポズナー＆ポズナー（1999）286頁、テイラー（1969）22～23頁、岡田（2002）154頁。ただしこれはクローニングが広範に行われ、しかも100％に近い完全なクローンが可能という前提での話だ。次世代創出の方法のごく一部としてクローニングが行われる限りでは、こうした問題も発生しない。上村（2003）180～181頁。加藤（1999-b）44頁は、「クローン人間を作っても人類全体の遺伝子の持ち駒の数が減ることにはならない」と述べるが、論理的には上記のように「減る」こともあるし、より問題なのは「増えない（増え方が少ない）」ことだ。またシルヴァー（1998）147～148頁のように、進化は予測不能なので、遺伝子プールの多様性保持の主張は無意味だという見方もある。しかし、進化が予測不能であるからこそ、既存の環境の中での適不適を問わず、可能な限りの遺伝的多様性の再生産が重視されるべきではないか。もとよりシルヴァー（1998）269～271頁が指摘するように、「自然」な遺伝子プールは人間にとって常に善ではない。しかし少なくともクローニングは、その改良の方向が遺伝的多様化の抑制である点で、それが広範に行われることについては問題があるといわざるをえない。

3) クローンの体細胞年齢がオリジナルの個体のそれを引き継ぐとすれば、クローニングを繰り返すたびに後世代ほど短命になる可能性も指摘されている。クローンの安全性、体細胞年齢をめぐる各種の議論については、シルヴァー（1998）123～125頁、コラータ（1998）323～331頁、上村（2003）87～89頁。

4) 岩槻（1997）141～147・156～158頁、同（1999）177頁。

5) マルクス（1975-a）は述べる。「意識的な生活活動は人間を直接に他の動物的生活活動から区別する。まさにこのことによってのみ人間は一つの類存在なのである。換言すれば、彼がたんに一つの意識的な存在者であるにすぎないのは、つまり彼自身の生活が彼にとって対象であるのは、彼が一つの類存在であるからこそである」（437頁）。「私が学問等々の仕事――このような仕事は私はめったに他の人々とじかにいっしょにやることはできないのである、――をしている場合でも、私は社会的なのである。なぜなら私は人間としてはたらいているからである。ただたんに私の活動の材料が私に――たとえば思想家はことばを用いて仕事をするのであるが、そのことばですら――社会的産物としてあたえられているだけでなく、私自身の存在が社会的活動なのである」（459頁）。

6) クワント（1984）100頁、尾関（2000-a）145頁。

7) 尾関（2000-a）148～149頁。

8) 西田（1999）104頁、尾関（2000-a）148～149頁。
9) リーキー・レウィン（1981）173頁。
10) 国家統制による優生学を批判し、自己決定に基づくそれを是認する立場として、ワトソン（2000）231・266・287～288頁、リドレー（2000）371～374頁、コーワン（1997）327～329頁、シルヴァー（1998）192～193・265～266・273～274頁、柳澤（2001）226～227頁、及び、森（2001）254～257頁で紹介されている諸論潮がある。市場による強制・誘導を肯定し、それを「個人の欲望の必然」とみなす立場として、シルヴァー（1998）148～149頁。一方、自己決定が社会的誘導・強制を避けられないことについては、ネルキン＆リンディー（1997）236・243・263～264頁、ウィンガーソン（2000）42～43頁、アップルヤード（1999）117～118・124～126・130～132・230～231・250頁、池田・金森（2001）154～155頁、米本（2000-a）264～266頁。
11) ベラー編（1991）172頁。
12) 国家による優生政策を肯定するものとして、井上（1997）65～69・245～246頁。遺伝子プールの観点については、木村（1988）270～275頁。
13) コーワン（1997）322～324頁。
14) アップルヤード（1999）88～89頁、米本（2000-a）29～30頁、同（2000-b）、同（1996）、市野川（2000-c）79～82頁、同（2000-b）、広井（1996）143～144頁、ケブルス＆フード（1997）393～394頁。
15) 谷本（2003）36頁。
16) 市野川（2000-b）140頁。
17) 生と死をめぐる自己決定権とその限界については、田村（2000）113～115・125頁。
18) 斎藤（2002）188～189頁。
19) キューブラー・ロス（1998）。
20) キューブラー・ロス（1998）379頁。
21) 栗原（1996-a）20～21頁、山之内（1996）35～36頁、五十嵐（1996）68頁。
22) スピヴァック（1998）81～110頁、大澤（1996）49～50頁。
23) 井上（1997）212～213頁。
24) 『科学』1999.Vol69.No.2,124頁。池田・金森（2001）116頁で、金森は、ディドロ等の近代啓蒙思想の中に既に人間と他の動物の交配・人間改造による【人間の揺らぎ論】の夢が語られていると指摘している。シンガー（1999）143頁は別の観点から、自己意識をもった動物は他の動物とは区別すべきで、一定の「権利」を認めるべきと主張する。
25) マン（1962）261頁。

第7章　血縁・生殖・世代・家族

1) ケブルス＆フード（1997）396頁。
2) 青野（2000）207～210頁、玉井（1998）136～141頁、ウエクスラー（1997）285～

291頁、加藤（1999-a）196〜197・206頁。
3) ネルキン＆リンディ（1997）84〜87・96〜103・212〜213頁。井上（1997）219〜220頁は、DNA鑑定の普及に伴い、親子、特に父子関係で血統主義に基づく家族法の立法・解釈・運用の必要性・妥当性を主張している。
4) ネルキン＆リンディ（1997）85頁は、遺伝子（だけ）で繋がった「分子家族」について、「人間の絆のこの絞り込まれたビジョン、結びつきと関係のこの圧縮された定義は、1990年代に家族の社会的意味が変わったことへの反応かもしれない」と指摘する。
5) 要田（1996）91〜92頁より。Dizard & Gadlin（1990）。なお、ベラー編（1991）136頁は、現代アメリカの家族が「私的世界の核であり、家族の目的は個人と公の世界をつなぐことではなく、個人をそこからできる限り遠ざけておくことである」と指摘する。
6) 浅野（1998-c）第9章参照。
7) ネルキン＆リンディ（1997）192〜202頁。
8) ベイカー（2000）255〜257頁、シルヴァー（1998）205〜214頁、寺園（2001）220〜222頁、井上（1997）221頁。
9) シルヴァー（1998）149〜150頁は、無断のクローニングの可能性を指摘している。
10) 中村（1994）100〜101頁、柳澤（1997）150〜151頁、広井（1996）216頁。
11) バタイユ（1973）21〜23頁。
12) ショーペンハウアー（1975）269〜271頁。市野川（2000-a）91頁より。
13) シルヴァー（1998）51〜60頁、寺園（2001）132〜149頁。
14) マルクス＆エンゲルス（1963）24〜26頁。
15) 広井（1996）216〜220頁。
16) 丸山・丸山（2000）196〜203頁、リドレー（2000）294頁。
17) マルクス（1975-a）460頁。
18) エンゲルス（1968-c）597頁。
19) バトラー（1999）27〜29頁。
20) 浅野（1998-c）152〜153頁。
21) 星（2000）32頁。
22) キューブラー・ロス（1998）374〜378頁。
23) アンデルセン（1984）132頁。

第8章　差別と平等

1) ケブルス＆フード（1997）400頁。
2) ネルキン＆リンディ（1997）266頁。
3) 加藤（1994）。
4) 瀬地山（1994）、内藤（1996）245〜246頁。
5) スコット（1992）16頁。

6) バトラー（1999）27〜29頁。
7) キング（1995）175〜179頁。
8) バトラー（1999）22〜23頁。
9) フックス（1997）。
10) Collins（1991）。なお、トータルな生活過程、とりわけそこでの主体性を重視する立場として、浅野（1997）31〜34頁、桜井（1996）44頁も参照。
11) ファイアストーン（1970）は、人工生殖の進展が女性を「雌の屈辱」から解放すると述べ、女性自身が自らの「産む性」を否定することの重要性を強調した。
12) 田村（2000）114頁、江原（1996）336〜339頁。
13) ミース（1998）147〜149頁。柳田（1999）220頁、市川（1996）1頁も参照。
14) 後藤（1998）181頁より。Cornell（1995）。また、こうした「生命の共有─共生」という観点は、柳田（1999）の「二人称の死」とも通底する。
15) ケラー（1997）358〜359頁。
16) シルヴァー（1998）9〜15・294〜307頁。
17) シルヴァー（1998）275頁。
18) キャロル(1980)61頁。
19) ベラー編（1991）142・145・153頁。
20) 山口（1996）41〜42頁。Collins（1991）。
21) ブルデュー（1989）、同（1990）、ブルデュー＆パスロン（1991）。
22) バーンスティン（1981）。
23) ウィリス（1985）。また布施（1984）259〜260頁は、農民の実態調査をふまえ、次のように述べる。「私は、……次の事実を痛感していた。それは一口でいうと、農民各階層の間には、たんに……経済的格差があるだけではなしに、何よりも、おそろしいことではあるが、主体的な力能の差が存するということ、人びとは精神的なレベルにおいても、けっして平等ではないのである。……こうした現実を前にして、教育科学はいったい、何をなすべきなのか、という問題であった」。
24) シルヴァー（1998）276頁。
25) マルクス（1963）3〜4頁。
26) リドレー（2000）114〜115頁。
27) 例えば「病気に対して異常に抵抗力がある」「体力が異常に強い」「知能指数が異常に高い」等の場合、何らかの不利が生じない限り、「異常」とはみなされにくい。
28) 長瀬修（1999）15頁。構築主義的アプローチの概要、及びその批判的検討として、西阪（1996）64〜67頁、山田（1996）78〜79頁。
29) ゴッフマン（1984）。
30) アンドルーズ（2000）197〜198頁。
31) 広井（1996）157〜165・212頁。

32) 広井（1996）167・212～213頁は「人間はすべて何らかの疾病や障害をもち、それと共存している」との人間観が、解放の契機となりうると述べる。
33) ゴッフマン（1984）211・225～226頁。
34) 浅野（1998-c）139～141頁。
35) ケルゼン（1948）39頁。

第9章 【人間の揺らぎ論】・多様性の中での差別

1) ロック（1998）149～150頁。
2) 中村・中村（2001）116～117・174～175・224～225頁。
3) 野辺（1996）265～266頁、栗原（1996-b）19～20頁。
4) 大野（1988）21～22頁。
5) コーワン（1997）310頁、アップルヤード（1999）189～190頁、ネルキン＆リンディー（1997）241頁。
6) ウィンガーソン（2000）467～470頁。
7) 小浜（1999）78～84頁。
8) 大江（1965）74～75頁。
9) Nussbaum & Glover.（1995）p.86、ナンダ（1998）160頁より。
10) アップルヤード（1999）147頁。
11) 浅野（1997）402～413頁、小熊（1995）366頁。
12) 大江（1965）185頁。

第10章 主体と環境／遺伝と環境

1) リドレー（2000）98頁。
2) ロック（1998）149～150頁、中村（1989）129～130頁、榊（2001-a）192頁、ウィンガーソン（2000）446～447頁。
3) 榊（2001-a）191～192頁、青野（2000）76～77頁、ウィンガーソン（2000）449頁。
4) リドレー（2000）77～89頁。
5) ネルキン＆リンディー（1997）20頁。堂前・廣野（1998）87頁も参照。
6) ウィンガーソン（2000）472頁。
7) デネット（2000）657～658頁。
8) ソシュール（1972）、同（1991）。
9) チョムスキー（1963）、デネット（2000）512～513頁、バロー（2003）34～37頁。
10) ビッカートン（1985）、リドレー（2000）124～129・138～140頁。
11) デネット（2000）514・528頁によれば、チョムスキーは言語器官の生得性を主張しつつ、しかしそれにもかかわらず、その進化論的・自然淘汰的な解釈には反対した。
12) リドレー（2000）377～382頁。

13）ネルキン＆リンディ（1997）150頁。
14）マルクス（1963）5頁。
15）マルクス（1963）4～5頁。
16）ゲーテ（1965）37頁。
17）ヒトの身体はゲノムも含め、決して「手付かずの自然」ではない。池田・金森（2001）165～168・229～230頁で池田は、「人体は最後に残った自然」とみなし、従来、人類は自然を自分の都合に合わせて変革してきたが、今は人類自身を変革する可能性を手に入れたと述べる。しかし、ヒトはヒトの都合に合わせて、これまでも体内・身体を含む自然を変えてきた。
18）栗山（1995）93～94頁。
19）マルクス（1983）304頁。
20）エンゲルス（1968-c）482～489頁。同353頁も参照。
21）マルクス（1963）4頁。
22）シェイクスピア（1965-b）163頁。
23）マルクス（1962）107頁。セーヴ（1978）157～159頁。
24）スタインベック（1961）292頁。
25）デネット（2000）436～438・482～483頁。
26）雑賀（1998）190頁。
27）浅野（2000）164頁、同（1997）28～30頁、同（1998-a）8～10頁、同（1998-b）。
28）下條（2000）60～61頁によれば、科学は「宿命的に機械論であり、決定論」で、「個人の自由意志という思想と直接抵触しかねない」。そして「人間科学の基本原理が還元論で決定論的であるかぎり（とその程度）に応じて、……心理過程の……潜在的で自働的なレベルの過程の解明だけが一方的に進む」。
29）ウィリアムズ（1983）、トムスン（2003）、アップル（1992）、ジルー（1996）、森（1993）43～44頁、ウィリス（1985）347～348・350頁。
30）ベラー編（1991）100～101頁。
31）竹田（2000）105～106頁。
32）河本（2000）114～115頁、リドレー（2000）387頁、グリック（1991）43～44頁、竹田（2000）152～157頁、バロー（2003）327～329頁。
33）清水（1992）96頁は、生命の暗黙知に潜むものをカオスと名付け、非線形的システムの自己組織化現象に現れたカオスと区別している。
34）ビール（1995）225～226頁。
35）秋沢（1972）170～177頁。
36）リドレー（2000）387～389頁。
37）エンゲルス（1968-b）118～119頁。ヘーゲル（1978）。
38）秋沢（1972）206～210頁。

39) エンゲルス（1975）402～403頁。
40) エンゲルス（1975）401～402頁は、「唯物論的歴史観によれば歴史において最終的に規定的な要因は現実生活の生産と再生産である」と述べている。
41) フロム（1951）。
42) ベラー編（1991）198頁。リースマン（1964）の「他者志向型」の人間類型も参照。
43) キャロル（2000）103頁。

第Ⅲ部　人間発達の学をめざして

第1章　科学の細分化と人間発達の課題

1) 浅野（1997）5頁、同（1998-a）14～15頁、同（1998-c）2～6頁。
2) ウォーラーステイン（2001）286頁。賀来（1996）148～149頁も参照。また佐藤（2001-a）103～104頁によれば、Hare（1970）pp.352—355は、ディシプリンを「自らが選んだ問題に対して用いられる、合意され、検証されてきた方法」と定義する。こうして既存の方法に適合しない問題は扱われなくなり、それどころか個々のディシプリンでは、そうした問題を扱わないことが奨励される。
3) セン（1989）。経済学における人間像については、丸山（1998）53～55頁。
4) セン（2002）22頁。
5) 武田（2001）80～81頁。
6) やや経済構造の重視に特化しているが、ルイス（1974）108頁。
7) エンゲルス（1975）401～402頁。
8) 野家（1997）21頁。"scientist"は19世紀半ば、W．ヒューエルによる造語である。
9) ウォーラーステイン（2001）316～317頁は、科学と哲学／人文学との間の根源的な乖離、真の探求と善および美の探求との分離により、「近代世界は、価値中立的な専門家というめちゃくちゃな考え方を展開することができるようになった。…その背後で、主要な社会的決定は、実質的な（「実質的」とは「専門的」の反対語である）科学論争から取り除かれてしまった」と指摘する。同様の記述は、同書325頁。
10) 社会科学における認識論の自然からの乖離については、田中（1974）251頁。
11) ウォーラーステイン（2001）278頁。
12) 丸山（1961）130頁。
13) 以下の記述も含め、ウォーラーステイン（1993）133～142頁、同（2001）223～224頁。また近代社会における社会諸科学の分化については、根井（1979）192～193頁。特に経済学における市場現象への視野狭窄については、カップ（1959）、植田（1995）103頁。
14) Myrdal（1975），p.420。ウォーラーステイン（1993）148頁より。
15) ボウラー（2002-b）285頁。
16) 小森（2000）198～199頁。

17) ウォーラーステイン（2001）222・289〜290頁、同（1993）139〜142頁。
18) 丸山（1961）128〜134頁。同（1982）101〜102頁。
19) 飯島（1995）10頁、同（1998-a）15〜16頁。
20) 飯島（1993）4〜6・214〜216頁。
21) 飯島（1998-a）1〜2頁。同（2001）3〜4・9頁も参照。
22) 海野（2001）156〜157頁。
23) 長谷川（2003）15頁。
24) 谷口（1998）182〜184頁。Dunlap & Catton（1997）。
25) 吉岡（1996）73頁。
26) 堀川（1999）220・169頁。
27) 満田（1995）53頁。
28) 寺西（1996）64〜65頁、野上（1996）161頁。
29) 橋本（1996）は、政策決定への科学の寄与に見られる共通の弱点として、ある専門的な認識方法に合致するよう問題を狭く定型化する、問題の分析に用いる理論の有効効果にほとんど注意を払わず、専門化された学問を持ち込んでくると述べる。大井（1996）170頁。
30) 青柳（1995）、長谷川（2003）133〜134頁は、環境保全運動・反原子力運動等の中心的担い手が高学歴者であると「実証」している。一方、鬼頭（1999-a）14〜18頁は、環境運動の中心的担い手を近代的個人・「市民」に見出すことに疑問を呈している。
31) マーチャント（1994）223〜226頁
32) グーハ（1995）90〜92頁。
33) 浅野（1996）42頁。
34) 浅野（1997）7‐10頁、ウォーラーステイン（1993）142〜148頁、同（2001）279〜280・317・326〜331、339頁。
35) ボウラー（2002-b）402頁、柿澤（2001）40〜41・49頁、佐藤（2001-a）99〜100頁、高田（2003）77〜78頁。
36) 社会科学と自然科学との融合について、峰岸（1995）、桜井（1987）、中山（1998）14〜15頁、米本（1998）16頁、上田（1998）219〜220頁、福原（2000）141〜142頁。
37) 服部（1979）4頁は、「史的唯物論の理論的到達点は、現実の要請に十分こたえているとは言いがたいように思われる。その理由は多種多様であろうが、個別諸科学の領域での史的唯物論の深化が不十分であるだけではなく、専門分野の細分化にともなって諸科学相互の理解がますます失われつつあることも、軽視できない一因をなしている」と述べている。
38) ウォーラーステイン（2001）224頁。
39) 中山（1998）3・16頁。
40) 柳川（1999）209〜210頁の松井孝典氏の発言より。また、ウォーラーステイン（2001）288〜290頁、竹田（2000）136〜139頁。
41) 多文化主義批判として、ウォーラーステイン（2001）185〜187頁。

42）ウォーラーステイン（2001）93・114〜115・139・184・205〜207・234〜235・331頁、同（1993）143〜145頁。

43）ウォーラーステイン（2001）74・100・143〜144・153〜163・234〜235頁、同（1993）39〜47・86・162〜163・172〜177頁。

44）セン（1989）、同（2000-a）61・83・84頁、同（1999）、同（1988）22頁、同（2000-c）。

45）この背後には、センが、労働価値説を明確に否定していることがある。

46）Nussbaum,(1988)、ヌスバウム（2000）。

47）日本・東アジアの経済発展に対する一面的な肯定的評価として、セン（2002）23〜24頁。フォーク（2000）105〜106頁の批判も参照。

48）近代的人権論と土着の支配文化との狭間で、新たな語りがありうるとすれば、少なくともその一つは人間としての普遍性であろう。スピヴァク（1998）。

49）丸山（1981）79〜83頁、チョムスキー（1963）。

50）Nussbaum & Glover（1995）。ナンダ（1998）160頁より。

51）ナンダ（1998）154〜155頁。

52）ウォーラーステイン（2001）339・340頁。また、同書140頁は、「全体論（ホーリズム）は、『一般教養の焼きなおしではない。一般教育は、近代における三つの大領域——自然科学、人文学、そして……社会科学——への知の分割という基本的前提を受け入れている。……全体論は、それらの大領域が、本当に種の異なる知であるのかどうか、あるいは、そのように考えるべきものであるのかどうか、を問うものである」と述べる。

53）ヘッセ（1959）122〜123頁。

54）ロック（1998）147〜148頁。

55）マルクス（1975-a）464〜465頁。またマルクス&エンゲルス（1963）16〜17頁には、次の記述がある。「あらゆる人間歴史の第1の前提はいうまでもなく生きた人間的諸個体の現存である。したがって最初の確認されるはずの事実はこれらの個体の身体的組織とそこから当然出てきているこれらの個体と爾余の自然との間柄である。……あらゆる歴史記述は、これらの自然的諸基礎と、歴史の流れのなかでの人間の行動によるそれらの変更から出発しなければならない」。同書14頁は「われわれはただ一つの学、歴史の学を知るのみである。歴史は二つの側面から考察され得、自然の歴史と人間の歴史へ分けられうる。しかし両側面は切り離すことができない。人間が存在するかぎり、自然の歴史と人間の歴史はたがいに制約し合う」と述べている。

56）マルクス（1959-a）422頁。

57）河野（2000）51〜52頁は、「環境倫理学の個々のテーマにかぎった問題を断片的に議論する段階から、総合的にひとつの環境哲学を展開することが要求される段階」に至ったとし、「人間と自然との関係をあつかう包括的な環境哲学」の必要性を主張する。武田（2001）61頁は、そのために「人間本性に立脚した新たな理解が不可欠」と述べる。

58）魯（1966）55頁。

第2章　人間発達のディシプリン

1) 佐藤（2001-a）105頁は、一見、学際的なプログラムでも、実際に学を融合する作業は学生に任されている場合が多いとし、この背景に、教員の専門化指向があると述べる。
2) ベルグソン（1979）12頁。
3) ユング（1975）、同（1976）。
4) ラカン（1998）。河本（2000）195頁。
5) 浅野（1997）351～373頁、同（1998-d）、同（2003）。
6) グローバルとユニバーサルの違いについては、桑子（1999）57～58頁。
7) 生命地域や生命地域主義については、エバノフ（1995-b）130頁、鳥越（2001）81・82頁、井上（1999）78～79・91～92頁、鬼頭（1999-a）18～19頁。
8) デネット（2000）193～194頁、バロー（2003）327～329頁。
9) ハーバーマスは、人間行為の4類型として、目的論的、規範規制的、演劇的、コミュニケーション的なそれを示す。二宮（2000）195～196頁は、ハーバーマスの認識を高く評価しつつ、その発達論的視点の弱さを指摘している。
10) ウォーラーステイン（2001）325・330～331頁。
11) 宮澤（1950）11頁。
12) ドゥルーズ（1984）。
13) イリイチ（1982）、同（1989）。
14) レヴィ＝ストロース（1991）。
15) 西山（1999）79・154～157・210頁。レーガン政権下のアメリカで、環境学がリストラの対象とされたことについては、佐藤（2001-a）102頁。
16) マルクス（1975 a）463頁。
17) マルクス＆エンゲルス（1963）22頁。
18) マルクス（1963）3頁。
19) セーヴ（1978）149～151頁。
20) マルクス＆エンゲルス（1963）23～26頁。
21) 浅野（1997）31～34頁。同（1996）、同（1995）。
22) マルクス（1959-b）382頁。

第3章　人間発達の時空

1) 松田・二間瀬（1990）54～65頁、佐藤（2001-b）25～30・172～175・239頁、梅林（2000）9～19頁、菅野（1983）162～174頁、加藤（1991）126～127頁。
2) 佐藤（2001-b）87～90頁。
3) 松田・二間瀬（1990）131～132頁。
4) 佐藤（2001-b）95～96頁、田坂（1997）152～153頁。
5) 佐藤（2001-b）94頁の、ジョン・ホイラーの描いた図。また、ユクスキュル（1995）24

頁は、「生命を有する主体がなければ、空間も時間も存在しえない」と述べる。
6) 佐藤（2001-b）89〜90頁。
7) 松田・二間瀬（1990）131頁。
8) 佐藤（2001-b）93〜96頁。
9) 塩崎（2000）106〜107頁。
10) 梅林（2000）10・15〜16頁、ニュートン（1971）65頁、ロック（1974）74頁、ライプニッツ（1989）285〜287頁、カント（1994）100頁。なお環境の時間性の分析については、竹原（2000）89〜119頁。
11) 菅野（1983）162頁、廣松・勝守（1986）。
12) 河野（2002）164〜165・183頁。
13) Sorokin（1943）pp.171〜172、フレイザー（1984）。梅林（2000）97〜98頁より。各概念の解説は、三宅（1996）122頁。
14) デネット（2000）226頁。
15) 梅林（2000）13〜42・118〜119頁、フレイザー(1984)202頁、ベルクソン(1990)。
16) 梅林（2000）43〜44頁。塩崎（2000）107頁。
17) 富岡他（2003）15頁。同79・184〜185頁も参照。
18) ベルグソン（1990）、同（1969）、梅林（2000）12〜14頁。
19) 梅林（2000）59頁。
20) 梅林（2000）15〜18・24頁、三宅（1996）121〜123頁。
21) 紫式部（1966）109頁。
22) 多様な生命的時空を捉える試みの一つとして、時間生物学がある。千葉・高橋（1991）、梅林（2000）9〜10・25頁、富岡他（2003）6〜7頁。なお、ユクスキュル（1995）49〜50頁は、ヒトにおける「一瞬」が18分の1秒であると述べる。生物種の多様化と時空の関連については、富岡他（2003）23〜24・194〜196頁。
23) 田坂（1997）152〜155頁。
24) 梅林（2000）49・53〜55・76〜77・121・189〜191頁。
25) 松田・二間瀬（1990）217〜218頁、三宅（1996）121〜123頁。
26) 広井（1996）221〜227頁。
27) 梅林（2000）116頁。
28) ベルグソン（1965）156〜157・284〜286頁。梅林（2000）14頁より。
29) セン（1989）、同（1999）、同（1988）、同（2000-a）、同（2000-c）。
30) Leccardi（1996）pp.169〜186。梅林（2000）12頁より。
31) Nowotny（1992）p.424。梅林（2000）9〜12頁より。
32) ウォーラーステイン（1993）第10章。
33) 梅林（2000）44〜45・189〜191・91〜93頁。社会的・記号的な道具としての時間については、エリアス（1996）、梅林（2000）88〜86・94〜96頁。

34）マルクス（1968-b）234頁。梅林（2000）77～78頁。
35）マルクス（1960）563～564頁。
36）マルクス＆エンゲルス（1963）34頁。
37）塩崎（2000）107～108・118～120頁、梅林（2000）85～122頁。なおエリアス（1996）は、時間を記号的道具と捉え、その物象化を論じ、社会的時間の歴史を自然の征服過程として、すなわち人間がますます記号や道具の世界に生きるようになる過程として把握する。これに対する批判も含めて、梅林（2000）85～87・94～103・111～128頁。ヒトの生物リズムについては、富岡他（2003）210～211頁。
38）直線的時間・循環的時間については、ロック（1974）74頁、梅林（2000）8～10頁、内山（1993）、広井（1996）221～222・230～231頁、吉永（1996）197頁。
39）河野（2002）157～160頁。
40）ジャンケレヴィッチ（1978）364～365頁。
41）梅林（2000）154～161・168～169頁。
42）ゲーテ（1965）28頁。
43）モア（1957）144頁。
44）武田（2001）81頁。
45）マルクス（1975-a）432～441頁。なおマルクスは、ここで「人間」ではなく、「労働者」という概念を多用しているが、ここに人間学的・人類史的射程を読み取る先行研究としては、望月（1973）、澤野（1987）、梅井（1987）。
46）マルクス（1975-a）457～458頁。
47）マルクス（1975-a）454頁。
48）マルクス（1975-a）496～506・442頁。なお、マルクスにおける疎外と対象化の区別と関連については、細見（1972）110～111頁・128頁・149～150頁、マルクーゼ（1968）35～36頁、クレラ（1972）17～21・49・62・92～93・128～129・233頁、同（1967）137～138頁。渡辺（1989）128～129頁は、私的所有の下で初めて疎外が現れるという立場だが、疎外が《本質》による人間の自己関係において成立すると述べる。
49）類的存在を歴史貫通的概念と捉える主張として、池谷（1997）221～222頁、島崎（1979）207頁。似田貝（1984）166～169頁も参照。
50）梅林（2000）126～128頁は、現代社会の時間問題も、ただ現代に特有なものではなく、数千年あるいはそれ以上に及ぶ人間史の中に位置づけてみる必要があると述べている。
51）マルクス（1975-a）440・442頁。またここでマルクスは、「われわれは私的所有の起源への問いを、外在化された労働と人類発展の歩みとの関係の問いに変えたことで、課題の解決のためにすでに多くのものを得てきた」とも述べる。
52）マルクス（1975-b）369～370・382～384頁。
53）マルクス（1975-a）455～459頁。ここでも、私的所有の歴史的必然性が、労働の材料（自然）と主体としての人間が出発点であらねばならないことにあると指摘している。

54）オマリー（1994）114〜156頁、梅林（2000）104〜108頁。
55）浅野（1998-c）第1章、同（1997）第1部第1章。
56）ハーヴェイ（1999）、平岡（1996）6頁。
57）マルクス（1983）395頁。
58）浅野（2001-c）35頁。
59）望月（1973）69〜112頁、同（1972）34・87〜89頁も参照。
60）マルクス（1975-a）467頁が共産主義について述べた言説である。ただし、下線部の訳は「目標」から変更している。この点と関わり、メサーロシュ（1972）231〜232・377頁は、マルクスの共産主義には2つの限定が必要だと指摘している。すなわち「(1)人間の自然的必然からの自由は、それがいかに高い水準に達しようとも、その到達水準はつねに相対的にものにとどまらざるをえない。(2)(1)に暗に含まれていることであるが、人間の本質的諸力は、自然にたいする関係としての人間の自由の到達した水準によってその程度が決ってくるところの諸制約が許す限度内において、発揮されるにすぎない」。したがって彼によれば、『『止揚』の問題を、空想的な黄金時代というおとぎばなしによって、一度にしかも永久に解決しようとすることは、マルクスの一般的な構想の精神に反する。マルクスの構想——それはいかなるものも絶対的に最終的とはみなさない——にあっては、『近い将来』においても、遠く隔たった天文学的将来においても、空想的な黄金時代が占めるべき場所はまったく存在しない。かかる黄金時代とは歴史の終末であり、したがってまた人間自身の終わりを意味するだろう」。
61）マルクス（1975-a）502頁。
62）エンデ（1976）95頁。

―引用・参照指示文献（50音順）―

〈あ〉

相田正道・永倉貢一（1997）『現代の感染症』岩波新書
青木辰司（1998）「都市農村関係と環境問題」舩橋晴俊・飯島伸子編『講座社会学・12 環境』東京大学出版会
青木やよひ（1983）「女性性と身体のエコロジー」同編『フェミニズムの宇宙』新評論
青木やよひ（1994）『新版増補 フェミニズムとエコロジー』新評論
青野由利（2000）『遺伝子問題とは何か』新曜社
青柳みどり（1995）「環境保全活動を担う人々」『環境社会学研究』創刊号新曜社
秋沢修二（1972）『マルクス主義哲学入門』社会問題研究所
秋道智弥（1999）「クジラを語る」秋道智弥編『自然はだれのものか』昭和堂
浅野慎一（1995）「『生活と社会変革の理論』の発展的継承に向けて」『北海道大学教育学部紀要』第65号
浅野慎一（1996）「『生活と社会変革の理論』と地域社会学の革新」『地域社会学会年報』第8集、時潮社
浅野慎一（1997）『日本で学ぶアジア系外国人』大学教育出版
浅野慎一（1998-a）「社会環境と人間発達」社会環境論研究会『社会環境と人間発達』大学教育出版
浅野慎一（1998-b）「社会環境研究の構築に向けて」『ノルド・レポート』Vol.1
浅野慎一（1998-c）『新版現代日本社会の構造と転換』大学教育出版
浅野慎一（1998-d）「労働観・人間関係観・世界社会観をめぐる異文化接触と文化変容」『日本労働社会学会年報』第9号
浅野慎一（2000）「発達科学を求めて」『神戸大学発達科学部研究紀要』第7巻第3号
浅野慎一（2001-a）「ポストヒトゲノムの社会環境論」『人間科学研究』Vol.8,No.2
浅野慎一（2001-b）「ポスト・ヒトゲノム時代の社会環境研究」『ノルド・レポート』Vol.4
浅野慎一（2001-c）「社会学から社会環境論へ」日本科学者会議編『日本の科学者』407号
浅野慎一（2003）「多民族社会・日本における階級・階層構造と文化変容」『フォーラム現代社会学』2
アガンワル,B.（1999）「ジェンダーと環境保護運動」『現代思想』11月号、青土社
アップル,M.W.（1992）（浅沼茂他訳）『教育と権力』日本エディタースクール出版部
アップルヤード,B.（1999）（山下篤子訳）『優生学の復活？』毎日新聞社
アドルノ,Th.W.（1979）（三光長治訳）『ミニマ、モラリア』法政大学出版局
アリエス,F.（1983）（伊藤晃・成瀬駒男訳）『死と歴史』みすず書房
アルバレス,W.（1997）（月森左知訳）『絶滅のクレーター』新評論
安藤精一（1992）『近世公害史の研究』吉川弘文館

アンデルセン（1984）（大畑末吉訳）『アンデルセン童話集（2）』岩波文庫
アンドルーズ,L.B.（2000）（望月弘子訳）『ヒト・クローン無法地帯』紀伊国屋書店
飯島伸子（1984）『環境問題と被害者運動』学文社
飯島伸子（1993）『環境社会学』有斐閣
飯島伸子（1995）『環境社会学のすすめ』丸善ライブラリー
飯島伸子（1998-a）「環境問題の歴史と環境社会学」舩橋晴俊・飯島伸子編『講座社会学・12環境』東京大学出版会
飯島伸子（1998-b）「オーストラリアの環境問題と環境運動に関する社会学的一考察」『東京都立大学人文学報』290
飯島伸子（2001）「環境社会学の成立と発展」飯島伸子他編『環境社会学の視点』有斐閣
飯島伸子・原田正純（1984）「タイの環境問題（上）」『公害研究』13—4
五十嵐仁（1996）「議会制度と選挙制」渡辺治編『現代日本社会論』労働旬報社
池田寛二（1995）「環境社会学の所有論的パースペクティブ」『環境社会学』創刊号
池田清彦・金森修（2001）『遺伝子改造社会』洋泉社
井口泰泉（1998-a）『生殖異変』かもがわ出版
井口泰泉（1998-b）『環境ホルモンを考える』岩波書店
井口泰泉（1998-c）「環境ホルモンの海外研究（抄訳）」小島正美・井口泰泉『環境ホルモンと日本の危機』東京書籍
井口樹生（2000）「万葉の河川」多田道太郎編『環境文化を学ぶ人のために』世界思想社
池谷寿夫（1977）「『人間的本質』とはなにか」名古屋哲学研究会編『現代の哲学研究』合同出版
石弘之（1988）『地球環境報告』岩波新書
石弘之（1994）「こんな地球に誰がした」『環境学がわかる』朝日新聞社
石弘之（2000）「公害から地球環境問題へ」樺山紘一他編『20世紀の定義』岩波書店
石弘之（2002）「環境と開発の歴史的な相克と妥協」吉田文和他編『環境と開発』岩波書店
石館三枝子（1994）『遺伝子のふしぎ』新日本新書
市川浩（1996）「身体の現象論」井上俊他編『身体と間身体の社会学』岩波書店
市川昌広（1999）「サラワク、イバンの森林利用」山田勇編『森と人のアジア』昭和堂
市野川容孝（2000-a）『身体／生命』岩波書店
市野川容孝（2000-b）「北欧—福祉国家と優生学」米本昌平他『優生学と人間社会』講談社
市野川容孝（2000-c）「ドイツ—優生学はナチズムか？」米本昌平他『優生学と人間社会』講談社
伊藤吉徳（1993）『間違いだらけのリサイクル』日本経済通信社
稲生勝（2001）「新たな市場としての地球温暖化」尾関周二編『エコフィロソフィーの現在』大月書店
井上薫（1997）『遺伝子からのメッセージ』丸善ライブラリー

井上孝夫（1995）「『社会的ジレンマとしての環境問題』の批判的検討」『環境社会学研究』創刊号　新曜社
井上孝夫（1996）「『社会的ジレンマとしての環境問題』の批判的検討（2）」『環境社会学研究』2号　新曜社
井上孝夫（2001）『現代環境問題論』東信堂
井上有一（1999）「ホーリスティックな世界観と民主的・市民的価値」鬼頭秀一編『環境の豊かさをもとめて』昭和堂
今西錦司（1974）「生物の世界」『今西錦司全集第1巻』講談社
井村秀文（2002）「アジアの環境問題」吉田文和・宮本憲一編『環境と開発』岩波書店
イリイチ,I.（1982）（玉野井芳郎・栗原彬訳）『シャドウ・ワーク』岩波書店
イリイチ,I.（1989）（渡辺京二・渡辺梨佐訳）『コンヴィヴィアリティのための道具』日本エディタースクール出版部
入江重吉（2001）「自然の価値」尾関周二編『エコ・フィロソフィーの現在』大月書店
入來正躬（1998）「エコ・長寿社会の健康」高橋裕・武内和彦編『地球システムを支える21世紀型科学技術』岩波書店
岩井雪乃（2001）「住民の狩猟と自然保護政策の乖離」『環境社会学研究』7号　有斐閣
岩槻邦男（1997）『文明が育てた植物たち』東京大学出版会
岩槻邦男（1999）『生命系』岩波書店
ヴァルラフ,G.（1987）（マサコ・シェーンエック訳）『最底辺』岩波書店
ウィリアムズ,R.（1983）（若松繁信訳）『長い革命』ミネルヴァ書房
ウィリス,P.（1985）（熊沢誠・山田潤訳）『ハマータウンの野郎ども』筑摩書房
ウィルソン,E.O.（1995-a）（鈴木昭彦訳）「生物多様性の現状」小原秀雄『環境思想の出現』東海大学出版会
ウィルソン,E.O.（1995-b・c）（大貫昌子・牧野俊一訳）『生命の多様性』Ⅰ・Ⅱ岩波書店
ウィンガーソン,L.（2000）（牧野賢治・青野由利訳）『ゲノムの波紋』化学同人
ウエクスラー,N.（1997）「鋭い洞察力と注意」D.J.ケブルス、L.フード編（石浦章一・丸山敬訳）『ヒト遺伝子の聖杯』アグネ承風社
植田和弘（1995）「環境問題と社会科学の総合性」『環境社会学研究』創刊号　新曜社
上田信（1998）「トラの眼から見た地域開発史」川田順造他編『地球の環境と開発』岩波書店
植野妙実子（1992）「新しい権利」横坂健治他編『憲法と政治生活増補版』北樹出版
ウェーバー,M.（1936）（尾高邦雄訳）『職業としての学問』岩波文庫
上村芳郎（2003）『クローン人間の倫理』みすず書房
ウォーラーステイン,I.（1993）（本多健吉・高橋章監訳）『脱＝社会科学』藤原書店
ウォーラーステイン,I.（2001）（山下範久訳）『新しい学』藤原書店
内山節（1988）『自然と人間の哲学』岩波書店

内山節（1993）『時間についての十二章』岩波書店
宇根豊（1996）『田んぼの忘れもの』葦書房
海野道郎（2001）「現代社会学と環境社会学を繋ぐもの」飯島伸子他編『環境社会学の視点』有斐閣
梅井道夫（1987）「『パリ草稿』における労働疎外論の変遷について(2)」『商経論集』16-1
梅林誠爾（2000）『生命の時間社会の時間』青木書店
エバノフ,R.（1995-a）（鈴木美幸訳）「政治と環境思想」小原秀雄監修『環境思想と社会』東海大学出版会
エバノフ,R.（1995-b）（鈴木美幸訳）「経済パラダイムの再考」小原秀雄監修『環境思想と社会』東海大学出版会
エバノフ,R.（1995-c）（鈴木美幸訳）「宗教・芸術と環境観」小原秀雄編『環境思想の多様な展開』東海大学出版会
エバノフ,R.・阿部治（1995）「人類史と環境思想」小原秀雄監修『環境思想の出現』東海大学出版会
江原昭善（1971）「自己家畜化現象」『自然』71巻4号
江原由美子（1996）「生命・生殖技術・自己決定権」同編『生殖技術とジェンダー』勁草書房
エリアス,N.（1996）（井本日向二・青木誠之訳）『時間について』法政大学出版局
エーリック,P.R.（1974）（宮川毅訳）『人口爆発』河出書房新社
エンゲルス,F.（1968-a）（寺沢恒信・村田陽一訳）「空想から科学への社会主義の発展」『マルクス・エンゲルス全集』19巻大月書店
エンゲルス,F.（1968-b）（村田陽一訳）「オイゲン・デューリング氏の科学の変革」『マルクス・エンゲルス全集』20巻大月書店
エンゲルス,F.（1968-c）「自然の弁証法」『マルクス・エンゲルス全集』20巻大月書店
エンゲルス,F.（1974）「ピョートル・ラヴローヴィチ・ラヴローフへの手紙」『マルクス・エンゲルス全集』34巻大月書店
エンゲルス,F.（1975）「ヨーゼフ・ブロッホへの手紙」（1890.9.21）『マルクス・エンゲルス全集』37巻大月書店
エンデ,M.（1976）（大島かおり訳）『モモ』岩波書店
大井紘（1996）「環境社会学のあり方について」『環境社会学研究』2号　新曜社
大江健三郎（1965）『ヒロシマ・ノート』岩波新書
大久保武（1997）「環境問題と生活文化」橋本和孝他編著『現代社会文化論』東信堂
大澤真幸（1996）「ネーションとエスニシティ」井上俊他編『民族・国家の社会学』岩波書店
太田和宏（1999）「環境と開発」『アジア・アフリカ研究』353号
大野乾（1988）『生命の誕生と進化』東大出版会

岡田章宏（1998）「地球環境時代の自然と人間」社会環境論研究会編『社会環境と人間発達』大学教育出版
岡田正彦（2002）『暴走する遺伝子』平凡社
小熊秀雄（1982）「馬車の出発の歌」岩田宏編『小熊秀雄詩集』岩波文庫
小熊英二（1995）『単一民族神話の起源』新曜社
オコンナー,J.（1995）（戸田清訳）「持続可能な資本主義はありうるか」小原秀雄監修『環境思想と社会』東海大学出版会
尾関周二（1998）「『人間と自然の二元論』を巡る生物学と哲学の接点」『生物化学』第50巻第2号、農文協
尾関周二（2000）『環境と情報の人間学』青木書店
尾関周二（2001-a）「環境倫理学からエコ・フィロソフィーへ」同編『エコ・フィロソフィーの現在』大月書店
尾関周二（2001-b）「環境倫理の基底と社会観」同編『エコ・フィロソフィーの現在』大月書店
小野寺健編訳（1982）『オーウエル評論集』岩波文庫
小野昭（2000）「自然史と人類史」小野昭他『環境と人類』朝倉書店
小原秀雄（2000）『現代ホモ・サピエンスの変貌』朝日新聞社
オマリー,M.（1994）（高島平吾訳）『時計と人間』晶文社

〈か〉

柿澤宏昭（2001）「総合化と協働の時代における環境政策と社会科学」『環境社会学研究』7号　有斐閣
賀来健輔（1996）「現代日本の政治学と環境問題」『環境社会学研究』2号　新曜社
樫澤秀木（2001）「環境問題とコミュニケーション」『環境社会学研究』7号　有斐閣
カーソン,R.（1974）（青木簗一訳）『沈黙の春』新潮文庫
カーソン,R.（2000）（リンダ・リア編／古草秀子訳）『失われた森』秀英社
カップ,K.W.（1959）（篠原泰三訳）『私的企業と社会的費用』岩波書店
加藤三郎（1996）『環境と文明の明日』プレジデント社
加藤秀一（1994）「ジェンダーとセクシャリティ」庄司興吉・矢澤修次郎編『知とモダニティの社会学』東京大学出版
加藤久和（1990）「持続可能な開発論の系譜」橋本道夫他編『地球環境と経済』中央法規
加藤尚武（1991）『環境倫理学のすすめ』丸善ライブラリー
加藤尚武（1999-a）『脳死・クローン・遺伝子治療』PHP新書
加藤尚武（1999-b）「こうして玉砕した"クローン人間"批判」学研編『遺伝子の世紀』
金谷治訳注（1963）『論語』岩波文庫
金谷治（1997）『老子』講談社

金子隆一（2001）『ゲノム解読がもたらす未来』洋泉社
金久實（2001）『ポストゲノム情報への招待』共立出版
金森修（1998）「遺伝子研究の知識政治学的分析に向けて」『現代思想』vol.26-11
樺山紘一（2000）「グローバリゼーションとローカリゼーション」樺山紘一他編『20世紀の定義』岩波書店
ガーフィンケル,H.他（1987）（山田富秋他編訳）『エスノメソドロジー』せりか書房
亀山純生（2001）「東洋思想からの人間―自然関係理解への寄与の可能性」尾関周二編『エコフィロソフィーの現在』大月書店
亀山康子（2002）「地球環境問題をめぐる国際的取り組み」森田恒幸・天野明弘編『地球環境問題とグローバル・コミュニティ』岩波書店
粥川準二（2001）『人体バイオテクノロジー』宝島社新書
環境庁（1995）『環境白書』大蔵省印刷局
環境と開発に関する世界委員会編（1987）（大来佐武郎監修・環境庁国際環境問題研究会訳）『地球の未来を守るために』福武書店
カント,I.（1994）（篠田英雄訳）『純粋理性批判（上）』岩波文庫
鬼頭秀一（1996）『自然保護を問いなおす』ちくま新書
鬼頭秀一（1999-a）「『環境を守る』とはどういうことか」同編『環境の豊かさをもとめて』昭和堂
鬼頭秀一（1999-b）「アマミノクロウサギの『権利』という逆説」同編『環境の豊かさをもとめて』昭和堂
木村資生（1988）『生物進化を考える』岩波新書
木村博（2002）「環境は自然とどのように違うのか」長崎総合科学大学人間環境学部編『人間環境学への招待』丸善
キャリコット,J.B.（1995）（千葉香代子訳）「動物解放論争」小原秀雄監修『環境思想の多様な展開』東海大学出版会
キャロル,L.（1980）（芹生一訳）『鏡の国のアリス』偕成社
キャロル,L.（2000）（中村妙子訳）『ふしぎの国のアリス』評論社
キューブラー＝ロス,E.（1998）（鈴木晶訳）『死ぬ瞬間』読売新聞社
キング,Y.（1989）「『エコ・フェミニズム』と『フェミニストのエコロジー』に向けて」ロスチャイルド,J.編（綿貫礼子・加地永都子他訳）『女性 vs テクノロジー』新評論
キング,Y.（1995）「傷を癒す」小原秀雄監修『環境思想の多様な展開』東海大学出版会
キンブレル,A.（1995）（福岡伸一訳）『ヒューマンボディショップ』化学同人
グーハ,R.（1995）（浜谷喜美子訳）「ラディカルなアメリカの環境主義と原生自然の保存」小原秀雄監修『環境思想の多様な展開』東海大学出版会
久保田裕子（1994）「過剰消費と過剰消費のアンバランス」アースデイ日本編『ゆがむ世界ゆらぐ地球』学陽書房

栗原彬（1996-a）「差別の社会理論のために」同編『講座差別の社会学第1巻』弘文堂
栗原彬（1996-b）「差別とまなざし」同編『講座差別の社会学第2巻』弘文堂
栗原彬（1997）「世界の受苦と差別の構造」同編『講座差別の社会学第3巻』弘文堂
栗原康（1998）『共生の生態学』岩波新書
栗山孝夫（1995）『DNAで何がわかるか』講談社ブルーバックス
グリック,J.（1991）（大貫昌子訳）『カオス』新潮文庫
グリーリイ,H.T.（1997）「健康保険、就職差別そして遺伝学の革命」D.J.ケブルス、L.フード編（石浦章一・丸山敬訳）『ヒト遺伝子の聖杯』アグネ承風社
クレラ,A.（1967）（藤野渉訳）『疎外とヒューマニズム』青木書店
クレラ,A.（1972）（藤野渉訳）『マルクスの人間疎外論』岩波書店
黒川創（1997）「『たのしい記号論』からの眺め」栗原彬編『共生の方へ』弘文堂
桑子敏雄（1999）「環境思想と行動原理」鬼頭秀一編『環境の豊かさをもとめて』昭和堂
クワント,R.C.（1984）（早坂監訳）『人間と社会の現象学』勁草書房
ゲーテ,J.W.（1965）（高橋健二訳）「ファウスト悲劇」『世界文学全集2』河出書房新社
ケブルス,D.J.& L.フード（1997）「反響」ケブルス,D.J.& L.フード編（石浦章一・丸山敬訳）『ヒト遺伝子の聖杯』アグネ承風社
ケラー,E.F.（1997）「生得と習得、ならびにヒトゲノム計画」ケブルスD.J. & L.フード編（石浦章一・丸山敬訳）『ヒト遺伝子の聖杯』アグネ承風社
ケラー,E.F.& E.ドニーニ（1998）（川島慶子・斎藤憲訳）「アノマリーである権利」『現代思想』vol.26-6 青弓社
ケルゼン,H.（1948）（西島芳二訳）『デモクラシーの本質と価値』岩波文庫
現代憲法研究会編（1996）『日本国憲法』法律文化社
小池浩一郎（1999）「タイ森林の変遷」山田勇編『森と人のアジア』昭和堂
小池直人（2001）「環境保全と社会的ヒューマニズム」尾関周二編『エコフィロソフィーの現在』大月書店
小池政行（2004）『現代の戦争被害』岩波新書
コウ,M.（1997）（柳沢圭子監訳）『グローバリゼーション――進む環境破壊、広がる格差』市民フォーラム2001事務局
河野勝彦（2000）『環境と生命の倫理』文理閣
河野勝彦（2002）『死と唯物論』青木書店
河本英夫（2000）『オートポイエーシス2001』新曜社
小島正美（1998）「環境ホルモンと日本の危機」小島正美・井口泰泉『環境ホルモンと日本の危機』東京書籍
国家生命倫理諮問委員会（1999）「クローニングの科学と応用」ナスバウム,M.C. & C.R.サンスタイン編（中村桂子・渡会圭子訳）『クローン、是か非か』産業図書
ゴッフマン,E.（1974）（石黒毅訳）『行為と演技』誠信書房

ゴッフマン,E.（1984）（石黒毅訳）『スティグマの社会学』せりか書房
後藤浩子（1998）「解題」『現代思想』vol.26-6
小浜逸郎（1999）『「弱者」とはだれか』PHP新書
小林達明（2000）「七千年の旱地農耕」田中耕司編『自然と結ぶ』昭和堂
小森星児（2000）「神戸という場所」多田道太郎編『環境文化を学ぶ人のために』世界思想社
コラータ,G.（1998）（中俣真知子訳）『クローン羊ドリー』アスキー出版局
ゴルバチョフ,M.（1987）（田中直毅訳）『ペレストロイカ』講談社
コルボーン,T.,ダマノスキ,D,マイヤーズ,J.P.（1997）（長野力訳）『奪われし未来』翔泳社
コーワン,R.S.（1997）「遺伝子工学と生殖の決定権」ケブルスD.J. & L.フード編（石浦章一・丸山敬訳）『ヒト遺伝子の聖杯』アグネ承風社

〈さ〉

雑賀恵子（1998）「女―身体になる」『現代思想』vol.26-6 青弓社
斎藤修（1998）「人口と開発と生態環境」川田順造他編『地球の環境と開発』岩波書店
斎藤成也（2001）「ヒトにいたるゲノム進化」榊佳之他編『ゲノムから個体へ』中山書店
斎藤義彦（2002）『死は誰のものか』ミネルヴァ書房
榊佳之（1995）『人間の遺伝子』岩波書店
榊佳之（2001-a）『ヒトゲノム』岩波新書
榊佳之（2001-b）「チンパンジーゲノムプロジェクト」榊佳之・小原雄治編『ゲノムから個体へ』中山書店
佐倉統（1992）『現代思想としての環境問題』中公新書
桜井厚（1996）「戦略としての生活」栗原彬編『講座差別の社会学』第2巻弘文堂
桜井邦朋（1987）『太陽黒点が語る文明史』中公新書
佐藤仁（2001-a）「アメリカの高等教育機関における環境学の制度化と課題」『環境社会学研究』7号　有斐閣
佐藤文隆（2000）『科学と幸福』岩波現代新書
佐藤文隆（2001-b）『宇宙を顕微鏡で見る』岩波現代新書
佐藤洋一郎（2002）『DNA考古学のすすめ』丸善ライブラリー
佐原真（2000）「現在・大昔の人と自然環境」多田道太郎編『環境文化を学ぶ人のために』世界思想社
佐和隆光（1997）『地球温暖化を防ぐ』岩波書店
澤野徹（1987）「疎外された労働と社会・歴史認識」『専修経済学論集』21―2
椎名信雄（1999）「セクシュアリティとナショナリズム」日本記号学会編『ナショナリズム／グローバリゼーション』東海大学出版会
シヴァ,V.（1995）（鈴木昭彦訳）「西洋家父長制の新しいプロジェクトとしての開発」小原

秀雄監修『環境思想と社会』東海大学出版会
シェイクスピア,W.（1960）（菅泰男訳）『オセロウ』岩波文庫
シェイクスピア,W.（1965）「リヤ王」（福田恆存他訳）『世界文学全集1』河出書房
シェイクスピア,W.（1973）『ヴェニスの商人』岩波文庫
塩崎俊彦（2000）「暦季節ことば」多田道太郎編『環境文化を学ぶ人のために』世界思想社
篠原徹（1994）「環境民俗学の可能性」『日本民俗学』200号
司馬遷（1975）（小川環樹・今鷹真・福島吉彦訳）『史記列伝』（5）岩波文庫
島崎隆（1979）「弁証法における『否定』および『否定の否定』の成立」岩崎允胤編『科学の方法と社会認識』汐文社
清水博（1992）『生命と場所』ＮＴＴ出版
下條信輔（2000）「脳の世紀」『神戸大学発達科学部研究紀要』第7巻第3号
ジャンケレヴィッチ,V.（1978）（仲沢紀雄訳）『死』みすず書房
シュッツ,A.（1982）（佐藤嘉一訳）『社会的世界の意味構成』木鐸社
ジョージ,S.（1984）（小南祐一郎他訳）『なぜ世界の半分が飢えるのか』朝日選書
ジョージェスクレーゲン,N.（1993）（高橋正立他訳）『エントロピー法則と経済過程』みすず書房
ショーペンハウアー（1975）（斎藤忍随他訳）『意志と表象としての世界』正編Ⅱ白水社
ジルー,H.（1996）（大田直子訳）「抵抗する差異」『現代思想』vol.24-7 青土社
シルヴァー,L.M.（1998）（東江一紀・真喜志順子・度会圭子訳）『複製されるヒト』翔泳社
シンガー,P.（1993）（村上弥生訳）「動物の解放」フレチェット＝シュレーダー編（京都生命倫理研究会訳）『環境の倫理』晃洋書房
シンガー,P.（1999）（山内友三郎・塚崎智監訳）『新版実践の倫理』昭和堂
菅野礼司（1983）『物理学の論理と方法（上）』大月書店
スコット,J.W.（1992）（荻野美穂訳）『ジェンダーと歴史学』平凡社
ストーン,C.（1990）（岡崎修・山田敏雄訳）「樹木の当事者適格」『現代思想』11月号
スタインベック,J.（1961）（大橋健三郎訳）『怒りのぶどう』（上）岩波文庫
スピヴァク,G.C.（1998）（上村忠男訳）『サバルタンは語ることができるか』みすず書房
スミス,A.（1965）（大内兵衛・松川七郎訳）『諸国民の富（3）』岩波文庫
諏訪勝（1996）『破壊』青木書店
盛山和夫・海野道郎（1991）『秩序問題と社会的ジレンマ』ハーベスト社
瀬戸昌之（2002）『環境学講義』岩波書店
セーヴ,L.（1978）（大津真作訳）『マルクス主義と人格の理論』法政大学出版局
関礼子（1999）「どんな自然を守るのか」鬼頭秀一編『環境の豊かさをもとめて』昭和堂
関礼子（2001）「環境権の思想と運動」長谷川公一編『環境運動と政策のダイナミズム』有斐閣

関口鉄夫（1996）『ゴミは田舎へ？』川辺書林
関根孝道（1997）「米国における『自然の権利』訴訟の動向」『日本の科学者』12月
関野曠野（1990）「民族の形成へ向かうために」『世界』8月
瀬地山角（1994）「フェミニズムは女性のものか」庄司興吉・矢澤修次郎編『知とモダニティの社会学』東京大学出版
セン,A.（1988）（鈴村興太郎訳）『福祉の経済学』岩波書店
セン,A.（1989）（大庭健・川本隆史訳）『合理的な愚か者』勁草書房
セン,A.（1999）（池本幸生・野上裕生・佐藤仁訳）『不平等の再検討』岩波書店
セン,A.（2000-a）（石塚雅彦訳）『自由と経済開発』日本経済新聞社
セン,A.（2000-b）（黒崎卓・山崎幸治訳）『貧困と飢饉』岩波書店
セン,A.（2000-c）（鈴村興太郎・須賀晃一訳）『不平等の経済学』東洋経済新報社
セン,A.（2002）（大石りら訳）『貧困の克服』集英社新書
ソシュール,F.（1972）（小林英夫訳）『一般言語学講義／改版』岩波書店
ソシュール,F.（1991）（前田英樹訳・注）『ソシュール講義録注解』法政大学出版局
ソロー,H.D.（1995）（飯田実訳）『森の生活（上下）』岩波文庫

〈た〉

載晴編（1996）（鷲見一夫他訳）『三峡ダム』築地書館
ダーウィン,C.（1963）（八杉竜一訳）『種の起源』岩波文庫、上
高木仁三郎（1996）「核の社会学」『環境と生態系の社会学』岩波書店
高田純（2001）「自然への義務と自然とのコミュニケーション」尾関周二編『エコ・フィロソフィーの現在』大月書店
高田純（2003）『環境思想を問う』青木書店
高橋裕（1998）「環境思想に基づく21世紀型科学技術の設計」高橋裕・武内和彦編『地球システムを支える21世紀型科学技術』岩波書店
竹内章朗（1993）『「弱者」の哲学』大月書店
竹内章朗（1999）『現代平等論ガイド』青木書店
武田一博（2001）「人間存在のトリレンマ」尾関周二編『エコフィロソフィーの現在』大月書店
竹田純郎（2000）『生命の哲学』ナカニシヤ出版
竹原弘（2000）『環境のオントロギー』ミネルヴァ書房
竹本和彦（1998）「『持続可能な発展』を巡る議論」内藤正明・加藤三郎編『持続可能な社会システム』岩波書店
田坂広志（1997）『複雑系の知』講談社
立山龍彦（2002）『新版自己決定権と死ぬ権利』東海大学出版会
田中義久（1974）『人間的自然と社会構造』勁草書房

谷口吉光（1998）「アメリカ環境社会学とパラダイム論争」『環境社会学研究』4号　新曜社
谷口吉光（2001）「日常生活と環境問題」舩橋晴俊編『加害・被害と解決過程』有斐閣
谷本光男（2003）『環境倫理のラディカリズム』世界思想社
玉井真理子（1998）「遺伝子情報へのアクセス権はいつ成立するか？」『現代思想』26-11
田村公江（2000）「ピルから見える自己決定の問題」平野武編『生命・環境と現代社会』晃洋書房
団まりな（1998）「行動する細胞あるいは「DNA伝説」批判」『現代思想』vol.26-11
地球環境法研究会編（1993）『地球環境条約集』中央法規出版
千葉喜彦・高橋清久編（1991）『時間生物学ハンドブック』朝倉書店
中国研究所編（1995）『中国の環境問題』新評論
チョムスキー,N.（1963）（勇康雄訳）『文法の構造』研究社出版
槌田敦（1992）『環境保護運動はどこが間違っているのか？』JICC出版局
土屋雄一郎（1999）「廃棄物コンフリクトのマネージメント手法としての社会環境アセスメント」『環境社会学研究』5号　新曜社
鶴見良行・宮内泰介編（1996）『ヤシの実のアジア学』コモンズ
テイラー,P.W.（1995）（松丸久美訳）「生命中心主義的な自然観」小原秀雄監修『環境思想の多様な展開』東海大学出版会
テイラー,G.R.（1969）（渡辺格・大川節夫訳）『人間に未来はあるか』みすず書房
デヴァル,B.& J.セッションズ（1995）（関曠野訳）「ディープ・エコロジー」小原秀雄監修『環境思想の多様な展開』東海大学出版会
デネット,D.C.（2000）（山口泰司訳）『ダーウィンの危険な思想』青土社
寺園慎一（2001）『人体改造』ＮＨＫ出版
寺田良一（1998-a）「環境運動と環境政策」舩橋晴俊・飯島伸子編『講座社会学・12環境』東京大学出版会
寺田良一（1998-b）「環境NPO（民間非営利組織）の制度化と環境運動の変容」『環境社会学研究』4号　新曜社
寺西俊一（1992）『地球環境の政治経済学』東洋経済新報社
寺西俊一（1996）「環境経済学と環境社会学の交流」『環境社会学研究』2号　新曜社
テンニエス,F.（1957）（杉之原寿一訳）『ゲマインシャフトとゲゼルシャフト』下　岩波文庫
ドゥルーズ,G.（1984）（立川健二訳）「ノマド的思考」『現代思想』177
ドーキンス,R.（1987）（日高敏隆他訳）『延長された表現型』紀伊國屋書店
ドーキンス,R.（1991）（日高敏隆他訳）『利己的な遺伝子』紀伊國屋書店
堂前雅史・廣野喜幸（1998）「クローン人間と"ヒトラー"の遺伝子」『現代思想』26-11
徳野貞雄（2001）「農業における環境破壊と環境創造」鳥越皓之編『自然環境と環境文化』有斐閣
戸田清（1994）『環境的公正を求めて』新曜社

戸田清（1995-a）「社会派エコロジーの思想」小原秀雄監修『環境思想と社会』東海大学出版会
戸田清（1995-b）「日常生活と環境思想」小原秀雄編『環境思想の多様な展開』東海大学出版会
戸田清（2001）「環境社会学の国際的動向（B）発展途上国における環境問題研究」飯島伸子他編『環境社会学の視点』有斐閣
富岡憲治・沼田英治・井上慎一（2003）『時間生物学の基礎』裳華房
トムスン,E.P.（2003）（市橋秀夫・芳賀健一訳）『イングランド労働者階級の歴史』青弓社
豊崎博光（1982）『核よ驕るなかれ』講談社
鳥越皓之（1989）「生活環境主義の位置」同編『環境問題の社会理論』御茶の水書房
鳥越皓之（2001）「環境共存へのアプローチ」飯島伸子他編『環境社会学の視点』有斐閣
ドレングソン,A.R.&井上有一編（2001）『ディープ・エコロジー』昭和堂

〈な〉

内藤和美（1996）「日本社会のジェンダー差別の構造」栗原彬編『講座差別の社会学』第1巻　弘文堂
内藤正明（1998）「持続可能な社会システムの構築」内藤正明・加藤三郎編『持続可能な社会システム』岩波書店
中込弥男（1996）『ヒトの遺伝子』岩波新書
中澤秀雄（2001）「環境運動と環境政策の35年」『環境社会学研究』7号　有斐閣
中下裕子（2003）「有害物質をめぐる国際的取り組み」太田宏・毛利勝彦編著『持続可能な地球環境と未来へ』大学教育出版
長瀬修（1999）「障害学に向けて」石川准・長瀬修編著『障害学への招待』明石書店
中野加都子（2000）「草の根からのリサイクル」多田道太郎編『環境文化を学ぶ人のために』世界思想社
中野康人・阿部晃士・村瀬洋一・海野道郎（1996）「社会的ジレンマとしてのごみ問題」『環境社会学研究』2号　新曜社
中村修（1995）『なぜ経済学は自然を無限ととらえたか』日本経済評論社
中村敬（1999）「言語・ネイション・グローバリゼーション」日本記号学会編『ナショナリズム／グローバリゼーション』東海大学出版会
中村桂子（1994）『あなたのなかのDNA』ハヤカワ文庫
中村桂子（1989）『生命科学と人間』NHKブックス
中村方子（1998）『ヒトとミミズの生活誌』吉川弘文堂
中村靖彦（2001）『狂牛病』岩波新書
中村祐輔・中村雅美（2001）『ゲノムが世界を支配する』講談社
中原英臣（2001）『ヒトゲノムビジネス』小学館文庫

中山茂（1998）「環境主義の思想的背景」高橋裕・武内和彦編『地球システムを支える21世紀型科学技術』岩波書店
ナッシュ,R.F.（1993）（岡崎監修・松野訳）『自然の権利』TBSブリタニカ
ナッシュ,R.F.（1995）（鈴木美幸訳）「原野とアメリカ人の心」小原秀雄監修『環境思想の出現』東海大学出版会、
七沢潔（1996）『原発事故を問う』岩波新書
楢崎建志（2003）「産業界によるガバナンス」太田宏・毛利勝彦編著『持続可能な地球環境と未来へ』大学教育出版
ナンダ,M（1998）（後藤浩子訳）「歴史とは痛いものだ」『現代思想』vol.26-6 青土社
西阪仰（1996）「差別の語法」栗原彬編『講座差別の社会学第1巻』弘文堂
西田利貞（1999）『人間性はどこから来たか』京都大学学術出版会
西山賢一（1997）『複雑系としての経済』NHKブックス
西山賢一（1999）『文化生態学入門』批評社
似田貝香門（1984）『社会と疎外』世界書院
二宮厚美（2000）「人間発達とコミュニケーション」『神戸大学発達科学部研究紀要』7-3
日本物理学会編（1988）『原子力発電の諸問題』東海大学出版会
日本弁護士連合会編（1991）『日本の公害輸出と環境破壊』日本評論社
ニュートン,L.（1971）（河辺六男訳）「自然哲学の数学的諸原理」『ニュートン』中央公論社
丹羽文夫（1993）『日本的自然観の方法』農文協
ヌスバウム,M.C.（2000）（辰巳伸知・能川元一訳）「愛国主義とコスモポリタニズム」同・他『国を愛するということ』人文書院
根井康之（1979）『市民社会と共同体』農山漁村文化協会
ネグリ,A.& M.ハート（2003）（水嶋一憲他訳）『帝国』以文社
ネス,A.（1995）（鈴木美幸訳）「手段は質素に、目標は豊かに（インタビュー）」小原秀雄監修『環境思想の多様な展開』東海大学出版会
ネス,A.（1997）（斎藤直輔・開龍美訳）『ディープ・エコロジーとは何か』文化書房博文社
根本順吉（1992）「地球環境問題の新たなる危機」『情況』7・8合併号
ネルキン,D.& M.S.リンディー（1997）（工藤政司訳）『DNA伝説』紀伊國屋書店
ネルキン,D.（1997）「遺伝子情報の社会的な力」ケブルス,D.J.& L.フード編（石浦章一・丸山敬訳）『ヒト遺伝子の聖杯』アグネ承風社
野家啓一（1997）「思想としての科学」黒崎政男編『サイエンス・パラダイムの潮流』丸善ライブラリー
野上裕生（1996）「環境問題と市場経済認識」『環境社会学研究』2号 新曜社
野辺明子（1996）「障害をめぐる差別構造」栗原彬編『日本社会の差別構造』弘文堂
野本寛一（1994）『共生のフォークロア―民俗の環境思想』青土社

野本陽代（1998）『宇宙の果てにせまる』岩波新書

〈は〉

ハイデッガー,M.（1962）（桑木務訳）『世界像の時代』理想社
ハーヴェイ,D.（1999）（吉原直樹監訳）『ポストモダニティの条件』青木書店
萩原なつ子（2001）「ジェンダーの視点で捉える環境問題」長谷川公一編『環境運動と政策のダイナミズム』有斐閣
橋本道夫（1996）「環境政策決定過程における社会のダイナミックスに関する一考察」『環境科学会議』9―1
長谷川公一（1989）「ジェンダーの政治社会学」『社会学研究』54号
長谷川公一（1996）『脱原子力社会の選択』新曜社
長谷川公一（2003）『環境問題と新しい公共圏』有斐閣
バタイユ,G（1973）（渋沢龍彦訳）『エロティシズム』二見書房
服部文男（1979）『史的唯物論と現代2理論構造と基本概念』青木書店
ハーディン,G.（1993）（桜井徹訳）「共有地の悲劇」シュレーダー＝フレチェット,K.S.編（京都生命倫理研究会訳）『環境の倫理』下晃洋書房
バトラー,J.（1999）（竹村和子訳）『ジェンダー・トラブル』青土社
ハーバーマス,J.（1970）（長谷川宏訳）『イデオロギーとしての技術と科学』紀伊國屋書店
ハーバーマス,J.（1985）（河上倫逸他訳）『コミュニケーション的行為の理論』上　未来社
ハーバーマス,J.（1987）（丸山高司他訳）『コミュニケーション的行為の理論』下　未来社
ハーヴェイ,D.(1999)（吉原直樹監訳）『ポストモダニティの条件』青木書店
葉山アツコ（1999）「熱帯林の憂うつ」秋道智弥編『自然はだれのものか』昭和堂
速水洋子（1999）「『森に生きるカレン』と伝統の創造」山田勇編『森と人のアジア』昭和堂
原口弥生（1999）「環境正義運動における住民参加政策の可能性と限界」『環境社会学研究』5号　新曜社
原口弥生（2000）「『当事者はずし』としての環境汚染地買収と住民移転」『環境社会学研究』6号　有斐閣
原田正純（1996）「公害、労災の中の差別の構造」栗原彬編『日本社会の差別構造』弘文堂
バロー,J.D.（2003）（管谷暁訳）『宇宙のたくらみ』みすず書房
バーンスティン,B.（1981）（萩原元昭編訳）『言語社会化論』明治図書出版
樋口健二（1981）『闇に消される原発被爆者』三一書房
日鷹一雅（2000）「農業生態系のエネルギー流の過去・現在・未来」田中耕司編『自然と結ぶ』昭和堂
ビッカートン,D.（1985）（筧壽雄他訳）『言語のルーツ』大修館書店
ピヒト,G.（2003）（河井徳治訳）『ヒューマン・エコロジーは可能か』晃洋書房

平岡義和（1992）「公害被害の階層構造」『公害研究』21巻3号岩波書店
平岡義和（1996）「環境問題のコンテクストとしての世界システム」『環境社会学研究』2
ビール, J.（1995）（松村郡守訳）「ソーシャル・エコロジーの倫理における弁証法」小原秀雄監修『環境思想と社会』東海大学出版会
広井良典（1996）『遺伝子の技術、遺伝子の思想』中公新書
広井良典（2003）『生命の政治学』岩波書店
廣松渉・勝守真（1986）『相対性理論の哲学』勁草書房
ファイアーストーン, S.（1970）（林弘子訳）『性の弁証法』評論社
フォーク, R.（2000）「コスモポリタニズムを修正する」ヌスバウム, M.C.他（辰巳伸知・能川元一訳）『国を愛するということ』人文書院
フォックス, M.W.（1995-a）（原子和恵訳）「なぜ動物の権利が必要か」小原秀雄監修『環境思想の多様な展開』東海大学出版会
フォックス, W.（1995-b）（鈴木美幸訳）「トランス・パーソナル・エコロジーに向けて」小原秀雄監修『環境思想の多様な展開』東海大学出版会
福家洋介（1993）「油ヤシ農園を支える外国人労働者」日本消費者連盟編『飽食日本とアジア』家の光教会
福澤仁之（2000）「グローバルな自然環境変化と人類進化の関係」小野昭他『環境と人類』朝倉書店
福田哲也（2001）『ゲノムは人生を決めるか』新日本出版社
ブクチン, M.（1995）（戸田清訳）「ソーシャル・エコロジーとは何か」小原秀雄監修『環境思想と社会』東海大学出版会
ブクチン, M.（1996）（藤堂麻理子・戸田清・萩原なつ子訳）『エコロジーと社会』白水社
福原栄太郎（2000）「歴史形成と自然環境をどう考えるか」多田道太郎『環境文化を学ぶ人のために』世界思想社
藤倉良（2003）「生物多様性の保全」太田宏・毛利勝彦編著『持続可能な地球環境と未来へ』大学教育出版
布施鉄治（1984）「生活と貧困と教育」『籠山京著作集』第6巻解題ドメス出版
フックス, B.（1997）（清水久美訳）『ブラック・フェミニストの主張』勁草書房
舩橋晴俊（1989）「『社会的ジレンマ』としての環境問題」『社会労働研究』35-3・4
舩橋晴俊（1995）「環境問題への社会学的視座」『環境社会学研究』創刊号新曜社
舩橋晴俊（1998-a）「環境問題の未来と社会変動」舩橋晴俊・飯島伸子編『講座社会学・12 環境』東京大学出版会
舩橋晴俊（1998-b）「開発の性格変容と意志決定過程の特質」舩橋晴俊他編『巨大地域開発の構想と帰結』東京大学出版会
舩橋晴俊（2001）「環境問題の社会学的研究」飯島伸子他編『環境社会学の視点』有斐閣
ブラッドフォード, J.（1995-a）（池田真理訳）「私たちはみなボパールに住んでいるのだ」小

原秀雄監修『環境思想の出現』東海大学出版会
ブラッドフォード,J.（1995-b）（宮内泰介訳）「ディープ・ソーシャル・エコロジーへ向けて」小原秀雄監修『環境思想と社会』東海大学出版会
プラトン（1964）（久保勉訳）「ソクラテスの弁明」『ソクラテスの弁明・クリトン』岩波文庫
ブルデュー,P.（1989）（石井洋二郎訳）『ディスタンクシオン』Ⅰ　新評論
ブルデュー,P.（1990）（石井洋二郎訳）『ディスタンクシオン』Ⅱ　藤原書店
ブルデュー,P.& J.C.パスロン（1991）（宮島喬訳）『再生産』藤原書店
古川彰・稲村哲也（1995）「ネパール・ヒマラヤ・シェルパ族の環境利用」『環境社会学研究』創刊号
ブルーマー,H.（1991）（後藤将之訳）『シンボリック相互作用論』勁草書房
フレイザー,J.T.（1984）（道家達将・山崎正勝監訳）『自然界における五つの時間』講談社
フレイヴィン,C.編著（2003）『地球白書2003—2004』家の光協会
ブレヒト,B.（1979）『ガリレイの生涯』岩波文庫
ブロック,D.W.（1999）「ヒト・クローニング是か非か」ナスバウム,M.C. & C.R.サンスタイン編（中村桂子・渡会圭子訳）『クローン、是か非か』産業図書
ブロード,W.& N.ウェード（1988）（牧野賢治訳）『背信の科学者たち』化学同人
フロム,E.（1951）（日高六郎訳）『自由からの逃走』創元社
ベイカー,R.（2000）（村上彩訳）『セックス・イン・ザ・フューチャー』紀伊国屋書店
ヘーゲル,G.W.F.（1978）（松村一人訳）『小論理学』上下岩波書店
ベーコン,F.（1966）「ノヴム・オルガヌム」務台理作他責任編集『ベーコン』河出書房
ヘッセ,H.（1959）（実吉捷郎訳）『デミアン』岩波文庫
ベラー,R.N.編（1991）（島薗進・中村圭志訳）『心の習慣』みすず書房
ベルクソン,H.（1965）（花田圭・加藤精司訳）「持続と同時性」『ベルクソン全集3』白水社
ベルクソン,H.（1969）（坂田徳男訳）「形而上学入門」『ベルクソン』中央公論社
ベルクソン,H.（1979）（真方敬道訳）『創造的進化』岩波文庫
ベルクソン,H.（1990）（平井啓之訳）『時間と自由』白水社
ベルナール,C.（1970）（三浦岱栄訳）『実験医学序説』岩波文庫
ホー,M.（2000）（小沢元彦訳）『遺伝子を操作する』三交社
ボウラー,P.J.（2002-a・b）（小川眞理子他訳）『環境科学の歴史Ⅰ・Ⅱ』朝倉書房
星和美（2000）「末期医療における監護活動の法的検討」平野武編『生命・環境と現代社会』晃洋書房
ポズナー,E.A.& R.A.ポズナー（1999）「ヒト・クローニングの需要」ナスバウム,M.C. & C.R.サンスタイン（中村桂子・渡会圭子訳）『クローン、是か非か』産業図書
細川弘明（1997）「先住権のゆくえ」西川長夫他編『多文化主義・多言語主義の現在』人文書院

細川弘明（1998）「エコロジズムの聖者か, マキャベリストとの同床異夢か」『現代思想』vol.26-6 青土社

細川弘明（1999）「先住民族運動と環境保護の切りむすぶところ」鬼頭秀一編『環境の豊かさをもとめて』昭和堂

細見英（1972）「経済学・哲学草稿第三草稿」『マルクス・コメンタールⅡ』現代の理論社

ポパー,K.R.（1971）（大内義一・森博訳）『科学的発見の論理』上下　恒星社厚生閣

ホフリクター,R.（1995）（鈴木昭彦訳）「環境的公正」小原秀雄監修『環境思想と社会』東海大学出版会

ポラック,R.（2000）（中村桂子・中村友子訳）『DNAとの対話』早川書房

ポラニー,M.（1980）（佐藤敬三訳）『暗黙知の次元』紀伊国屋書店

堀川三郎（1999）「戦後日本の社会学的環境問題研究の軌跡」『環境社会学研究』5号

ボールディング,K.E.（1975）（公文俊平訳）『経済学を超えて』学習研究社

ホワイト,L.Jr.（1999）（青木靖三訳）『機械と神』みすず書房

ポンティング,C.（1994-a・b）（石弘之他訳）『緑の世界史』上・下, 朝日新聞社

本間都（1997）『グリーンコンシューマー入門』北斗出版

〈ま〉

マーギュリス,L.（1985）（永井進監訳）『細胞の共生進化』学会出版センター

増田善信（1990）『地球環境が危ない』新日本新書

マーチャント,C.（1994）（川本隆史他訳）『ラディカル・エコロジー』産学図書

マーチン,E.（1996）（菅靖彦訳）『免疫複合』青土社

松井三郎（2002）「環境ホルモンによる環境汚染」松井三郎他『環境ホルモンの最前線』有斐閣

松井孝典（1998）『巨大隕石の衝突』PHP新書

松下和夫（1998）「持続可能な社会をつくる主体」内藤正明・加藤三郎編『持続可能な社会システム』岩波書店

松田卓也・二間瀬敏史（1990）『時間の本質をさぐる』講談社現代新書

松原謙一・榊佳之（2001）「シリーズへの序」榊佳之他編『ゲノムから個体へ』中山書店

松本泰子（2001）「国際環境NGOと国際環境協定」長谷川公一編『講座環境社会学』第4巻　有斐閣

マーヨ・アンダ,G.（1992）「フィリピンの環境問題と日本のかかわり」土生長穂・小島延夫編『環境破壊とたたかう人びと』大月書店

マルクス,K.（1959-a）「ヘーゲル法哲学批判」『マルクス・エンゲルス全集』1巻　大月書店

マルクス,K.（1959-b）「ルーゲへの手紙（1843.9）」『マルクス・エンゲルス全集』1巻　大月書店

マルクス,K.（1960）「P.W.アンネンコフへの手紙（1846.12.28）」『マルクス・エンゲルス全

集』4巻　大月書店
マルクス,K.（1962）「ルイ・ボナパルトのブリュメール18日」『マルクス・エンゲルス全集』8巻　大月書店
マルクス,K.（1963）「フォイエルバッハにかんするテーゼ」『マルクス・エンゲルス全集』3巻　大月書店
マルクス,K.（1968）『資本論』（第四版）第1巻1、大月書店
マルクス,K.（1975-a）（真下信一訳）「1844年の経済学・哲学手稿」『マルクス・エンゲルス全集』40巻　大月書店
マルクス,K.（1975-b）「ジェームス・ミル著『政治経済学要綱』からの抜粋」『マルクス・エンゲルス全集』40巻　大月書店
マルクス,K.（1983）『資本論2』新日本出版社
マルクス,K.& F.エンゲルス（1963）「ドイツ・イデオロギー」『マルクス・エンゲルス全集』3巻　大月書店
マルクーゼ,H.（1968）（良知力・池田優三訳）『初期マルクス研究』未来社
マルサス,T.R.（1985）（大渕寛他訳）「人口の原理」南亮三郎監修『人口論名著選集』中央大学出版部
マルサス,T.R.（1962）（高野岩三郎・大内兵衛訳）『人口の原理』岩波文庫
丸山圭三郎（1981）『ソシュールの思想』岩波書店
丸山工作・丸山敬（2000）『夢！21世紀の生命科学』丸善ライブラリー
丸山康司（1997）「『自然保護』再考」『環境社会学研究』3号新曜社
丸山茂徳・磯崎行雄（1998）『生命と地球の歴史』岩波書店
丸山真男（1961）『日本の思想』岩波新書
丸山真男（1982）『後衛の位置から』未来社
丸山真人（1996）「エコロジー批判と反批判」『環境と生態系の社会学』岩波書店
丸山真人（1998）「世界資本主義と地球環境」川田順造他編『地球の環境と開発』岩波書店
マン,T.（1962）（関泰祐・望月市恵訳）『魔の山』(3)　岩波文庫
ミース,M.（1998）（後藤浩子訳）「自己決定―ユートピアの終焉？」『現代思想』26-6
見田宗介（1996-a）「環境の社会学の扉に」『環境と生態系の社会学』岩波書店
見田宗介（1996-b）『現代社会の理論』岩波新書
満田久義（1995）「環境社会学とはなにか」『環境社会学研究』創刊号　新曜社
満田久義（2001）「環境社会学の国際的動向（A）欧米の環境社会学」飯島伸子他編『環境社会学の視点』有斐閣
満田久義（2002）「環境社会学の源流と動向」『環境社会学研究』第8号
ミード,G.H.（1973）（稲葉三千男・滝沢正樹・中野収訳）『精神・自我・社会』青木書店
ミード,G.H.（1990）（小川英司・近藤敏夫訳）『個人と社会的自我』いなほ書房
港千尋（1998-a）「遺伝子と権力」『現代思想』vol.26-11青土社

港千尋（1998-b）「増殖の科学」『現代思想』vol.26-6 青土社
峰岸純夫（1995）「自然環境と生産力からみた中世史の時期区分」『日本史研究』400号
都城秋穂（1998）『科学革命とは何か』岩波書店
宮内泰介（1989）『エビと食卓の現代史』同文館
宮内泰介（1998）「発展途上国と環境問題」舩橋晴俊・飯島伸子編『講座社会学・12環境』東京大学出版会
宮内泰介（2001）「コモンズの社会学」鳥越皓之編『講座環境社会学』第3巻有斐閣
三宅正樹（1996）「時間の比較文明論」井上俊他編『時間と空間の社会学』岩波書店
宮崎駿（1997）（アニメージュ編集部編）『もののけ姫4』徳間書店
宮澤賢治（1950）（谷川徹三編）『宮澤賢治詩集』岩波新書
宮澤賢治（1967）「生徒諸君に寄せる」草野心平編『宮澤賢治』新潮社
宮本憲一（1996）「環境問題と現代社会」『環境と生態系の社会学』岩波書店
紫式部（1966）（山岸徳平校注）『源氏物語（4）』岩波文庫
室田武・坂上雅治・三俣学・泉留維著（2003）『環境経済学の新世紀』中央経済社
メサーロシュ,I.（1972）（三階徹・湯川新訳）『マルクスの疎外理論』啓隆閣
メドウス,D.H.他（1972）（大来佐武郎監訳）『成長の限界』ダイヤモンド社
メドウズ,D.H.他（1992）（茅陽一訳）『限界を超えて』ダイヤモンド社
メラー,M.（1993）（壽福眞美・後藤浩子訳）『境界線を破る！』新評論
モア,T.（1957）（平井正穂訳）『ユートピア』岩波文庫
毛利勝彦（2003）「ヨハネスブルグからの展望」太田宏・毛利勝彦編著『持続可能な地球環境を未来へ』大学教育出版
望月清司（1972）「『ドイツ・イデオロギー』」『マルクス・コメンタール』現代の理論社
望月清司（1973）『マルクス歴史理論の研究』岩波書店
モノー,J.（1972）（渡辺格・村上光彦訳）『偶然と必然』みすず書房
森健（2001）『人体改造の世紀』講談社ブルーバックス
森千里（2002）「環境ホルモンのヒトへの影響」松井三郎他『環境ホルモンの最前線』有斐閣
森実（1993）「ラディカルたちの学校論」アップル,M.W他編『学校文化への挑戦』東信堂
森岡正博（1994）『生命観を問いなおす』ちくま新書
森岡正博（1995）「エコロジーと女性」小原秀雄監修『環境思想の多様な展開』東海大学出版会

〈や〉

安田喜善（1997）『森を守る文明支配する文明』PHP新書
柳澤桂子（2001）『ヒトゲノムとあなた』集英社
柳澤桂子（1997）『生命の奇跡』PHP新書

柳川弘志（1999）『遺伝子情報は人類に何を問うか』ウェッジ
柳田邦男（1999）『犠牲』文春文庫
山口節郎（1996）「特権集団と差別構造」栗原彬編『講座差別の社会学』第1巻　弘文堂
山田隆夫（1997）「自然の権利訴訟と環境法の枠組み」『日本の科学者』Vol.32
山田富秋（1996）「アイデンティティ管理のエスノメソドロジー」栗原彬編『講座差別の社会学』第1巻　弘文堂
山之内靖（1996）『システム社会の現代的位相』岩波書店
山本紀夫（2000）「伝統農業の背後にあるもの」田中耕司編『自然と結ぶ』昭和堂
山本三毅夫・山本直樹（1997）『ウィルスVS人体』講談社現代新書
湯浅赳男（1993）『環境と文明』新評論
湯浅精二（1992）『生命150億年の旅』新日本新書
ユクスキュル,J.（1995）（日高敏隆・野田保之訳）『生物からみた世界』新思索社
ユング,C.G.（1975）（河井隼雄監訳）『人間と象徴』上下河出書房新社
ユング,C.G.（1976）（小川捷之訳）『分析心理学』みすず書房
要田洋江（1996）「障害児と家族をめぐる差別と共生の視角」栗原彬編『講座差別の社会学』第2巻　弘文堂
横山正樹（1990）『フィリピン援助と自力更生論』明石書店
吉岡斉（1996）「核エネルギー問題と環境社会学」『環境社会学研究』2号　新曜社
吉川昌之介（1995）『細菌の逆襲』中公新書
吉沢四郎・高柳先男編著（1995）『日本ODAの総合的研究』中央大学出版部
吉田民人（1995）「ポスト分子生物学の社会科学」『社会学評論』vol.46,No.3
吉田文和（1998）『廃棄物と汚染の政治経済学』岩波書店
吉田文和・宮本憲一（2002）「環境と開発の対立を越えるために」吉田文和・宮本憲一編『環境と開発』岩波書店
吉永良正（1996）『『複雑系』とは何か』講談社現代新書
米本晶平（1996）「科学の言説と差別化」栗原彬編『講座差別の社会学』第1巻　弘文堂
米本昌平（1998）「地球環境問題と自然科学研究」川田順造他編『地球の環境と開発』岩波書店
米本昌平（2000-a）「生命科学の世紀はどこへ向かうのか」同他『優生学と人間社会』講談社現代新書
米本昌平（2000-b）「イギリスからアメリカへ」同他『優生学と人間社会』講談社現代新書

〈ら〉

ライアン,A.（1993）（森村進・桜井徹訳）『所有』昭和堂
ライター,K.（1987）（高山眞知子訳）『エスノメソドロジーとは何か』新曜社
ライプニッツ,G.W.（1989）（米山優・佐々木能章訳）「ライプニッツとクラークの往復書

簡」『ライプニッツ著作集9　後期哲学』工作舎
ラヴロック,J.E.（1984）（星川淳訳）『地球生命圏』工作舎
ラヴロック,J.E.（1989）（スワミ.プレム.ブラブッダ／星川淳訳）『ガイヤの時代』工作舎
ラカン,J.（述）：ミレーレ,J.A.編（1998）（小出浩之・新宮一成・鈴木國文・小川豊昭訳）『フロイト理論と精神分析技法における自我』上下岩波書店
リーキー,R.& R.レウィン（1981）（寺田和夫訳）『ヒトはどうして人間になったか』岩波書店
リースマン,D.（1964）（加藤秀俊訳）『孤独な群衆』みすず書房
リドレー,M.（2000）（中村桂子・斉藤隆央訳）『ゲノムが語る23の物語』紀伊國屋書店
リピエッツ,A.（2000）（若森文子訳）『政治的エコロジーとは何か』緑風出版
劉震（2002）「ＬＣＡ―環境負荷評価法」長崎総合科学大学人間環境学部編『人間環境学への招待』丸善
ルイス,J.（1974）『マルクスの生涯と思想』法政大学出版局
ルソー,J.J.（1962）（今野一雄訳）『エミール（上）』岩波文庫
レヴィ＝ストロース,C.（1991）（大橋保夫訳）『野生の思考』みすず書房
レオポルド,A.（1997）（新島義昭訳）『野生のうたが聞こえる』講談社
レーガン,T.（1995）（青木玲訳）「動物の権利の擁護論」小原秀雄監修『環境思想の多様な展開』東海大学出版会
老舎（1981）「駱駝祥子」『駱駝祥子・満洲旗人物語』学習研究社
魯迅（1966）「故郷」「阿Ｑ正伝／狂人日記／他」河出書房新社
ロック,J.（1974）（大槻春彦訳）『人間知性論（2）』岩波文庫
ロック,M.（1998）（薄井明訳）「『自然な身体』という神話」『現代思想』vol.26-11
ロラン,R.（1986）（豊島与志雄訳）『ジャン・クリストフ3巻』岩波文庫

〈わ〉

脇田健一（2001）「地域環境問題をめぐる"状況の定義のズレ"と"社会的コンテクスト"」舩橋晴俊編『加害・被害と解決過程』有斐閣
鷲谷いずみ（1997）「生物多様性の保全」『日本の科学者』vol.32
鷲谷いづみ（2001）『生態系を蘇らせる』NHKブックス
鷲見一夫（1989）『ODA』岩波新書
和田進（1995）「戦後諸政党と憲法・憲法学」樋口陽一編『講座憲法学別巻』日本評論社
渡辺憲正（1989）『近代批判とマルクス』青木書店
ワトソン,J.D.（2000）（新庄直樹・他訳）『DNAへの情熱』ニュートンプレス

〈その他〉

Bloor,D.（1982）"Twenty Industrial Scientists," Douglas,M ed.,*Essays in the Sociology of*

Perception ,London:Routledge and Kegan Paul

Collins,P.H.(1991) *Black Feminist Thought:Knoeledge Consciousness, and Politics of Empowerment*, NY:Routledge.

Cornell,D.(1995) *The Imaginary Domain*,Routledge.

Dizard,J.E.& H.Gadlin,(1990) *The Minimal Family*, The University of Massachusetts Press : Amherst

Dunlap,R.E.& W.R.Catton,Jr.(1997) "The Evolution of Environmental Sociology" M.Redcliff and G.Woodgate,eds., *International Handbook of Environmental Sociology*, Edward Elgar

Hare.K.(1970) "How should we Treat Environment." *Sciense*, 167

Herrnstein R.J.and C.Murray,(1994) *The Bell Curve;Intelligence and Class Structure in American Life*, New York:Free Press,.

Myrdal,G.(1975) "The equality issue in world development.Swedish" *Journal of Economics*,LXXV ,4,

Nussbaum,M. and J.Glover.(1995):*Women,Culture and Development:A Studyof Human Capabilities*,Oxford, Clarendon Press

Nussbaum,M.C.(1988). "Nature,Function,and Capability:Aristotle on Political Distribution" *Oxford Studies in Ancient Philosophy*.

Sorokin,P.A.(1943)*Sociocultural causality*,Space,*Time*,Duke Univ.Press

Leccardi,C.(1996) "Rethinking Social Time:Feminist Perspectives" *Time & Society*,vol.5,2

Nowotny,H.(1992) "Time and Social Theory-Towards a social theory of time" *Time & Society*,vol.1,2

Renner,M. & Molly O.Sheehan（2003）「概観」フレイヴィン,C.編著『地球環境データベースブック2003～2004』家の光教会

Taylor,D.（2003）「海面上昇に脅かされる小さな島国」フレイヴィン,C.編著『地球環境データベースブック2003～2004』家の光教会

Assadourian,E.（2003）「死亡率を高める、貧富それぞれの原因」フレイヴィン,C.編著『地球環境データベースブック2003～2004』家の光教会

索　引

【事　項　索　引】

【あ】

アイデンティティ　71, 81, 86, 92, 100, 102, 109, 135, 136, 157
アレルギー　16, 46, 58, 133
意識（意識性）　19, 20, 27, 29, 31, 38, 39, 73, 92, 100, 101, 111, 139, 143, 144, 146, 151, 166, 170, 183, 184〜196
異常　21, 122, 123, 124, 125, 127〜130, 139
遺伝決定論　91, 133〜138, 140
意図せざる結果　23〜26, 60, 92, 98, 185, 194
移民　48, 59, 88, 103
因果関係　19〜21, 23, 26, 27, 29, 38〜41, 44, 78, 120, 134, 144, 145, 182
エコロジー　9, 10, 24, 43, 50, 53, 163
エスニシティ　120, 158, 160, 161

【か】

階級（階層）　4, 47, 48, 53, 55, 59, 63, 81, 92, 94, 97, 98, 101, 103, 104, 118〜120, 132, 141, 142, 154, 159, 160, 164, 165, 175〜178, 192, 194
開発独裁　61
核（核兵器・核汚染・核戦争）　2, 21, 34, 45, 48, 59〜61, 98, 130, 157, 192, 193
学際　3, 94, 97, 166, 169
家族　93, 106〜109, 111〜113, 136, 153, 159, 174, 175
環境外在論　29, 30, 32, 34, 57
環境経済学　53, 57, 156, 158
環境決定論　91, 134, 135〜138, 140
環境社会学　9, 10, 53, 57, 156〜158
環境破壊　2, 3, 9, 10, 11, 14, 19, 24, 34, 35, 37, 40, 42〜51, 53〜56, 58〜61, 63, 98, 103, 128, 130, 156, 159, 160, 164, 192, 193
環境法学　57, 156, 158
環境保全（環境保護）　8, 24, 43〜47, 51〜53, 57, 68, 128, 158, 160
環境ホルモン　21, 25, 26, 32, 58, 71, 78, 87, 114
環境倫理学　9, 10, 14, 15, 57, 156
記号　11, 31, 69, 73, 84, 115, 138, 166, 185
教育　43, 57, 81, 94, 96, 108, 112, 119, 120〜122, 124, 125, 136, 137, 154, 159, 164, 165, 169
共生　15〜17, 26, 31, 34, 43, 82, 117, 165, 171, 172, 187
業績　4, 65, 66, 81, 118〜121, 135, 137, 172, 177
協働（共働）　17, 34, 40, 63, 64, 70, 101, 113, 139, 172, 174, 176, 183
近代主義（近代化）　43, 53, 153, 154, 156, 158, 161〜163, 165, 166
偶然　4, 18, 20, 24, 62, 109, 142〜145, 180
グローバリゼーション（グローバリズム・グローバル化）　53, 54, 55, 58, 61, 62, 94, 170, 177, 192
クローン（クローニング）　13, 80, 92, 93, 99, 100, 108, 110
言語　11, 31, 84, 89, 96, 97, 101, 115, 120, 135, 136, 138, 139, 171
原子力（原爆・原発）　48, 60, 129
公害　48, 49, 53, 57, 87, 157

構築主義（構築性）　　4, 65, 66, 71, 80, 83
　　〜85, 87, 89, 90, 110, 114, 116, 122, 123,
　　135, 136, 184, 188
国民国家（国家・国民）　　31, 47, 48, 54,
　　55, 61〜63, 82, 96, 98, 101〜103, 106,
　　108, 117, 118, 153, 154, 162, 165, 171,
　　187, 194
個人主義　　4, 5, 99, 100, 102, 106〜108,
　　137, 146
個性　　44, 45, 55, 80, 82, 125, 127〜131,
　　155, 164, 170, 171, 191
コミュニケーション　　31, 32, 40, 55, 64,
　　101, 135, 157, 159, 161, 169, 176, 187

【さ】
細分化・専門分化（諸科学の）　　2, 29,
　　34, 37, 40, 41, 68, 72, 73, 82, 89, 95〜97,
　　140, 150〜156, 158, 159, 161〜164, 166,
　　169〜171, 173
差別　　4, 34, 42, 48, 63〜67, 69〜71, 81, 84
　　〜86, 91, 94〜96, 98, 100, 103, 105, 107,
　　112, 114〜118, 120〜124, 126〜128, 130
　　〜132, 137, 139, 146, 157, 163, 175〜177,
　　187, 192
産業社会　　52, 54〜56
死　　4, 12, 13, 102〜105, 109〜112, 117,
　　129, 183, 186, 192, 194
時空　　3, 5, 21, 127, 139, 144〜146, 179〜
　　187, 190, 192, 193
資源　　14, 15, 24, 35, 47〜49, 52, 54, 60, 71,
　　115, 116, 264
自己決定（自己選択）　　102, 103, 106,
　　108, 113, 117, 118, 140, 146, 164, 195
市場　　42, 46, 47, 49, 50, 52〜55, 59, 95, 98,
　　101, 102, 108, 151, 153, 158, 162, 164,
　　165, 193
持続可能（性）　　5, 10, 28, 50, 51
実践　　24, 27, 30, 34, 43, 44, 56, 66, 71, 91,
　　116, 121, 137, 140, 141, 143〜145, 151,
　　152, 167, 172, 173, 177, 179, 187, 188,
　　191, 193, 195
私的所有　　165, 190〜194
資本（資本主義・資本制）　　14, 15, 37,
　　42, 43, 46〜55, 58〜62, 66, 70, 72, 98,
　　120, 132, 142, 150, 153, 154, 160, 164,
　　165, 177, 178, 185, 190, 192〜195
市民（市民社会）　　29, 58, 61, 82, 98, 103,
　　105, 153, 159, 162, 165
自由　　22, 27, 34, 66, 96, 97, 102, 104, 118,
　　125, 128, 136〜138, 141, 145, 146, 164,
　　165, 172, 183, 186, 188, 192, 194
社会的ジレンマ　　49, 50
主観　　2, 3, 4, 27, 30, 31, 33, 38〜40, 45, 73,
　　110, 114, 138, 144, 161〜163, 169, 171,
　　176, 180, 181
宿命（論）　　27, 67〜70, 81, 82, 89, 107〜
　　109, 133, 134, 136〜139, 141〜146, 154,
　　178, 189
主体（主体性）　　2〜4, 8〜12, 15, 16, 22,
　　26〜34, 36〜39, 45, 49, 57, 60, 61, 63, 64,
　　68, 71, 72, 83, 93, 99, 100, 103, 104, 110,
　　111, 113, 117, 119〜122, 126, 128, 129,
　　133〜138, 141〜146, 148, 152, 154, 158
　　〜160, 162〜165, 167, 170, 171, 175〜
　　182, 185, 189, 192, 195
主体−環境（系）　　11, 13, 33, 34, 57, 141,
　　178
主体形成　　33, 34, 72, 89, 137, 139, 145,
　　158, 160, 163, 170, 179, 193
情報社会　　52, 54, 55

索 引 247

剰余価値　　184, 193
循環　　15, 18, 19, 28, 55, 159, 170, 182, 186
障害　　11, 91, 102, 122〜124, 127〜130, 175
少数民族　　48, 96
植民地　　11, 42, 47, 58, 70, 103, 104, 153, 165, 192
女性　　11, 68〜71, 79, 82, 103, 104, 114〜118, 126, 136, 160, 161
自立　　4, 12, 106, 113, 117, 159, 192
進化　　2, 10, 12, 16, 18〜21, 23, 24, 29, 31, 32, 35〜39, 41, 45, 73, 77, 92, 98, 100, 109, 126, 127, 139, 141, 145, 146, 163, 167, 179, 182, 189, 193, 195
人権　　11, 35, 36, 61, 62, 65, 91, 93, 94, 95, 98〜100, 103, 104, 105, 117, 126, 136, 165, 166, 190, 195
人口　　8, 9, 14, 15, 24, 69, 111, 164, 174
人種　　11, 34, 66, 81, 86, 88, 89, 94, 96, 122, 123, 126, 127, 131, 132, 137, 163, 165, 192
身体　　27, 31〜34, 46, 57, 58, 69, 70, 82, 117〜120, 122, 123, 130, 135, 139, 161, 175, 176
人類　　2, 3, 14, 18, 21, 22, 28, 39, 40, 43, 45, 47, 51, 55, 59, 60, 62, 64〜66, 71, 82, 87〜89, 91, 92, 94〜101, 103, 106, 111, 112, 117, 118, 126, 130, 132, 135, 139, 140, 146, 150, 154, 155, 165, 170〜172, 178, 179, 181, 183〜185, 187, 189, 190〜195
性差　　42, 63, 66〜72, 79, 93, 114〜117, 122, 123, 126, 130, 163, 177, 187
生殖　　15, 21, 69, 71, 77〜80, 91, 93, 94, 99, 100, 106, 110〜112, 114, 117, 126, 146, 164, 174
生態系　　9, 10, 14〜19, 23, 26, 38, 46, 58, 63, 72, 78, 88, 166, 182, 185
生得　　4, 65, 66, 118〜122, 135〜137
生命－生活　　2〜5, 11, 13, 17, 24, 26, 27, 34, 37, 40, 41, 44, 45, 47, 49〜51, 64〜66, 70〜72, 95, 97, 101〜105, 109, 111, 113, 116, 117, 122, 123, 125〜131, 145, 146, 148, 151, 154〜156, 158〜162, 164〜167, 169, 172〜179, 187〜189, 193
世界システム　　14, 15, 154, 161, 163, 164, 177, 178
世代　　22, 91, 93, 99, 100, 106, 109, 117, 118, 129, 140, 141, 184, 185
潜在能力　　161, 163〜165, 184
先住民　　24, 43, 48, 88, 96
戦争　　14, 32, 34, 45, 50, 58, 59, 60〜63, 65, 101, 146, 187, 192
疎外　　34, 59, 63〜66, 98, 104, 117, 120, 128, 129, 146, 166, 172, 173, 175〜177, 187〜195

【た】
第三世界　　24, 34, 46〜48, 53〜55, 58, 59, 61, 70, 103
多元主義　　35, 82, 127, 128, 130〜132, 135, 163, 165, 176
多国籍企業　　47, 48, 50, 51, 53, 55, 61, 62
地球的問題群　　59, 61, 62, 103, 150
チンパンジー（類人猿）　　11, 12, 83, 87, 92, 93, 101, 105, 131, 138
同化　　33, 127, 131, 132, 137, 142
道具　　11, 68, 139, 184, 185

【な】
ナショナリズム（ナショナル）　　56, 177
南北格差（南北問題）　　46, 47, 48, 53, 54,

58〜61, 94, 103, 192
二分法・二元論（遺伝と環境）　90, 91, 108
二分法・二元論（自然と社会）　65, 67, 69〜72, 114〜116, 122, 156, 161, 178
二分法・二元論（主観と客観）　3, 152, 162, 163
二分法・二元論（主体と環境）　33, 152, 163
二分法・二元論（属性と業績／生得と獲得）　66, 118, 120, 121, 134, 136
二分法・二元論（内界と外界）　31, 33
二分法・二元論（人間と自然）　36, 50, 57, 152, 156, 161, 178, 186
二分法・二元論（物質と情報）　56
人間中心主義　8〜13, 35〜37, 41〜43, 50, 56, 105, 156
人間の確定論　90, 91, 93, 94, 124
人間の揺らぎ論　90, 91, 93, 94, 98〜101, 110, 112, 117, 125, 126
人間発達（の学）　3, 5, 33, 34, 72, 150, 161〜163, 166, 167, 169, 172〜174, 179, 190, 193, 194
脳　10, 12, 25, 38, 39, 73, 77, 79, 87, 110, 111, 135, 136, 139, 189
農業（農耕）　19, 23, 42, 43, 55, 88, 126, 191
能力主義　4, 5

【は】
発達　3, 10, 28, 29, 32, 38, 39, 45, 51, 58, 63, 64, 101, 110, 111, 139, 142, 143, 147, 153, 156, 161, 163〜167, 173, 175, 178, 181, 189, 190, 192, 194
批判的普遍主義　130, 163, 165, 166, 176

ヒューマニズム　5, 43, 83, 129, 131, 132, 188
貧困　34, 47, 48, 58, 59, 61, 64, 160, 164, 175
フェミニズム　67〜71, 116, 117
フォーディズム／ポスト・フォーディズム　52〜55, 115, 177
プライバシー　85, 91, 95, 99
ポスト構造主義　31, 161
ポスト・モダニズム（ポスト・モダン）・・161, 163, 194, 195
ホモ・サピエンス　11, 12, 38, 92, 103〜105
本質主義　69, 80〜87, 89, 90, 107, 108, 115, 116, 131, 132, 188

【ま】
マイノリティ　48, 71, 82, 96, 104, 116, 123, 137, 160
民族　25, 48, 62, 63, 88, 89, 95, 96, 101, 103, 123, 126, 127, 132, 135〜137, 159, 165, 171, 175, 177
無限　5, 14, 18, 21〜23, 39, 41, 45, 52, 100, 118, 119, 123, 125, 142, 143, 145, 146, 164, 165, 170, 185, 186, 194
無知の知　41, 44, 172
目的（目的意識, 目的論）　2, 9, 19, 20, 22, 23, 25〜27, 29, 34, 36〜42, 44〜46, 48, 50, 51, 53, 58, 95〜98, 101, 111, 113, 118, 132, 136, 138, 142〜146, 150, 152, 153, 158, 170, 172, 174, 177, 182, 184, 188, 193

【や】
唯物論　30, 34, 37, 43, 121, 137, 151, 190

優生学（優生政策）　　101, 102, 106

【ら】

リサイクル　　28, 47, 53, 60

利潤　　15, 39, 42, 43, 45〜51, 53〜56, 58, 59, 61, 62, 95, 96, 101, 150, 177, 178, 193

類（類存在, 類的本質）　　27, 61, 63〜65, 91, 99〜106, 109〜113, 115, 126, 176, 183, 184, 188, 189, 191〜195

労働（労働者）　　15, 19, 20, 40, 48, 53, 57, 59, 61, 94, 103, 104, 120, 138, 139, 141, 159, 160, 164〜166, 171, 174, 175, 177, 184, 188〜193

【人名索引】

【あ】

アインシュタイン,A.　　181
青木やよひ　　69
アップル,M.W.　　141
アップルヤード,B.　　131
アドルノ,Th.W.　　70
アンデルセン,H.C.　　113
飯島伸子　　9, 157
石弘之　　48, 50
市野川容孝　　102
井上孝夫　　50
今西錦司　　33
イリイチ,I.　　172
ヴァイデンライヒ,F.　　87
ウィリアムズ,R.　　141
ウィリス,P.　　120, 141
ウィンガーソン,L.　　88, 89, 128
植野妙実子　　57
ウェーバー,M.　　40

ウォーラーステイン,I.　　14, 15, 152, 162〜164, 184
海野道郎　　157
梅林誠爾　　181
江原昭善　　87
エンゲルス,F.　　13, 17, 20〜23, 25, 36, 64, 111, 112, 138, 146, 151, 161, 174, 185
エンデ,M.　　196
オーウェル,G.　　67
大江健三郎　　129, 132
小熊秀雄　　51
小原秀雄　　87, 88

【か】

加藤尚武　　9, 14
ガドリン,H.　　108
ガーフィンケル,H.　　31
ガリレオ,G.　　37
カント,I.　　181
木村資生　　79
キャロル,L.　　119, 147
キューブラー＝ロス,E.　　103
キング,Y.　　69
グーハ,R.　　24, 160
栗山孝夫　　83, 138
グールド,S.J.　　134
ゲーテ,J.W.　　187
ケラー,E.F.　　118
ケルゼン,H.　　125
ゴーギャン,P.　　89
ゴッフマン,E.　　31, 123〜125
コーネル,D.　　117
コリンズ,P.H.　　71
ゴルバチョフ,M.　　60
コント,A.　　40, 155, 162

【さ】

雑賀恵子　　43
榊佳之　　88
佐藤文隆　　39, 180
シェイクスピア,W.　　63, 84, 140
司馬遷　　98
ジャンケレヴィッチ,V.　　186
シュタイン,L.　　153
シュッツ,A.　　31
ショーペンハウアー,A.　　109
ジルー,H.　　141
シルヴァー,L.M.　　92, 119, 120
菅野礼司　　181
スコット,J.W.　　71
スタインベック,J.　　140
スピヴァク,G.C.　　104
スピノザ,B.　　152
スペンサー,H.　　155
スミス,A.　　47, 151
関礼子　　57
セン,A.　　151, 164, 165, 184
ソシュール,F.　　135, 138
ソローキン,P.A.　　181

【た】

ダーウィン,C.　　17, 37
高木仁三郎　　48
武田一博　　73, 151
ダンラップ,R.E.　　157
チョムスキー,N.　　135, 138
ディザード,J.E.　　108
デカルト,R.　　152
デネット,D.C.　　135, 141
デュルケーム,E.　　40
寺西俊一　　158

テンニエス,F.　　93
堂前雅史　　78
トムスン,E.P.　　141

【な】

ナンダ,M　　43, 70
西田利貞　　101
西山賢一　　52
ニュートン,I.　　37, 181
ヌスバウム,M.C.　　131, 164, 165
ネス,A.　　9, 10
ネルキン,D.　　84, 86, 89, 107, 133, 136
ノヴォトニィ,H.　　184
野上裕生　　158

【は】

ハイデッガー,M.　　30
ハーヴェイ,D.　　192
長谷川公一　　157
パーソンズ,T.　　40
バタイユ,G.　　109
バトラー,J.　　70, 71, 112, 116
ハーバーマス,J.　　40
ハーンスタイン,R.J.　　81
バーンスティン,B.　　120
ビッカートン,D.　　135, 138
広井良典　　124
廣野喜幸　　78
廣松渉　　181
ブクチン,M.　　39, 50
フックス,B.　　71
プラトン　　43
ブルデュー,P.　　120
ブルーマー,H.　　30
フレイザー,J.T.　　182

索引

ブレヒト,B.　*22*
フロム,E.　*146*
ヘーゲル,G.W.F.　*153, 155, 189*
ベーコン,F.　*41*
ヘッセ,H.　*166*
ベラー,R.N.　*102, 142, 146*
ベルクソン,H.　*170, 182, 184*
ベルナール,C.　*78*
ベンサム,J.　*151, 153, 155*
ホッブス,T.　*151*
ポラック,R.　*88, 89*
堀川三郎　*157*
ボールディング,K.E.　*18*

【ま】

マキャベリ,N.B.　*152*
マーチャント,C.　*160*
マーチン,E.　*32*
マルクス,K.　*3, 19, 23, 27, 30, 33, 34, 63, 64, 67, 71, 111, 112, 121, 137, 138, 140, 151, 153, 155, 161, 162, 166, 167, 173, 174, 178, 184, 185, 188〜191, 193, 195*
マルサス,T.R.　*14*
丸山真男　*153, 155, 156*
マレー,C.　*81*
マン,T.　*105*
ミース,M.　*117*
見田宗介　*14, 52*
満田久義　*157*
ミード,G.H.　*30*
宮崎駿　*13*

宮澤賢治　*62, 172*
宮本憲一　*48, 72*
ミル,J.S.　*155*
紫式部　*183*
メンデル,G.J.　*78*
モア,T.7 3　*187*
モノー,J.　*40*
モンテスキュー,C.　*152*

【や】

ユング,C.G.　*170*
吉岡斉　*157*
吉川昌之介　*48*

【ら】

ライプニッツ,G.W.　*181*
ラヴロック,J.E.　*16*
ラカン,J.　*170*
リッカルディ,C.　*184*
リドレー,M.　*77*
リピエッツ,A.　*53*
リンディー,M.S.　*84, 86, 89, 107, 133, 136*
ルソー,J.J.　*36*
レヴィ＝ストロース,C.　*172*
老子　*16*
老舎　*56*
魯迅　*168*
ロック,J.　*181*
ロック,M.　*86, 96, 126, 166*
ロラン,R.　*28, 48*

■著者紹介

浅野　慎一（あさの　しんいち）

1956年　神戸市出身
神戸大学大学院人間発達環境学研究科教授・博士（教育学）

主要著書

『現代社会論への社会学的接近』（編著、学文社、2009年）
『京阪神都市圏の重層的なりたち』（編著、昭和堂、2008年）
『増補版　日本で学ぶアジア系外国人』（編著、大学教育出版、2007年）
『増補改訂版　キーワード　人間と発達』（共著、大学教育出版、2006年）
『異国の父母』（共著、岩波書店、2006年）
『新版　現代日本社会の構造と転換』（大学教育出版、1998年）
『社会環境と人間発達』（共著、大学教育出版、1998年）
『世界変動と出稼・移民労働の社会理論』（大学教育出版、1993年）

人間的自然と社会環境
― 人間発達の学をめざして ―

2005年 6月25日　初版第1刷発行
2016年 5月10日　初版第3刷発行

■著　　者——浅野慎一
■発 行 者——佐藤　守
■発 行 所——株式会社 **大学教育出版**
　　　　　　〒700-0953　岡山市南区西市855-4
　　　　　　電話 (086)244-1268代　FAX (086)246-0294
■印刷製本——モリモト印刷㈱
■装　　丁——ティーボーンデザイン事務所

Ⓒ Shinichi ASANO 2005, Printed in Japan
検印省略　　落丁・乱丁本はお取り替えいたします。
無断で本書の一部または全部を複写・複製することは禁じられています。

ISBN978－4－88730－625－7